资助基金：
中原千人计划基础研究领军人才项目（ZYQR201810122）
国家自然科学基金项目“基于多源大数据的贫困村识别及精确扶贫模式研究——以河南典型县域为例”(41771141)
河南财经政法大学华贸金融研究课题“河南城乡空间治理与金融响应策略研究”(HYK-2019007)
河南省高等学校重点科研项目“乡村振兴战略下河南省城乡融合发展研究”（20A790004）

POVERTY GOVERNANCE IN THE PROCESS OF URBANIZATION

城镇化进程中的贫困治理

何 春◎著

中国经济出版社
CHINA ECONOMIC PUBLISHING HOUSE
·北 京·

图书在版编目(CIP)数据

城镇化进程中的贫困治理/何春著 .--北京：中国经济出版社，2021.8

ISBN 978-7-5136-6582-7

Ⅰ.①城… Ⅱ.①何… Ⅲ.①扶贫-研究-中国 Ⅳ.①F126

中国版本图书馆 CIP 数据核字(2021)第 165792 号

策划编辑 姜 静
责任编辑 陈 瑞
责任印制 马小宾
封面设计 任燕飞工作室

出版发行 中国经济出版社
印 刷 者 北京建宏印刷有限公司
经 销 者 各地新华书店
开 本 710mm×1000mm 1/16
印 张 16
字 数 265 千字
版 次 2021 年 8 月第 1 版
印 次 2021 年 8 月第 1 次
定 价 78.00 元
广告经营许可证 京西工商广字第 8179 号

中国经济出版社 **网址** www.economyph.com **社址** 北京市东城区安定门外大街 58 号 **邮编** 100011
本版图书如存在印装质量问题，请与本社销售中心联系调换(联系电话：010-57512564)

序言
PREFACE

贫困是人类社会发展中普遍存在的问题，贫困问题在发展中国家尤为突出。我国作为世界上最大的发展中国家，贫困人口数量曾经占到世界贫困人口数量的1/5。随着改革开放的深入，我国的经济取得了快速的增长，在提升居民收入水平、减少贫困方面对世界作出了重要贡献。按照我国最新的贫困标准，农民人均纯收入为2300元(2010年不变价)，中国农村贫困人口从1978年的7.7亿人减少到2017年的3046万人，减少了96.04%，到2020年已实现全部贫困人口脱贫，为世界减贫事业作出重大贡献。但这并不意味着中国贫困治理的终结，消除绝对贫困的同时也不能忽视相对贫困问题的存在。党的十九届四中全会提出“坚决打赢脱贫攻坚战，建立解决相对贫困的长效机制”，解决相对贫困问题将成为未来中国减贫工作的重点(邢成举、李小云，2019)。减贫脱贫已经成为国家重点关注的问题，学术界也分别从不同视角探讨了影响农村减贫的因素。多数学者从经济增长、收入分配、财政支出等宏观视角研究其与贫困的关系，也有部分学者从教育水平、健康素质、工作经验等微观视角进行研究。中国经济发展进入新常态，城镇化作为经济增长的新动力，对经济社会产生着重要的影响。城镇化使农村居民转移到城镇地区，使农村居民的生产、生活方式发生了改变，由原来的农业生产转换为非农生产，改变了农民的收入结构和水平。城镇化对农村贫困的影响如何，这是本书要研究的第一个问题。同时，城镇化进程的加快进一步促进了农村土地流转。土地作为农业生产的关键，不仅是农业生产要素，也是农民重要的资产，具有社会保障等多重功能。土地流转能够优化土地、劳动力、资金等资源的配置，提升农业生产效率，增加农民收入。但是，土地流转的收益在农村居民内部的分配未得到足够重视。土地流转是否影响了农村居民的相对贫困，这是本书研究的第二个问题。此外，经济的发展需要有大量的工业产业作为支撑，在经济高质量发展时期，对环境保护提出了更高的要求。环境规制作为政府治理环境的重要内容，是实现经济高质量发展的有效工具。环境规制在调控企业生产行为的过程中影响着企业的经济效益和劳动者的工资收入，重新调整着社会财富的分配。城镇化进程中的环境规制对城镇居民相对贫困的影响如何，这是本书要研究的第三个问题。为此，本书将从三个部分重点论述城镇化进程中的贫困治理问题，具体如下。

第一部分是城镇化与农村贫困，着重研究以下三个问题：①中国农村贫困现状分析；②城镇化与农村贫困的关系；③城镇化模式选择对农村减贫作用的大小。研究主要取得了以下成果：①中国农村的绝对贫困不断减少，并且贫困分布具有区域性特点，东部地区的贫困程度较低，中部地区的贫困程度次之，西部地区的贫困最为严重。②借鉴 Panudulkitti（2007）的做法，构建了一个理论框架，分析城镇化与农村贫困的关系，最后得出结论：城镇化与农村贫困呈现出“U”形关系，且存在一个最优的城镇化水平，使得城镇化对农村贫困的减缓作用最大。城镇化水平未达到最优水平前，城镇化的发展有利于农村贫困的减缓；城镇化水平超过最优水平时，城镇化的发展不利于农村贫困的减缓。最后利用中国省级面板数据验证了“U”形关系。③将城镇化分解为核心城市和二级城镇，进一步分析城镇化模式对农村贫困减缓的影响。从全国层面看，二级城镇的发展更有利于减缓农村贫困；从区域层面看，存在着显著性差异，东部地区二级城镇化的发展有利于农村贫困的减缓，而中西部地区核心城市的发展更有利于农村贫困的减缓。

第二部分是土地流转与农村相对贫困，着重研究以下三个问题：①中国农村相对贫困的时空格局；②土地流转对农村相对贫困的直接效应；③土地流转对农村相对贫困的空间溢出效应。研究主要取得了以下成果：①2000—2018 年我国农村相对贫困整体呈现上升趋势，并且在空间上呈现出一定的关联性。②土地流转实现了农业规模化、集约化的生产，提高了农业生产率和农户家庭的经营性收入，有利于农村绝对贫困的减少。但土地流转所产生的收益在不同农户间的分配是不均等的，高收入农户从中获取的收益更多，加大了农村地区的相对贫困程度。这一结论具有稳健性，较高的相对贫困标准设定会增加土地流转对相对贫困的影响。③土地流转对农村相对贫困存在空间溢出效应，在邻接权重矩阵、地理距离权重矩阵和经济权重矩阵下，土地流转能够加剧本地区的农村相对贫困，在邻接权重矩阵下，土地流转对周边地区的农村相对贫困具有减缓作用。

第三部分是环境规制对城镇相对贫困的影响，着重研究以下三个问题：①环境规制与城镇相对贫困的关系；②环境规制影响城镇相对贫困的门槛效应；③环境规制影响城镇相对贫困的空间溢出效应。研究主要取得了以下成果：①环境规制能够加剧城镇相对贫困，并且是通过促进企业技术创新、增加技能溢价来加剧的。②环境规制对城镇相对贫困存在人力资本和劳动力市场分割的双重门槛效应。随着人力资本水平的不断提高，环境规制对城镇相对贫困的影响由加剧变为减缓；随着劳动力市场分割程度的不断提高，环境规制对城镇相对贫困的影响由减缓变为加剧。③环境规制对城镇相对贫困存在空间溢出效应。在邻接权重矩阵、地理距离权重矩阵和经济权重矩阵下，环境规制能够加剧本地区的城镇相对贫困，但对周边地区的城镇相对贫困却有减缓作用。

目 录
CONTENTS

第一部分 城镇化与农村贫困

第二部分 土地流转与农村相对贫困

1

第一部分

城镇化与农村贫困

第一章

绪 论

第一节 研究背景及意义

一、研究背景

贫困作为困扰世界的经济发展难题，始终伴随着人类社会的发展进程。在人类社会发展初期，人们普遍面临着贫困和饥饿。随着社会生产力的不断提高，尤其是进入20世纪以来，科学技术的快速发展，生产工具的更新，提升了社会生产力，人们的生活条件得到了改善，生活水平也大幅度提高，贫困的范围也在不断缩小。同时，为消除贫困，国际组织和各国政府都作出了积极的努力。联合国在成立时就把消除贫困写进《联合国宪章》。1980年世界银行发布的《世界发展报告》定义贫困为：家庭或个人没有足够的资源去获得社会公认的满足人们基本生存需求的食物、生活条件和参加某些社会活动的机会。1990年世界银行的《世界发展报告》丰富了贫困的概念，将能力贫困因素纳入贫困概念中，同时按人均年收入370美元和275美元的两条贫困线的标准对世界贫困状况进行了估计，1985年按人均年收入370美元的贫困标准，发展中国家将近1/3的人口处于贫困之中；按人均年收入275美元的贫困标准，发展中国家约18%的人口处于赤贫状态。进入新世纪后，世界银行进一步扩展了贫困的概念，在原来概念的基础上增加了脆弱性和无助性因素，深化了贫困标准。同年，联合国又提出了《千年发展目标》，规定到2015年将全世界12亿的极度贫困人口减少一半。

经过各国的共同努力，世界减贫取得了较为显著的成就，据《发展与全球化：事实与数据》①报告显示，东亚和太平洋地区的减贫效果最为突出，极端贫困人口比例从20世纪80年代超过80%降为8%以下，南亚地区的贫困人口比例从20世纪80年代的59%降为现在的19%左右，中国和印度为世界减贫人口作出了巨大的贡献。此外，据联合国发布的千年发展目标最终报告《千年发展目标2015年报告》②显示，全球基本实现极端贫困人口减半，小学教育性别均等，将无法获取改善的饮用水源的人口减半等目标。但仍有部分目标没有实现。贫困问题并没有消除，目前仍有8.36亿人生活在极端贫困状态中，约7.95亿人营养不良，世界范围内的贫困问题仍然十分严重，而且社会分化在不同地区、不同国家、不同阶层之间正在加剧，贫富差距逐渐扩大，据《2016年全球财富报告》③的数据显示，2016年全球最富有的1%的人口掌握了全球一半以上的财富，巨大的贫富差距严重威胁着经济社会的发展，也成为社会矛盾的根源问题。

中国是一个以农民为主体的国家，长期以来，我国始终把扶贫工作当作工作重点。尤其是改革开放以来，伴随着经济的快速发展，我国的扶贫工作取得了显著的成效，按照最新农村人均纯收入2300元(2010年不变价)的贫困标准④，我国的农村贫困人口由1978年的7.7亿减少到2018年的1386万，中国农村贫困人口的规模和程度都得到了有效的控制。但是受到历史问题、现实条件及其他因素的制约，我国的农村贫困问题仍然很严峻，反贫困任务依然很艰巨，主要体现在：①贫困人口基数大。2018年我国仍有1386万农村人口生活在贫困当中，贫困发生率高达1.7%，一半以上的农村贫困人口集中在西部地区，贫困发生率高达10%以上。②反贫困的难度加大。目前我国的贫困人口主要分布在老、少、边、穷地区，这些地区生态生产环境恶劣，而且交通、通信等基础设施条件差，摆脱贫困的能力和条件比较薄弱。③严峻的

① 联合国：全球8亿人口极端贫困，中国印度减贫突出[EB/OL]. http://news.ifeng.com/a/20160719/49419169_0.shtml，2016-07-19

② 新华网．千年发展目标哪些达成哪些没达成[EB/OL]. http://news.xinhuanet.com/world/2015-09/26/c_128270086.htm，2015-09-26

③ 汇通网．全球各国贫富差距进一步加剧，俄罗斯状况最触目惊心[EB/OL]. http://news.fx678.com/C/20161128/201611281748391553.shtml，2016-11-29.

④ 林晖，周芙蓉．中国扶贫标准升至2300元农村贫困人口1.28亿[EB/OL]. http://www.360doc.com/content/14/0913/12/1302411_409135076.shtml，2012-06-24.

就业形势不利于农村贫困的减缓。2018 年，全国就业人员为 77586 万人，比上年增加 54 万人，增长了 0.7%，相对于 7.08%的 GDP 增速，中国呈现出“高经济增长—低就业增长”的状态，不利于农村贫困人口的就业。贫困问题的严重性及长期性严重制约着共同富裕目标的实现。减贫问题成为学术界讨论的热点话题，学者们从不同视角探讨了减贫的因素，多数学者从经济增长、财政支出、收入分配等宏观视角进行研究，也有部分学者从人力资本、基础教育等微观视角进行研究。与此同时，中国经济进入了“新常态”时期，城镇化成为新的经济增长动力，那么城镇化对农村贫困的影响是怎样的呢？采用哪种城镇化发展模式更有利于减缓农村贫困？以上问题，本书进行了详细的研究。

二、研究意义

（一）理论意义

本书从发展经济学和城市经济学视角梳理了贫困发展的相关理论，并对罗丹的大推进理论、纳尔逊的低水平均衡陷阱理论、刘易斯的二元结构理论等进行了较为详细的阐述，对贫困的内涵、类型、贫困线的测定进行了归纳和总结，建立一套适合我国国情的科学、合理、可行的贫困线标准和贫困测量方法，形成了一套较为完整的贫困理论体系。此外，本书还从宏观视角分析了城镇化影响农村贫困的作用机制，形成了比较系统的城镇减缓农村贫困的理论认知，在一定程度上丰富了相关领域的研究。

（二）现实意义

中国是一个人口大国，在世界反贫困治理中具有重要的地位。在中国共产党第十九次全国代表大会上，有关如何促进农业的发展，缓解农村贫困问题成为参会代表讨论的重点话题。十九大报告对我国脱贫攻坚的成就进行了全面总结，并提出了 2020 年农村贫困人口全部脱贫的目标①，可见中国农村的脱贫、缓贫问题已经成为国民经济社会发展中的重点问题。本书以农村贫困为研究对象，具有较强的现实意义。一方面，为政府制定扶贫政策提供依

① 习近平：确保 2020 年农村贫困人口全脱贫[EB/OL]. http://www.360doc.com/content/16/0131/07/116554_531802876.shtml，2016-01-31.

据。长期以来，学者们一直关注经济增长和收入分配的减贫作用，忽视了城镇化对农村贫困的减缓作用，通过对城镇化的农村减贫效应研究，可以为政府制定农村扶贫政策提供更好的依据。另一方面，有助于探索减缓农村贫困的城镇化发展模式。本书不仅研究了城镇化与农村贫困之间的关系，而且对城镇化发展模式的减贫效应进行了研究，为政府建立有利于减缓农村贫困的城镇化发展模式提供了政策建议，对于实现全面建成小康社会的目标具有积极作用。

第二节　国内外文献综述

随着城镇化与贫困关注度的持续增长，国内外学者对这两者之间的关系研究越来越多，因此，有必要梳理城镇化对贫困影响的研究进展，探究城镇化在减少贫困方面的作用，为我国城镇化的减贫路径提供科技支撑。本节从城镇化与贫困、城镇化和农村贫困、影响贫困的其他因素等方面综述城镇化对贫困影响的理论和实证研究，并从中总结出现有文献的贡献和不足，为下文的研究奠定基础。

一、国外文献综述

（一）城镇化与贫困

随着国家的不断发展壮大，国家的经济结构也从农业转向制造业和服务业。经济结构的转型伴随着城市的快速集聚，尤其是在发展中国家，农村人口不断向城镇地区集聚，这种城乡转型结构影响着经济增长，影响着贫困。Fan（2005）利用经验数据发现，中国农业的增长导致了农村和城市地区的减贫，但对两个地区贫困的影响不一样，对农村贫困的影响要更大些。城市的经济增长只有利于城市贫困的减少，对农村贫困的影响不显著。而在印度，农村经济的增长对农村贫困减缓有利，对城镇贫困减缓的作用不显著，城市经济的增长则会促进城市贫困减缓，而对农村减贫的贡献在统计上并不稳健。Ravallion（2007）发现，城镇化进程在减少整体贫困中发挥了重要的、积极的作用。通过对农村移民提供新机会，一些人脱离贫困。对那些仍然在农村地区的居民则通过第二轮的城镇化影响他们的生活水平。然而，城镇化对减少城市贫困没有什么作用，因此，贫困人口的城镇化速度比全部人口的城镇化速度还要快。通过对城镇化速度和城市人口增长的预测，未来几十年，大多数贫困人口仍将生活在农村地区，并且贫困呈现出明显的地区差异：拉丁美洲是贫困问题最多的城市，东亚最少(主要是由于中国)；东欧和中亚地区出现了“农村化”的贫困现象；与其他地区形成鲜明对比的是，非洲的整体贫困程度下降与城镇化进程并未有太多关联。Mohanty(2010)的研究表明，正是由于农村扶贫项目的失败，才导致更多的农村贫困人口迁移到城市地区，由于这些迁移人口不具备良好的职业素质和较高水平的职业技能，因此只能从事低薪工作，处于贫困的状态。可见农村贫困问题是导致城市贫困的根源所在，如果不能解决国家的农村贫困问题，就不能单独处理城市的贫困问题。Rana(2011)发现，与其他发展中国家一样，孟加拉国的城镇化是一种日益增长的现象，但城市的可持续性增长也需要良好的治理体系进行维护，虽然城市当局也意识到这个问题，但由于无法控制和不可预测的农村到城市的迁移，以及忽视城市穷人的可持续生活和获得基本服务，他们往往无法解决这些问题。农村贫困问题实际上已经转移到城市地区，尤其是在孟加拉国的达卡市，基础设施不健全、交通拥堵、环境恶化以及社会不安全是快速城镇化带来的主要挑战。

还有部分学者通过建立模型来分析城镇化对城乡贫困的影响。如Ravallion(2002)建立了一个简单的发展中国家贫困人口城镇化的模式。在这种模式下，确定了贫困人口的城镇化速度比非贫困人口的城镇化速度要快，意味着城镇中贫困人口的比例是城镇人口比例不断增加的凸函数，这与印度的时间序列数据验证的结果是一致的。然而，估计的经验模型表明，相对于农村的贫困率，城镇的贫困率增长缓慢。据预测，当发展中国家的城镇化率为50%时，将有60%的贫困人口生活在农村地区。Sato(2005)发展了一个包含城镇和农村两个部门的内生生育模型，分析了城镇化、生育率和经济发展之间的关系。在模型中，技术进步和人力资本积累是相辅相成的。假定城镇部门比农村部门拥有更好的教育机会和人力资本密集型生产技术，那么就存在贫困陷阱，在这种情况下，经济发展就不存在人力资本积累和技术进步。一旦经济脱离了贫困陷阱，就会形成人力资本积累和技术进步，经济将走向内生性增长的道路。因此，为摆脱贫困，促进经济发展，就需要有充足的人力资本和较高的技术水平作为支撑。Dorosh 和 Thurlow(2011)发现，埃塞俄比亚地区的经济增长与城镇化并没有必然的联系，受到现行土地政策的影响，城市地区快速的经济增长并没有促进城镇化进程。Dorosh 和 Thurlow 通过农村—城市经济模型来研究加速城镇化对经济的影响，模型明确了内部迁移和聚集效应。该模型表明，在支持城市投资的情况下，城镇化的发展能够促进经济增长，缩小城乡收入差距，有利于加快贫困人口减贫和脱贫的步伐。如果不加强城市地区的投资，城镇化的发展也能够促进经济发展，但贫困人口享受到的经济发展成果就比较小，居民收入的不平等状况也会恶化。而且，分配给城市地区更多的公共资源，虽然有利于经济的增长，但加剧了社会的贫富分化程度。事实上，尽管以农业为导向的投资计划减缓了经济增长，但它更有效地提高了农村和城市地区较贫穷家庭的福利。Dorosh 和 Thurlow 认为，结合改革，克服内部移民的限制和增加农村地区的投资能产生最有利于未来埃塞俄比亚经济发展和结构转型的结果。

关于城镇规模与贫困的关系，研究学者们也持有不同的观点。如 Ferré(2011)利用发展中国家的数据(墨西哥、阿尔巴尼亚、哈萨克斯坦、斯里兰卡、泰国、巴西、肯尼亚和摩洛哥)发现了贫穷和城市规模的反比关系。贫穷在小的城镇里要比在大的城市里更加普遍和深入，这些国家的大多数城市贫困人口居住在中小城镇。此外，研究表明，较小城镇的贫困发生率和贫困严重程度更为复杂，即在获得基本的基础设施服务方面，如电力、取暖用气、污水处理和固体废物处理等方面的能力匮乏。然而大多数学者支持次级城镇的发展对贫困减少的作用更大观点。次级城镇位于大城市和农村之间，是商品和服务流通的必经之地，是贫困人口非农就业最有效的途径(Haggblade, Hazell & Reardon, 2007; Lanjouw & Murgai, 2009)。因为次级城镇的平均收入更少，但找到工作的可能性更高，因此失业率较低。而且，次级城镇具有较低的迁移成本，能够保持和利用与原籍地区更密切的社会联系能力，有助于农村贫困人口迁移到附近城镇，摆脱贫困。实证研究结果表明，移民从农业转向中等城镇的非农生产能够有效减少贫困，而特大城市集聚对减贫效果则无显著影响。农村多样化和次级城镇扩张的平均收益率更具包容性，相比之下，特大城市群的收入增长速度更快，但也伴随着更高的收入不平等，这似乎抵消了它对整体贫困的潜在影响。

（二）城镇化和农村贫困

多数学者的研究表明，城镇化具有减少农村贫困的作用，因此贫困往往会随着城市人口份额的增加而不断减少，（Ravallion et. al. ，2007）。Cali 和 Menon（2013）对印度地区的研究表明，城镇化有利于周边农村地区的减贫效应。城市人口每增加 20 万人，将使该地区农村贫困人口减少 1.3～2.6 个百分点。根据这些数据，在过去一段时间里，印度城镇化使农村贫困人口减少 13%～25%。这是印度独立后一个重大的贡献。Cali 和 Menon 还发现，城镇化的减贫效应是城乡经济联系的结果，而不是由农村贫困人口迁移到城市地区产生的。区分这两种影响是很重要的，后者不包括城镇化和农村贫困之间的结构性联系，农村贫困的变化是由于农村居民迁移到城市地区居留权的变化引起的。经济联动效应反映了城镇化对农村居民福利的影响，这段关系表明了城镇化对农村贫困影响的程度。

城镇化减少贫困主要是通过以下四个渠道实现的：①城镇化对经济增长具有积极的作用（Fay & Opal，2000；Bertinelli & Black，2004），而经济增长又是减少贫困的先决条件（Demery & Squire，1995；Ravallion & Chen，1997；Dollar & Kraay，2000）。城镇化的发展能够增加对农产品尤其是劳动密集型产品的需求，对农村产生积极的后向联系，促进农村经济的发展（Cali & Menon，2009）。②城镇化伴随着农村劳动力向城镇地区的迁移。城镇化产生的部分非农就业机会，具有较低的就业门槛，吸引了大量农村劳动力就业，这些迁移劳动力能够增加移民家庭的收入（Stark & Taylor，1991；Stark，1991）。移民能够对农户产生多种影响，最直接的影响就是通过汇款的方式增加家庭收入（McKenzie & Sasin，2007）。大量的研究发现，有移民汇款的家庭收入较高，很少出现贫困现象（Adams，2004，2006；Adams & Page，2005；Acosta et. al. ，2007）。③城镇化能够增加农村工人的工资。企业聚集在城镇，不仅吸引了城镇内部的工人，也吸引了城镇周边地区的农村工人。在城乡工资差别的影响下，城镇地区周边的农村工人进行更多的非农业就业活动，增加了非农收入。而且由于部分劳动力转移到城镇工作，减少了农村劳动力的供给，农村工人的工资也会增加（Berdegue et. al. ，2001；Fafchamps & Shilpi，2005；Deichmann et. al. ，2008）。④城镇化的发展能够对农村产生正的外部影响

(Bairoch，1988；Ian Duffy，1990；Allen，2009)。通过城乡间的互动活动，可将城市的资金、技术、人才转移到农村地区，促进农村地区的发展(McKenzie & Sasin，2007)。而且城镇化能够导致周边地区农地价格的上涨，较高的土地价格能够帮助农户通过买卖、租赁土地增加收入(Cali & Menon，2009)。

然而，也有部分学者的研究表明城镇化并不会必然导致农村减贫。这是因为城镇化并不总是与经济增长呈正相关(Fay & Opal，2000)。Henderson(2003)的研究表明城镇化与经济发展呈现出"倒 U"形关系，在城镇化发展后期，城镇化不利于经济的增长。如果城乡间的经济联系薄弱，那么城镇化对农村发展的溢出效应则是可以忽略的。Martinez-Vazquez(2014)构建了一个关于城镇化与农村贫困关系的模型。模型显示，城镇化与农村贫困之间呈现出"U"形关系，并存在一个最优的城镇化水平，在城镇化发展达到最优水平前，城镇化的发展会加快农村贫困的减少速度，当城镇化发展超过最优水平，城镇化的发展对农村贫困减缓的作用越来越小。他对 143 个国家的面板数据进行了实证检验，检验结果证实了上述"U"形关系的存在，计算出城镇化发展的最优水平约为 70%。也有部分学者的研究表明城镇化并没有降低农村贫困的速度，城镇化会导致更多的农民失去土地，因此城镇化对贫困的影响是无法确定的(Ravallion & Van de Walle，2008)。

二、国内文献综述

(一) 城镇化与贫困

1. 城镇化与贫困关系

有序推进农村劳动力转移是减少农村贫困的关键。城镇化的本质是人的城镇化，推进贫困地区农村人口市民化不仅是实现经济聚集，凸显规模经济优势的过程，也是农村人口提升自我能力，减少贫困的过程。王郁昭(1994)，都阳、朴之水(2003)的研究表明，农村劳动力向城镇地区的转移不仅缓解了农村地区紧张的人地矛盾，提高了农业劳动生产率，而且转移出去的劳动力从事生产效率较高的第二、第三产业的生产活动，农业收入和非农收入的增加提高了农村居民的生活水平，减少了农村贫困。据此，可认为减少农村贫困的关键是有一个以农村劳动力转移为手段，以提高农业生产率为目的发展战略(林毅夫，2002)。从另一角度看，农村居民收入的提高能够增加农民的消费需求，推动了农村非农产业的发展，促进了农村劳动力的就地转移，而且部分转移的劳动力在积累一定的资金、技能、经验时返乡创业，进一步推动了农村地区的发展。覃志敏、陆汉文(2014)对农耕藏区的研究表明，农耕藏区的劳动力主要转移到城镇非正规部门，从事具有民族特色的经商活动，获得了明显的减贫效益。

还有学者从社会层面视角研究了城镇化对贫困的影响。城镇化发展促进的农村劳动力转移能够增强城乡之间的经济联系，能够促使城镇地区的资金、技术、人才向农村地区流动，促进农村地区的发展，对于缩小城乡居民收入差距具有积极作用(万晓萌，2016；薛美霞、钟甫宁，2010)。黄国华(2010)，贾鹏、都阳、王美艳(2017)认为城镇化进程中的农村劳动力转移为我国的减贫事业作出了重大贡献，但随着刘易斯拐点的到来，劳动力转移减贫的方式将受到诸多挑战，需要寻找新的减贫方式。研究表明农村劳动力转移主要有就地转移和移民搬迁转移两种方式，只有采取合理的转移方式，才能够有效减缓贫困。焦晓云(2015)认为就地城镇化能够解决大量人口迁移到大城市后所带来的“城市病”问题，对解决异地城镇化带来的农村转移人口“半城镇化”问题也具有积极作用。石忆邵(2013)认为以本地产业为支撑发展起来的就地城镇化为贫困人口的就业创造了条件。陈海霞(2013)，王沣、张京祥、罗震东(2014)认为，实现农村转移人口市民化，需要进行户籍制度改革，并重视人力资本的培育。

然而也有少数学者持有不同的观点，他们认为城镇化对贫困减少的影响不大，甚至还能增加贫困。由于转移出去的劳动力多为青壮年优质劳动力资源，优质资源的流失不仅影响着农业的发展，对于农村非农产业的发展也产生不利影响，整体上影响农村经济的发展，不利于贫困的减少(阮荣平，2011；颜银根，2014)。宋扬、赵君(2015)的研究认为，家庭作为基本的经济单元，存在一定的规模经济效益，其家庭成员可以共享某些消费而不必承担额外的支出，而对于劳动力外流的家庭，其家庭成员不能完全共享支出，影响其规模经济收益。因此，在收入既定时，劳动力外流家庭的生活状况要差些。赵曼、程翔宇(2016)的研究也得出了类似的结论。

2. 城镇化规模与贫困问题

关于城镇化规模与贫困问题学者们也一直争论不休，归纳起来，可分为以下几种模式：大城市发展模式、小城镇发展模式和多元发展模式。

（1）大城市发展模式。我国学者胡兆量（1984）最早提出了“大城市超前发展规律”的观点，认为大城市发展能够产生明显的集聚效应，对经济的发展和贫困减缓具有积极作用。李迎生（1988）从基本国情出发，认为现阶段我国的城市发展要以大城市发展为主体，充分发挥大城市的集聚和扩散效应，促进经济增长，减缓贫困。饶会林等（1990）的研究指出，规模化与集约化的发展特点是现阶段中国城镇化发展的最佳选择。张正河（1998），王小鲁、夏小林（1999），于晓明（1999）也持有相同的观点。城市是生产要素集聚的载体，只有规模较大的城市才会产生高度协调的集聚，进而带来较多的就业机会，较强的科技进步动力，产生较高的规模经济收益，增加居民的收入水平。21世纪以来，支持发展大城市的学者也有很多。如夏小林（2000）认为要合理发展大城市，并带动周边小城镇的发展。成德宁（2003）从经济效率视角认为，控制大城市的发展规模，不利于城市经济效率的提升和可持续发展，因此要支持大城市的发展，充分发挥大城市的潜力。杨波、朱道才、景治中（2006）指出，与国外城镇化发展相比，我国还处于城镇化发展前期，因此走集中型和集约型的城镇化道路是必须的选择。梁书民（2009）认为，中国农地资源紧张，要有效保护农地资源，需要建立以大城镇发展为主导，各级城镇协调发展，集约型、紧凑型的城镇化发展道路。

在量化分析方面，王小鲁（2010）的研究表明，大城市的集聚效应要明显高于中小城镇。研究以“人口超过百万的城市人口占总人口的比例”为标准衡量城市规模，并识别不同城市规模的经济集聚效应差异，结果表明，大城市的规模经济效益要高于中小城镇，而且我国目前的大城市数量还比较少，预测我国百万人口以上的城市在2020年达30%左右，2030年达39%左右，未来中国要增加上百座百万人口的城市。樊纲（2000）的研究表明，相对于中国的众多人口，未来50年中国再出现50~100个200万以上人口的大城市是有可能的。魏杰（2005）通过计算得出，以花费相同的成本，大城市吸纳农村劳动力的数量是小城镇的6~8倍，因此小城镇的建设成本较高。然而，从全社会角度而言，超大的城市规模导致城市扩张带来的收益不足以抵消城市扩张增加的成本，并通过量化分析得到一般城市人口为100万~400万最好。

(2) 小城镇发展模式。胡耀邦同志于 1980 年提出小城镇发展战略的设想。后来，费孝通又对此进行了深入阐述。他认为，中国农村劳动力人数众多，现有大城市无力承担转移出的庞大劳动力，新建城市又无疑会增加国家的经济负担，而小城镇建设可以使农民离土不离乡、进厂不进城，不仅能就地消化大量的农村剩余劳动力，而且能避免出现过度城镇化问题。后期的学者又对小城镇发展模式的研究进行了补充。辜胜阻(1991)根据增长极理论，提出了以县城为中心的农村城镇化发展道路。柳思维(1999)从中国城镇化发展的历史角度阐述了中国小城镇发展存在的“先天不足”和“后天失调”等问题，认为要重视小城镇发展问题才能促进我国城镇化的协调发展。胡少维(1999)指出，要提高农民收入，减少农村贫困的根本措施就是减少农民，认为发展小城镇是促进农村劳动力转移，提高农民收入的必然选择。张雷声(2003)指出小城镇的发展要科学有序地进行，使其与农村服务业的发展结合起来。温铁军(2007)的研究表明，发展城镇化的最终目的是解决“三农问题”，小城镇的发展可以将城乡市场连接起来，促进中小企业和农村非农产业的发展，能够提高城乡居民的收入。朱选功(2000)从资金投入视角认为，小城镇在吸引劳动力方面比大城市更具有优势，符合我国资金短缺的国情。马庆斌(2011)建议在农民居住的空间范围内，依托中心村实施农民的就地城镇化模式。有研究表明中小城镇对农村贫困减缓具有显著作用，中小城镇是根据农村非农活动产生，而且由于距离农村较近，减少了农村劳动力转移的交通费用，所以吸引了大量的农村劳动力。

(3) 多元发展模式。不同的城镇化发展模式有其自身的优点，也有很多不足。如大城市发展模式，会造成城市人口拥挤，就业压力增加，住房资源紧张，公共设施不足，环境污染严重，社会矛盾加剧等问题。同时也有很多学者对小城镇发展模式提出质疑，如洪银兴、陈雯(2000)认为城市是人流、资金流、信息流的集聚地，是区域的发展极，而小城镇的产业基础薄弱，集聚功能也非常有限，具有非常明显的外部不经济现象。王小鲁(2010)认为我国小城镇的发展是行政力量作用的结果，而不是经济自然发展的结果，因此，小城镇的发展并没有取得实质性的进展。而且小城镇由于自身力量薄弱，吸引的一些建设投资也没有得到相应的回报，浪费了大量的资源。如果折中前两种发展模式，发展中等城镇，可能会实现双赢，也有可能因为中庸的发展模式同时出现大、小城市存在的弊端，造成两难的困境。因此，有的学者建议采取多元化的发展模式，不同的区位采取不同的发展模式。周一星(1988)的研究表明城市区位影响着城市经济效益。辜胜阻、李华、易善策(2010)指出中国地域面积辽阔，各地区发展状况差异较大，因此城镇化的推进要因地制宜地、采取不同的发展模式。蔡昉、都阳(2003)的研究得出了相同的结论。杨波、朱道才、景治中(2006)从城镇化发展阶段视角具体分析了城镇化模式的选择问题，如北京、上海、广州等城市进入了城镇化发展后期阶段，扩散型城镇化发展模式应成为首要选择，而其他地区仍处于城镇化发展前期阶段，应走集中型的大城市发展道路。

（二）城镇化和农村贫困

1. 城镇化与农村贫困关系

关于城镇化和农村贫困关系国内学者也进行了大量的研究，如刘彦随、陈聪(2014)的研究表明，城镇化水平与贫困呈现出相反的关系，城镇化水平高的地区贫困程度较低，城镇化水平低的地区贫困程度较高。刘祖云(2012)，付光辉(2009)通过对不同类型贫困地区的研究表明，城镇化是促进经济发展、减少贫困的重要手段。黄毅，韩琳玉(2015)对民族地区的研究表明，新型城镇化能够减少民族地区的贫困。

具体而言，城镇化农村对贫困的影响主要是通过以下两个渠道实现：①城镇化通过居民收入影响贫困。城镇化能够促进经济增长，提高居民收入水平，有利于贫困的减少；而且城镇化产生的人口集聚能够增加对农产品的需求，进而促进农村地区的发展，减少农村贫困(朱孔来、李静静、乐菲菲，2011；宋元梁、肖卫东，2005)。沈坤荣、蒋锐(2007)对城镇化影响经济增长的机制进行了分析，表明城镇化是通过两种机制促进经济增长的：一方面，城镇化产生的集聚效应加速了人力、物质、知识资本的积累，促进经济增长；另一方面，城镇化促使农村剩余劳动力向城镇地区转移，提高了劳动生产率，促进经济增长。冯文荣、杨银海(2005)利用省级面板数据分别研究了城乡经济对贫困的影响，研究表明农村经济发展对贫困的作用较大，能同时减少贫困的数量和质量，而城镇经济的发展只能减少贫困的数量，对贫困质量的影响不大。②城镇化发展通过农村劳动力转移影响贫困。崔艳娟(2014)，王鹏飞、彭虎锋(2013)认为城镇化发展能够增加商品需求，进而增加企业的用工需求，为贫困居民提供更多的就业机会；而且城镇化发展能够通过劳动力转移促进城镇地区的资金、技术、人才向农村地区的流动，对农村产生正的外部效应，促进农村地区的发展。

也有部分学者的研究表明城镇化并不是总能有利于贫困的减少。杨国安、徐勇(2010)对青海省的研究表明，城镇化的发展扩大了城乡居民收入差距。李尚蒲，罗必良(2012)指出，现阶段以大城市为中心的发展模式拉大了城乡居民的收入差距。而城乡居民收入差距不利于农村贫困的减少(陈立中，2009)。陈斌开、林毅夫(2013)的研究也得出了相同的结论。陈飞、卢建词(2014)的研究表明，经济增长能够减少贫困的人数，但收入分配不公平降低了减贫的速度。何春、崔万田(2017)认为城镇化与贫困呈现出“U”形关系，在城镇化发展前期，由于集聚和规模经济的影响，城镇化发展有利于贫困的减少，到城镇化发展后期，各种“城市病”问题开始逐渐凸显，城镇化的发展不利于贫困的减少。如果城乡间的联系比较薄弱，城镇地区的溢出效应就不明显，城镇发展对农村经济的作用也是有限的。刘彦随、龙花楼(2011)，龙花楼、屠爽爽、戈大专(2016)的研究表明，城镇化发展可能会恶化贫困地区经济的发展。他们认为城镇化发展会吸引贫困地区优质的劳动力资源，导致贫困地区因缺乏发展的动力而变得更加贫困。

2. 城乡一体化与农村贫困

我国长期形成的二元经济结构导致的城乡经济发展不均衡是造成农村贫困的主要原因，而城乡一体化的发展是消除城乡二元结构，破解“三农”问题，实现城乡统筹发展的有效途径。付志鸿、陈标平(2013)的研究表明，农村反贫困实践要在城乡统筹视域下进行，通过构建城乡人力资源开发一体化、城乡扶贫资源一体化和城乡生态扶贫一体化的“三位一体”扶贫模式，推进农村各项事业的协调发展。城乡一体化的发展能够促进城乡间要素的流动，提升农村地区的公共服务水平，是促进农村经济发展，减少农村贫困的必由之路(陈伯庚、陈承明，2013)。张伟宾、王瑜(2013)指出，农村劳动力向城镇地区的转移会带来新的贫困，因此贫困问题的解决要基于城乡一体化视角进行，构建城乡统一的公共服务体系和社会福利体系。城乡一体化发展为中国乡村的发展与转型提供了新的思路，开辟了中国乡村多元化发展的实现路径(申明锐、张京祥，2015)。王艳飞、刘彦随、李裕瑞(2015)的研究表明城乡一体化发展需要破除城乡二元体制，优化城乡公共资源配置，为城乡人口流动和公共服务水平的提升创造条件，缩小城乡间的发展差距，减少城乡贫困。刘彦随、龙花楼、陈玉福(2011)认为城乡一体化发展是要促进城乡生产要素的均衡配置，城乡二元体制是阻碍生产要素流动的重大障碍，也是贫困地区摆脱贫困的重要难题，因此，消除城乡壁垒具有重要意义。顾朝林、李阿琳(2013)指出，城乡一体化不仅能够实现城乡要素的合理流动，而且有助于建立城乡统一的资金、人才、技术、管理等平台，为农村经济的发展注入活力，促进农业的生产和发展。此外，城乡土地资源的优化配置与城乡公共服务的合理布局对于贫困地区的发展来说创造了发展机遇(龙花楼，2013)，因此，在城乡一体化发展背景下，要推动城乡资源的合理流动，协调城乡有序发展，这对提高农村居民收入，减少农村贫困具有重要意义。

三、文献评述

国内外学者关于城镇化和贫困的研究取得了丰硕的成果，也为本文的研究提供了翔实的参考借鉴，但现有研究还存在以下几点不足：①关于城镇化与贫困的关系是一个非常复杂的问题，现有研究虽然比较多，但并没有得出一个统一的结论；②现有研究主要集中在城镇化与贫困的因果关系研究，而对城镇化减缓贫困的作用机制研究还相当缺乏，并且对于中国城镇化与农村贫困关系间的作用机制还尚属空白；③关于贫困的测度，现有研究主要采用农民收入、恩格尔系数等指标测量，不能对贫困现状进行准确反映；④对于城镇化模式减少贫困的研究都是理论研究，没有用实证分析进行检验。因此，有必要在一个系统的框架下全面分析城镇化对农村贫困的理论基础、作用机制以及城镇化模式选择，以便为深入认识中国城镇化与农村贫困缓减问题提供可靠的理论依据和现实参考。

第三节　相关概念和理论

理论基础是文章的基石，不仅能够增加文章逻辑的紧密性，也能够为文章提供扎实的理论依据。在经济新常态时期，城镇化作为经济增长的新动力，会影响和改变着农村贫困状况。当前城镇化影响农村贫困还没有被完整地阐述为单一完整的理论，而一些可能解释城镇化与农村贫困的理论被单独提出：大推进理论、低水平均衡陷进论、二元结构理论、非均衡发展理论、城市最优规模理论。下面对这些理论进行详细的介绍。

一、相关概念界定

（一）贫困的内涵

贫困是一个复杂的问题，研究贫困的视角不同或者研究贫困的内容不同，贫困的内涵也会有所差异。虽然国内外专家学者对贫困进行了各种解释，但迄今为止还没有统一的能够让大家信服的关于贫困的定义。

亚当·斯密、马尔萨斯等人是最早开始研究贫困问题的学者，但是他们并没有对贫困给出确切的定义。直到 19 世纪末，Rowntree(1899)提出了贫困的概念，他认为贫困是指不能够维持生理效能最低需要的状态。Townsend(1979)认为贫困是缺乏获得基本食物和参加社会基本活动能力的居民。Amartya Sen(1989)从社会学角度对贫困进行了阐述，即贫困不仅仅是人的基本的生活需求得不到满足，而且基本的社会福利机会也得不到满足，贫困是人无法获得最低限度需求的能力问题。对贫困进行分析时，最重要的是确定衡量最低限度物质能力的绝对标准，如果社会居民达不到这个标准，就属于贫困者。Oppenheim(1993)在他出版的《贫困的真相》一书中阐述贫困是指人的物质需求、情感需求和社会认同感低于平均水平。Strobel(1996)指出贫困群体就是被社会排斥，无法享受应有基本权利的群体，具体包括工作不稳定、收入水平低、没有公民权利和政治平等。

此外，国际组织对贫困也进行过多种定义。1981 年《世界发展报告》指出当某些群体或个人没有能力去获得社会公认的能够享受到的基本生活权利机会，就被认定为贫困①。1990 年《世界发展报告》中对贫困的定义增加了新的内涵，报告指出，判定一个人的生活水平，不仅要考虑个人经济情况，还要

① 世界银行.1981 年世界发展报告[M].北京：中国财政经济出版社，1981：78-80.

考虑社会福利状况①。欧共体(1898)对贫困的定义是，居民因资源限制导致他们生活在社会最低生活标准之外②。关于贫困的认识并不是简单的一成不变，而是随着人类经济发展水平、文明水平以及社会的进步发生相应的变化。如2000年《全球贫困问题报告》中指出，贫困是指缺乏如健康、自由、社会地位等基本的机会和选择，导致人类不能够发展③。该定义强调了贫困的多元化特征，包括收入、教育以及参与社会活动的能力等。

中国学者将西方学者的观点与中国的具体情况相结合，提出了对贫困的见解。唐钧(1993)在出版的《中国城市居民贫困线研究》一书中指出，贫困可以从三个角度来理解：①贫困是客观生活状况的反映；②贫困是社会公认的一种评价；③贫困是社会环境产生的后果。童星、林闽钢(1994)认为贫困是由于低收入造成的生活基本物质和服务的缺乏，是经济社会文化落后的综合表现。董辅礽(1996)从生理需求、精神需求和社会需求将贫困分为三个层次：即第一层次是生理需求得不到满足；第二层次是精神需求得不到满足；第三层次是社会需求得不到满足。田飞(2010)则从绝对贫困和相对贫困角度对贫困进行定义，认为绝对贫困是从个人视角而言的，即个人缺乏维持基本生活的物质条件，而相对贫困是从整体视角而言的，即相对于一定的生活水平而处于的贫困。梁树广、黄继忠(2011)从收入、能力和权利三个视角定义贫困，收入贫困是指收入水平满足不了基本生活需求，能力贫困是指缺少获得基本的生活需求的能力，权利贫困是指基本的政治和文化权利的丧失。

由上可知，贫困是一个多维的概念，可用经济学中的收入水平界定，也可从政治学中权利被剥夺来理解，还可以从社会学社会排斥角度去分析。本书立足于经济学范畴，仅从收入视角定义贫困，并不涉及权利、社会排斥等领域。

① 世界银行.1990年世界发展报告—贫困问题？社会发展指标[M].北京：中国财政经济出版社，1990.

② 欧共体委员会.向贫困开战的共同体特别行动计划的中期报告[R].1989，14.

③ 世界银行.2000/2001世界发展报告：贫困作斗争[M].北京：中国财政经济出版社，2001：10-44.

（二）贫困的分类

根据不同的划分标准，贫困可以划分为多种类型，最常见的就是绝对贫困和相对贫困。英国社会学家 Rowntree（1899）最早提出了绝对贫困的概念，他认为绝对贫困是由于物质资料的缺乏使身体不能够满足基本的生存需求。因此，绝对贫困又称之为生存贫困。在计算绝对贫困时，根据最大限度地节俭原则，即除了维持基本生存的必需品，其他物品一概不能包含在内。但在如何确定身体有效活动的最低指标时，学术界一直存在着分歧，因为无法确定一个固定的标准表明个人每日所需的营养量。随着经济社会的发展，满足维持个人生存的必需品的范围会有所扩大。通常情况下，绝对贫困一般有三个限定：①处于贫困线水平的收入仅能够满足人的生存需求，而人的智力发展、医疗服务、生活享受等都不包含在内；②计算绝对贫困线时，对贫困居民的消费支出具有严格的规定；③绝对贫困线是一种客观衡量贫困的标准，不受外界生活水平的变化，因此，绝对贫困与社会经济发展水平无关。绝对贫困是维持居民生存的最低收入水准，通常只包括狭义的收入概念。

相对贫困是指个人和家庭的生活状况低于社会平均生活水平。相对贫困是由于各社会阶层间的收入差异而产生的，或者是因为随着经济社会的发展，社会整体的收入水平提高，社会贫困线也不断提高而产生的。相对贫困是一个动态概念，随着社会发展水平、居民收入水平的变化而不断调整。因此，即使是在社会富裕程度很高的发达国家，相对贫困也依然存在。此外，相对贫困还会受主观因素的影响，如果一个经济收入中等的人总是和经济收入较高的社会精英比较，那么他就处于相对贫困状态。不过通常情况下，相对贫困是根据社会的一般水平认定的，因此，它也是对社会上处于较低生活水平人的确认。相对贫困通常包含以下要素：①相对贫困是由经济发展不均衡造成的；②相对贫困是一个动态概念，随着经济社会发展水平的提高而不断变化；③相对贫困反映了社会成员之间的不平等关系；④相对贫困具有一定的主观性。

绝对贫困和相对贫困并非两个相互对立的概念，在某些情况下，两者是相互交叉、相互统一的。而本书中涉及的农村贫困是以国家统计局制定的农民纯收入2300元(2010年不变价)为贫困标准，是绝对贫困的概念。

(三) 贫困的测度

对贫困进行定性分析后，就需要对其进行定量描述，即贫困的测度，贫困的测度包括贫困线的确定和贫困程度测定两方面内容。

1. 贫困线

贫困线是指个人或家庭在一定经济发展水平下，为维持基本生存所需要的生活必需品的费用支出。而农村贫困线则指农民的人均纯收入仅仅能够维持最基本的生活需要。贫困线可以划分为绝对贫困线和相对贫困线。相对贫困线的测量需要与社会其他成员的生活水平进行比较，量化起来比较复杂。因而，在具体操作中，通常采用一些易测量又易比较的经济指标对贫困进行衡量。世界发展报告(1990)指出，"家庭的人均收入和支出是衡量生活水平的合适尺度"①。因而实际中通常采用人均收入或人均支出指标衡量贫困程度。由于本书主要研究城镇化消除农村绝对贫困问题，因而采用的是绝对贫困指标，是以2011年中央扶贫开发工作会议确定的农民纯收入2300元(2010年不变价)为贫困标准。

2. 贫困的测算

确定贫困线以后，就可进行贫困测量，常见贫困测量指标有贫困发生率、贫困缺口、森指数、FGT指数等。

(1) 贫困发生率反映贫困规模的相对数，是处于贫困线以下人数占总人数的比例。计算公式为：

$$H=\frac{q}{n}$$

其中，H为贫困发生率，q为贫困人口，n为总人数。贫困发生率是最简单的贫困指数，能够直接反映贫困状况。但这个指标也存在缺陷，不能反映贫困人口的平均收入距离贫困线的程度，以及贫困人口内部的收入不均等状况。当贫困人口的贫困程度出现恶化时，贫困发生率是不发生变化的。为弥补此缺陷，引入贫困缺口指标。

① 世界银行．1990年世界发展报告—贫困问题？社会发展指标[M]．北京：中国财政经济出版社，1990.

（2）贫困缺口是用来衡量贫困人口收入低于贫困线程度的指标，是“贫困赤字”的度量，换句话说，贫困缺口是贫困人口为摆脱贫困所需要的社会财力。其计算公式为：

$$PG = \frac{1}{n}\sum_{i=1}^{Q}(\frac{z - y_i}{z})$$

其中，PG 为贫困缺口，n 为总人数，z 为贫困线，y_i 为第 i 个贫困者的收入，Q 为贫困人口数。贫困缺口是贫困深度的反映，贫困缺口值越大，表明社会贫困程度越严重，反之，贫困程度越低。

贫困缺口也写成收入缺口率与贫困人口数的乘积形式，即：

$$PG=I\times H$$

其中，$I=(z-\mu_q)/z$，表示收入缺口率，μ_q 为贫困人口的平均收入。I 值越小，贫困程度越轻，I 值越大，社会贫困越严重。两种极端的情况是，当 I 接近于 0 时，说明贫困人口的平均收入已基本达到脱贫的临界点；当 I 趋向于 1 时，表示贫困人口基本没有收入来源，必须依靠政府救济维持生存，因而贫困程度较深。

（3）森贫困指数鉴于贫困发生率侧重于贫困面的测量，贫困缺口侧重于贫困程度的测量，森贫困指数将两者的优点结合起来，以综合反映贫困状态。计算公式如下：

$$S=\frac{q}{n}\times\left[PG+(1-PG)\times G\times\frac{q}{q+1}\right]$$

其中，S 表示森贫困指数，G 表示基尼系数，当 q 很大时，$q/q+1\rightarrow 1$，这时森指数就可以整理为：

$$S=H\times[PG+(1-PG)\times G]$$

可见，森指数是综合贫困指数，包含了贫困发生率、贫困缺口和基尼系数。森指数还能反映收入分配对贫困的影响，收入分配不公平会导致森指数增加，贫困程度加深。

（4）FGT 指数是 1984 年由 Foster，Greer 和 Thorbecke 提出的测量贫困指数，FGT 指数直接使用贫困缺口作为权数，计算公式为：

$$FGT = \frac{1}{n}\sum_{i=1}^{Q}\left[1 - \frac{y_i}{z}\right]^{a} = \frac{1}{n}\sum_{i=1}^{Q}\left[\frac{g_i}{z}\right]_{t}^{a}$$

其中，n 为总人数，y_i 为第 i 个贫困者的收入，z 为贫困线，Q 为贫困人口数，$g_i=z-y_i$，a 为参数。当 $a=0$，$FGT=H$，为贫困发生率，当 $a=1$，FGT 是等比例贫困距；当 $a=2$，FGT 是加权贫困距。可以看出，加权贫困距关注收入更低的穷人，对其赋予较大的权重，较好地反映贫困的严重性。

FGT 指数并不是一个指数，而是一族指数，当 $a=0$，1，2 时，分别代表不同的贫困指数，反映贫困广度、贫困深度和贫困强度；FGT 指数还可进行分解，进一步发现贫困在不同群组之间的分布状况，提出更具有针对性的减贫建议。

本书贫困线是国家统计局根据马丁法计算出来的农民纯收入 2300 元（2010 年不变价），涉及的贫困计算使用的是 FGT 指数，测算出农村贫困发生率、贫困深度和贫困强度。

二、相关理论

贫困作为长期困扰人类社会发展的主要问题，使得反贫困成为各领域学者和政策制定者关注的焦点，形成了经典的贫困理论。而伴随着工业革命产生的城镇化是指农村人口向城镇地区不断转移的过程，同时也是资源配置、生产方式、生活方式等由农村向城镇转变的过程，是社会文明进步的重要体现，由此也形成了城镇化的相关理论。虽然当前城镇化影响农村贫困还没有被完整地阐述为单一完整的理论，但一些可能解释城镇化与农村贫困的理论被单独提出：主要有大推进理论、低水平均衡陷阱理论、二元结构理论、非均衡发展理论、最优城镇规模理论等。

（一）大推进理论

大推进理论是由英国经济学家保罗·罗森斯坦·罗丹于 1943 年提出的。罗丹认为，落后的生产方式是发展中国家贫困的主要原因，实现以农业为主的生产方式向以工业为主的生产方式转变是发展中国家摆脱贫困的必然选择。由于发展中国家经济基础薄弱，基础设施条件较差，技术水平和生产效率也较低，因此要想实现工业化，需要对工业各部门进行大规模的投入，促进其生产效率的提高，进而带动整个国民经济的发展。大推进理论是建立在生产的不可分性、需求的不可分性和投资储蓄的不可分性的前提下的。生产的不可分性能够提高资金的投入产出比，增加投资的收益。需求的不可分性是指不同的产业部门都能作为对方要素的投入者或者产品的需求者。投资储蓄的不可分性是指充分的储蓄能够扩大投资规模，而投资规模的扩大又能够在一定程度上增加储蓄。大推进理论主要强调以下五方面的内容：①实施全面投资的经济增长计划。发展中国家要想发展，需要通过对各行业大规模的投资为经济发展提供动力。②通过外部经济效应促进内部经济发展。罗丹认为，大规模的投资能够创造外部经济效应，因为投资主要是针对两类部门进行，一类是互为补充的工业部门，能够创造互为需求的市场；另一类是互为补充的产业部门，为扩大再投资创造条件。③资金主要投资于社会基础设施部门和相互联系的轻工业部门，而重工业部门并不作为建设的重点。④资金的来源不仅包括国内投资，也包括海外投资。罗丹认为，如果对一个地区进行了资金投入，但并没有促使这个地区的经济迅速发展，表明资金投入量小于经济起飞所需的最小资金规模。因此，发展中国家除了国内投资以外，还应引进大量的海外资本，以此保证经济发展所需的资金。⑤政府应该发挥主导性作用。由于发展中国家的机制不健全，如果依靠市场的力量分配大量的投资资金，会出现市场混乱的局面，因此需要借助政府的力量，通过制订宏观经济发展的计划合理地分配投资资金，促进经济的均衡发展。

罗丹提出的通过大规模投资促进发展中国家经济发展的建议具有一定的应用价值。但在具体实践中，大推进理论强调的经济发展所要求的最小资金规模是难以确定的，而且发展中国家经济水平有限，也很难实现理论所要求的巨额资金。同时，实践证明，在资源极度匮乏的地区实行大推进战略是不现实的，甚至会产生更为严重的后果。

（二）低水平均衡陷阱理论

1956 年，纳尔逊提出了“低水平均衡陷阱”的著名论断。他认为，经济社会中存在着两种均衡：一种是低水平的均衡，即人均收入水平较低时，国民收入的增长会被较快的人口增长所抵消，人均收入水平又退回到原来低水平的均衡状态。另一种是高水平均衡，当人均收入水平收入较高时，较快的国民收入增长速度能够使人均收入持续增加，直到人均收入增长速度与人口增长速度相等为止，此时经济处于一种高水平的均衡稳定状态。可见，在低人均收入水平与人口增长率相等的人均收入水平间存在一个“低水平均衡陷阱”，处于这个陷阱中的国民经济增长都会被人口增长所抵消，退回到最初的低水平均衡。而广大发展中国家的人均收入水平一般处于维持基本生存的较低水平，即“低水平均衡陷阱”。为此发展中国家只有进行大规模的投资，使国民经济的增长超过人口的增长，才能提升人均收入水平，冲破陷阱。

纳尔逊的“低水平均衡陷阱”理论强调，发展中国家要想摆脱贫困，需要不断扩大投资规模，提高经济运行效率，促进经济均衡增长。此外，纳尔逊还提出了低收入水平下的人口过快增长对经济增长具有一定的阻碍作用，这对后来从人口学、社会学角度研究贫困问题提出了新的角度。

（三）二元结构理论

最早提出二元经济结构理论的是美国学者刘易斯。他认为发展中国家是由农业为代表的传统部门和工业为代表的现代部门构成的。由于传统部门中存在大量无限供给的劳动力，因此其劳动的边际效率很低甚至为零。如图 1-1 所示，函数 $F(L)$ 为传统部门生产函数，横轴 L 代表传统部门劳动力人数，纵轴 Q 代表传统部门的经济产量，纵轴 MPL 为传统部门的劳动边际生产率。在 L_2 点之前，传统部门的生产函数与通常的生产函数并无异样，即经济产量随着要素投入的增加而逐渐增多，边际生产率随着要素投入的增加而逐渐减少。但在 L_2 点之后，不难看出，随着劳动力要素的不断增加，经济总产量却保持不变，而劳动的边际生产率也一直为零。因此，可以认为，L_2 为传统部门的饱和劳动力的数量，超过 L_2 的部分为剩余劳动力。由于存在大量剩余劳动力，导致传统部门经济增长缓慢，与快速增长的现代部门形成鲜明的对比。两部门之间的劳动生产率的差异导致两部门间的收入差异越来越大，促使劳动力由传统部门流向现代部门。一方面，现代部门的不断扩张吸引着传统部门的剩余劳动力，加快了工业化和城镇化的实现。另一方面，随着传统部门劳动力的不断减少，其边际生产率也在不断提高，劳动报酬也在增加，二元经济结构差异会逐步缩小。

图 1-1 中横轴代表劳动力总的供给数量，横轴上任意一点代表劳动力在传统部门和现代部门的分配情况。其中 Q_r 是传统农业部门劳动力的数量，Q_u 是现代工业部门劳动力的数量。假设经济最开始是农业经济社会，Q_rL_1 是有效劳动力供给，Q_uL_1 为农业部门剩余劳动力，其中，L_2L_1 为隐性失业劳动力。

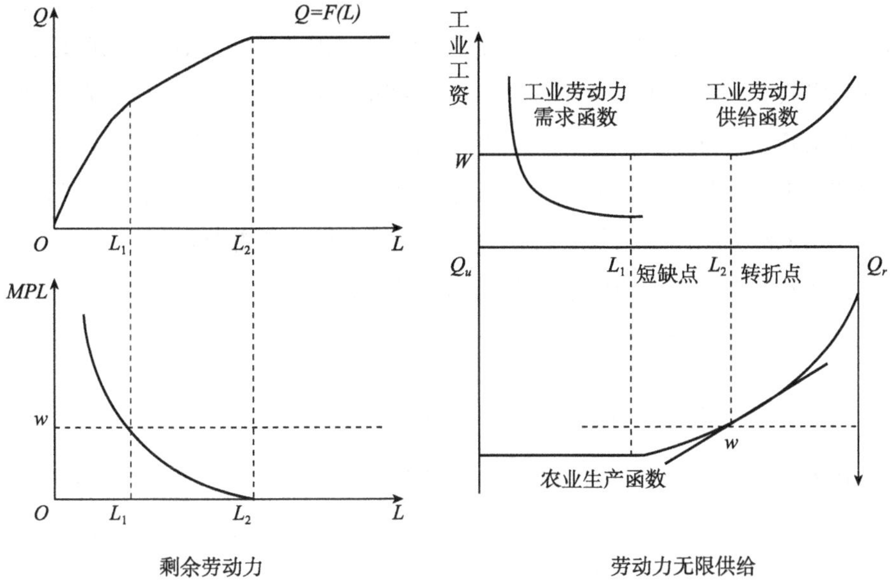

图 1-1 二元经济结构示意图

假设整个社会的工资水平为 W，等于农业部门 L_2 处的边际产出。从现代工业部门来看，劳动力的需求曲线是一条向下倾斜的曲线，而劳动力的供给曲线则由一段水平线和向上倾斜的曲线构成。当工业部门的劳动力数量低于 Q_uL_1，只需要支付略高于 W 的工资，劳动力便会从生产效率为零的农业部门流向工业部门。因此，工业部门劳动力供给曲线在 Q_uL_1 是具有完全弹性的水平线。当农业部门 Q_rL_1 这部分劳动力转移到工业部门后，农业部门的边际产出会上升，为此把 L_1 称为“短缺点”。但由于 L_2L_1 这部分劳动力在农业部门的产出小于 W，所以这部分劳动力在工业部门的供给仍为水平线段。但如果工业部门继续吸收农业部门的劳动力，会导致农业部门的工资水平上涨，而工业部门的工资需高于农业部门的工资才能吸引劳动力。L_2 称为“转折点”，在转折点前，农业部门的工资不发生改变，转折点后，农业部门和工业部门的工资同时上涨，经济开始快速发展，因此，转折点也被称为“起飞点”。

费景汉和拉尼斯（Fei & Rains，1961）认为刘易斯的观点有些偏颇，因为他并未重视农业对工业发展的促进作用，也并未注意到农业剩余为农业人口流向工业部门提供了可能。为此，他们进一步完善了刘易斯二元结构模型，形成了刘易斯—费景汉—拉尼斯模型。该模型将经济发展划分了三个阶段：第一阶段，经济中存在隐性失业，劳动力处于无限供给状态；第二阶段，工业部门吸收生产率低于农业部门平均生产率的那部分劳动力，随后农业部门的总产出开始下降，边际生产率开始上升；第三阶段，农业部门全部剩余劳动力转到工业部门，经济开始进入飞速发展时期，工业部门和农业部门的工资都开始上涨，当两部门的工资相等时，经济便进入新古典阶段。

托达罗（Todaro，1970）结合刘易斯—费景汉—拉尼斯模型创建了托达罗人口流动模型，即公式：

$$V(o)=\int_{0}^{n}[P(t)Yu(t)=Yr(t)]e^{-rt}\mathrm{d}t-C(o)$$

其中，$V(o)$表示迁移者作为的行为决策，若为正，表明迁移者有意迁移，为负，则代表迁移者不愿迁移。$P(t)$为迁移者在城镇获得工作的概率，$C(o)$为迁移成本，包括物质成本和精神成本。

托达罗认为，即便城市存在大量的工作岗位，农村剩余劳动力还是要根据自己的实际情况作出合理的决策，因为他们要综合考虑现在和未来的收入差距、基础设施、公共服务等方面的差异，将这些所有的差异进行比较后进而决定是否转移。将预期纳入人口流动动机中是托达罗模型的重要特点。由于发展中国家没有实现充分就业，农村劳动力在城市找到工作的概率很大。如果农村劳动力仅因目前的城镇居民收入高于农村居民收入而盲目向城镇地区流动，那么进入城镇后，他们会因技能的限制处于失业与半失业状态，城镇地区的就业压力会不断增大，同时，农村地区会因劳动力的流失出现空心化。刘易斯模型只注重了劳动力流动对城镇地区发展的积极作用，忽略了大规模人口流动对城镇地区造成的经济、社会的负面影响。而托达罗模型对农村劳动力流动到城镇地区的正负作用同时进行了分析，并指出要正确引导农村劳动力的流动，合理控制流动的规模和速度，促进城乡均衡协调发展。

西方经济学家主张的通过推进工业化使二元经济结构转化为一元经济结构的想法遭到了李克强（1991）的质疑。他认为这种理论对许多发展中国家并不适用，而且事实也并不像理论描述的那样理想。如亚洲和拉美国家的大部分农村转移劳动力并未被工业部门吸收，而是被城市贫困部门吸收，这部分转移劳动力就形成了城市贫困阶层。而中国作为一个农业大国，如果完全按照刘易斯的经济理论，不顾基本国情的话，不仅不会促进城乡的协调发展，而且会增加二元结构转换的难度。因此，直接由二元结构转换为一元结构在中国是不现实的，应先逐步形成农村工业部门，再形成城市工业部门的三元化转移路线，在三元经济的基础上实现城乡一体、城乡统筹的发展道路。

（四）非均衡发展理论

在空间机制理论中，非均衡发展理论符合我国近些年发展的实践经验。其中，经典的“增长极理论”是由法国学者佩鲁在 1955 年提出来的。该理论认为，经济发展并非在各区域均衡发展，而是由一部分企业集聚形成“增长极”，通过“增长极”的集聚效应吸引更多的企业集聚发展，并以此带动周边地区经济的发展。可见，增长极的集聚效应和扩散效应是区域经济发展的动力，对整个区域具有重要的影响作用。除了增长极理论外，缪尔达尔在 1957 年提出的“回波效应”和“扩散效应”理论，以及赫希曼在 1958 年提出的“极化效应”和“涓滴效应”理论，也都是用于解释经济发展不均衡现象。其中，“回波效应”和“集聚效应”是指经济的集聚发展会导致生产要素流向集聚地，从而导致周边地区发展的落后，而“扩散效应”和“涓滴效应”则指经济中心发展到一定程度后能够辐射带动周边地区的发展。

赫希曼提出的“非均衡增长”战略认为，经济的发展不可能同时同步出现在各个地方，经济的不平衡增长是经济发展的客观规律。当区域在选择投资项目时，往往会选那些具有显著前向联系和后向联系的产业。此外，中心区域对周边地区的集聚效应或扩散效应具有一定的时间规律性，如图 1–2 所示。一般而言，在经济发展初期阶段，区域的集聚效应要大于扩散效应，这两种效应形成的净溢出效应会越来越小，会在 t_1 时刻达到最小值。随着增长极的不断发展，集聚效应会越来越小，而扩散效应会逐渐增加，净溢出效应逐渐增加，在 t_2 时刻达到零。当越来越多的生产要素由增长极流向周边地区时，扩散效应的优势开始凸显，净溢出效应为正，此时，中心区域能够带动周边地区的快速发展。

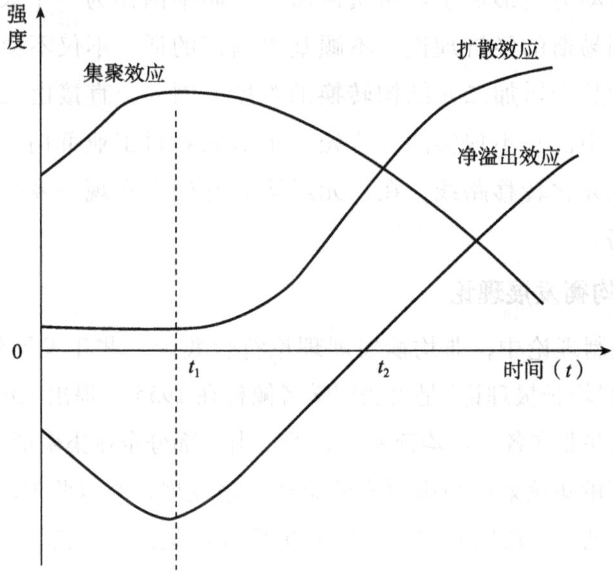

图 1-2　集聚效应与扩散效应的时间变化规律

弗里德曼于 1966 年提出了“核心—边缘”学说。该学说认为区域发展是积累创新的过程，区域发展通常起源于“变革中心”，然后再由“变革中心”将创新向周边地区进行扩散，促进周边地区的发展。克鲁格曼在“核心—边缘”理论基础上，引入空间因素，并由此提出了“核心—外围”理论。该理论假设社会中由农业和制造业两个部门构成，农业生产同质产品，属于完全竞争行业，边际收益不变，农民具有相同的工资水平，而制造业生产多样化的产品，属于垄断竞争行业，边际收益递增，并产生正的运输费用。该理论通过三种基本效应反映区域的集聚和扩散效应。①本地市场效应，即在垄断竞争的条件下，存在规模报酬递增的情况，产品需求量大的区域会进行大规模生产，并向产品需求量小的区域出口；②价格指数效应，产业的集聚导致产品的多样化生产，从而进口产品的类别和数量相对减少，由于支付较低的运费，导致该地区产品的价格较低；③市场竞争效应，即不完全竞争厂商通常选择在竞争者较少的区域进行生产，避免竞争带来的利益损失。前两种效应形成的向心力促使厂商的空间集聚，而后一种效应形成的离心力作用促使厂商的空间扩散。

克鲁格曼通过简单的模拟分析集聚与扩散之间的均衡问题，考察原本两个农业均衡分布的地区最终是形成制造业的“中心区域”还是形成制造业的“外围区域”。模拟实验表明，随着经济的不断发展，原本均衡发展的区域开始出现差异，具有初微优势的地区开始不断积累资金、技术、劳动力等要素，最终发展成为产业集聚中心，而另外的区域则发展成为外围区域。很明显，这两个区域处在不稳定的发展状态，这种不稳定的状态是企业规模、人口流动、技术创新等多种要素相互作用的结果。虽然“核心—外围”理论与“核心—边缘”理论描述相似的经济现象，但在分析方法上差异较大。“核心—边缘”理论是根据经验归纳“核心—边缘”的流动规律，而“核心—外围”理论则通过数理推导和计算机模拟出来的结果解释制造业“中心”、农业“外围”格局的形成原理。

中国学者许学强（1997）认为中国的城市空间分布呈现出阶段性的特点，具体可以划分为四个阶段，如图 1-3 所示。第一阶段，离散阶段，主要是以自给自足的农业社会为主体特征，只有小城镇的发展，不存在大中城市，没有等级体系；第二阶段，极化阶段，工业化的快速发展使中心城市地位不断强化；第三阶段，扩散阶段，该阶段工业化发展到后期，形成工业高级化阶段，中心城市开始辐射带动周边地区的经济发展，形成“点—轴”发展格局；第四阶段，成熟阶段，此阶段的特征是信息化与产业高级化为主体，形成“点—轴—网络”格局，整个区域达到了一个高级化的城市区域。

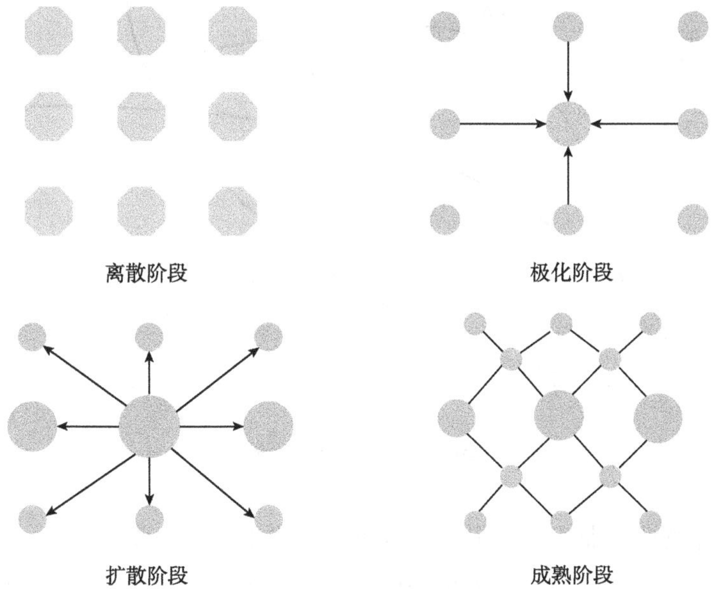

图 1-3　中国城市空间分布发展阶段

（五）最优城市规模理论

关于城市最优规模理论研究起源于19世纪，当时是为解决"大城市病"而对城市合理规模提出的一些设想。如英国思想家欧文提出的"新协和村"，英国社会活动家霍华德提出的"田园城市"，法国思想家提出的以"法郎吉"为单位的理想社会，这些都对现代城市规划的发展奠定了基础。随后，美国学者吉布森(1977)提出了最优城市规模理论，他认为如果仅考虑自然因素，人口小于5万的城镇规模是最合适的，如果综合考虑经济社会因素，人口数量为80万~120万的城市规模最佳。巴顿认为城市的最优规模会随着经济的发展而不断扩大，而且根据经济学理论，最优城市规模只有理论解，是根据边际收益等于边际成本的原则计算出来的，其中城市的边际成本是指城市增加一单位居民的成本，包括住房、基础设施、公共服务等成本，而边际收益是指每增加一位居民对城市带来的收益。一般情况下，城市经济增长的内在驱动力，使其实际规模超过最优规模，如图1-4所示。

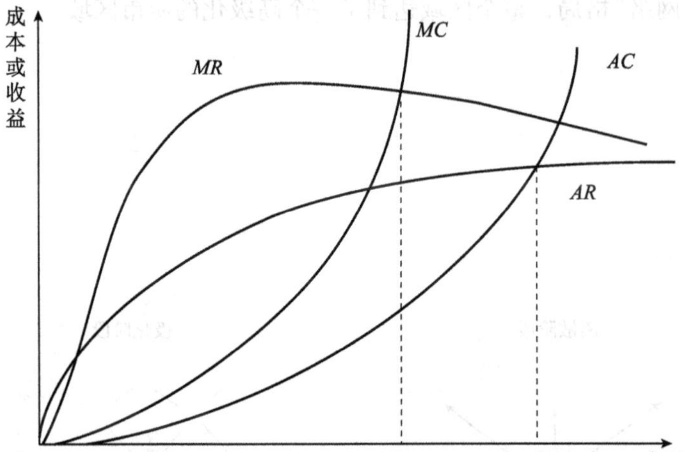

图1-4　城市最优规模

图中平均收益曲线(*AR*)代表不同城市规模下居民的收益，是一条"倒U"形的曲线，表明在城市规模发展初期，城市的集聚效应比较明显，随着城市规模的不断扩大，城市产生的住房紧张、交通拥挤等负的外部效应开始凸显，居民的收益也开始下降。平均成本曲线代表不同城市规模下居民的生活成本，是一条向上倾斜的曲线，这是因为城市空间一定时，城市人口的增多会导致居民生活成本上升。迁移劳动力会通过比较做出迁移决定，只有当平均收益大于平均成本时，他们才会选择迁移。因此，当 $AR>AC$ 时，迁移者会进入城市，城市人口会不断增加，直到 $AR=AC$，城市人口不再增加，城市规模达到均衡为 E。事实上，城市的最优规模是由边际收益和边际成本的交点 M 决定的。由于城市的边际成本大于平均成本，边际收益也大于平均收益，因此，城市的实际规模大于理论上的最优规模（$E>M$）（田莉，2009）。

关于城市规模的选择也一直是学术界争论的热点问题，主要形成了大城市重点论、中等城市重点论、小城镇重点论等多种观点。大城市重点论者认为中国应以大城市发展为重点，主要是因为大城市具有显著的规模和集聚效应，能够促进更强的技术进步，创造更多的就业机会，带来更大的经济扩散效应。而反对此观点的人认为，我国大城市发展存在诸多弊端，如管理体制落后、公共服务供给不足等诸多问题，如果再进一步发展大城市，会造成城市质量的严重下降。而小城镇重点论者认为农村城镇化能联系城镇和农村两个市场，有利于增加市场需求，开拓农村市场，还能吸收大量农村剩余劳动力，缓解大城市的人口压力。而且农村城镇化能使农民"离土不离乡"，降低农民的心理成本，因此，小城镇具有一定的优势吸纳农村劳动力。然而，也有一些人反对小城镇重点论，他们认为小城镇建设存在通讯不畅、交通不便、技术落后等问题，重点发展小城镇会导致资源浪费、重复建设、环境污染等问题，而且小城镇的集聚效应差、资源利用率低、资金回报率也不高，这些都与现代化的市场经济发展要求不符。中等城市重点论支持者在比较大、小城市发展的利弊基础上，认为中等城市处于城市体系建设中的中间环节，可被认作是一个地区的经济、政治、文化中心。而且，中等城市数量较多，分布比较均匀，能够有效连接大城市与小城镇，社会问题较少。因此，以中等城市建设为中心才是城镇化可持续发展的重要选择。

随着我国城镇化的不断发展，也有学者提出城镇化的发展不能局限于哪种发展模式更优的争论上，而应该从国情出发，制定多元化的发展战略。周一星(1992)是国内最早突破单一发展模式，提出多元化发展模式的学者。他指出城镇体系是由大、中、小城镇构成的，重点发展哪一级城镇不重要，重要的是城镇的发展能够产生经济效益，使城镇产出的收益能够弥补投入的成本，而且能够带来社会效益，这就是合理的发展模式。因此，我国的城镇化发展在立足国情的基础上，采取大中小城镇协调发展的模式，这种观点得到了越来越多学者的支持。

第四节　研究方法

本书综合采用区域经济学、发展经济学、计量经济学的分析方法，采取定性分析与定量分析相结合，规范分析和实证分析相结合，静态分析和动态分析相结合等分析方法对中国城镇化的农村减贫效应进行了深入研究，具体方法如下文。

一、定性分析与定量分析相结合

定性分析是指对事物进行“质”的分析，运用归纳、演绎、抽象等方法对事物的性质、特征进行描述，揭示事物的本质及内在规律。而定量分析是根据统计数据利用数学工具进行计算，对事物各项指标进行分析的量化分析方法。两者之间是相互联系、相互统一的。由于贫困问题属于边缘学科，涉及经济、历史、社会、统计等领域，因此决定了不能单纯地从定性角度对贫困问题进行分析。而且贫困问题本身涉及很多量化的标准，比如贫困线的制定、贫困的测度，都离不开定量分析。在本书的研究中，城镇化的进程、贫困的内涵、贫困的特点和成因分析采用的是定性分析的方法，而城镇化水平的测量、农村贫困线的制定以及农村贫困程度的测算采用的是定量分析的方法，将定性分析与定量分析相结合，为分析城镇化的农村减贫效应提供理论和数据支持。

二、规范分析与实证分析相结合

规范分析是根据一定的价值标准，作为处理经济社会问题的依据。规范分析的特点是关注研究对象“应该是什么”的问题，涉及一定的价值判断，从而根据价值标准对研究对象产生的结果作出“好”或“坏”的判断。而实证分析主要关注“是什么”的问题，撇开了一般性的价值判断，主要探讨研究对象的现状，在不同条件下的变化以及后果等问题。本书的实证分析要回答贫困的概念、贫困线的确定、贫困的测算，规范分析要回答“应该怎样确定贫困线”“应该采取哪种城镇化发展模式减少农村贫困”。采用规范分析与实证分析相结合的方法，通过对城镇化的农村减贫效应进行实证分析，提出了农村减贫的城镇化发展模式。

三、静态分析与动态分析相结合

静态分析是对某个时刻的状态进行分析，与均衡分析密切相关；而动态分析就是对时间段内的发展变化和趋势进行分析。比如对 2015 年的农村贫困状况进行分析属于静态分析，而对城镇化的发展变化和农村贫困人口变化状况进行分析属于动态分析。农村贫困问题是一个长期的历史问题，并处在不断的变化中，因此在进行分析时，不仅要考虑农村贫困现状，更应该系统地、整体地、动态地去研究。

四、比较研究与个案研究相结合

在研究城镇化模式的农村减贫效应时采用了比较研究和个案研究相结合的分析方法。城镇化的发展模式不仅有其共性，也有其特殊性，由于我国不同地区农村贫困状况的差异较大，因此在选择城镇化发展模式时，应根据当地的经济发展状况、地理位置和人文社会背景因，地制宜地选择恰当的发展方式。

第五节 研究内容与结构安排

本书第一部分在吸收借鉴国内外学者关于城镇化和贫困已有研究成果的基础上，立足于构建社会主义和谐社会，努力实现 2020 年农村贫困人口全部脱贫的目标，运用发展经济学和区域经济学相关理论，分析了中国城镇化和农村贫困的发展现状，并构建计量模型对城镇化的农村减贫效应以及城镇化模式的农村减贫效应进行实证检验，最后提出了城镇化的农村减贫效应的对策建议，为中国农村贫困的减缓提供了参考。

本书第一部分共分为四章，各章节的主要内容如下。

第一章是绪论，首先介绍了文章的研究背景和研究意义，以此引出文章所要研究的内容；其次梳理了国内外的城镇化和贫困的相关文献资料，主要从城镇化与贫困、城镇化与农村贫困等方面综述了城镇化对贫困影响的理论和实证研究；然后梳理了城镇化和贫困的相关理论，对罗丹的大推进理论、纳尔逊的低水平均衡陷阱理论、刘易斯的二元结构理论、非均衡发展理论等进行了较为详细的阐述，通过对这些理论的梳理和总结，为分析城镇化的农村减贫效应奠定理论基础。最后，从研究方法、研究内容和技术路线对本部分做了一个总体规划。

第二章是中国城镇化和农村贫困的现状分析。从城镇化的发展历程和现状特点介绍了城镇化的发展状况，从农村贫困的水平、分布、特点、成因对农村贫困的状况进行介绍，并对城镇化与农村贫困的变化规律进行分析。

第三章是城镇化农村减贫效应的实证检验。此章构建了一个关于城镇化和农村贫困的理论模型，得出了城镇化和农村贫困呈现出“U”形关系的结论，然后用中国省级面板数据进行了实证检验，验证上述的结论，并分区域检验了城镇化对农村减贫作用的大小。最后构建理论模型，探索城镇化发展模式的农村减贫效应，并利用中国省级面板数据检验了核心城市和二级城镇对农村减贫效应的效果。

第四章为对策建议。总结了本部分的研究结论，并在此基础上提出了城镇化农村减贫效应的对策建议。

根据以上内容，第一部分设计了技术路线，如图 1-5 所示。

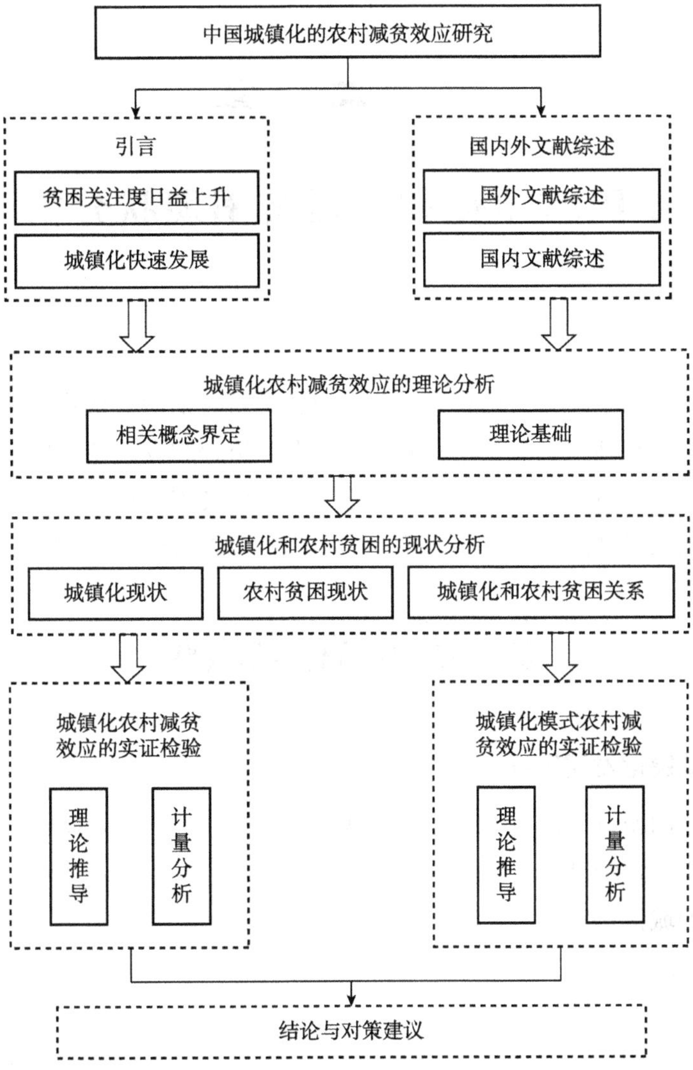

图 1-5 第一部分的逻辑框架图

第二章

中国城镇化和农村贫困现状分析

科学地评估中国城镇化和农村贫困现状是新时期做好扶贫工作，全面建成小康社会的基础。本章首先从城镇化的发展历程和发展特点出发，对城镇化的现状进行分析，其次从农村贫困水平、农村贫困分布、农村贫困特点及成因对我国农村贫困现状进行分析，最后阐述了城镇化与农村贫困的关系。

第一节　城镇化发展现状

一、城镇化发展历程

从中国的城镇化发展进程来看，城镇化是多种因素综合作用的结果，并且是呈现出一定阶段性特征的动态发展过程。如图 2-1 所示，新中国成立以来，我国的城镇化发展大致可以分为以下四个阶段。

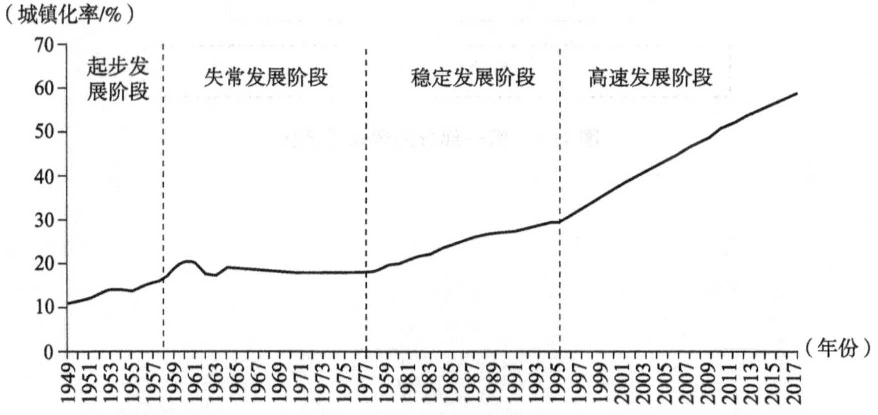

图 2-1　中国城镇化发展历程图

（一）起步发展阶段（1949—1958）

1953 年，中国第一个“五年计划”开始实施，其工作重心是发展重工业，建立社会主义工业化初步基础，这些项目的实施需要在城市中进行①。为此，同年 9 月份，中央明确指出，要迅速组织力量，进行重要的工业城市规划建设工作②。1956 年 4 月，《论十大关系》中也明确提出在沿海和内陆地区，根据产业布局要求大规模扩建和改建各类城市③。1957 年，国家又批准了 15 个城市的总体规划和产业规划④。由此，我国的城镇化建设进入了起步发展阶段。在这一阶段，我国的城镇人口增长速度为 7.14%，远高于全国总人口的年均增幅 2.22%，城市数量也明显增多，从开始的 132 个增加到 184 个，城镇化率从 10.64%提升到 16.25%，城市个数和城镇化率同步上升。

（二）失常发展阶段（1959—1977）

城镇化的失常发展阶段主要指 1958—1960 年的过急发展行为以及 1960 年之后的停滞发展行为。

1958 年，全国范围内开展的“大跃进”运动导致城镇化建设也开始“大跃进”，1957 年的青岛会议提出了“用城镇化的大跃进适应工业化的大跃进”的办法，1960 年桂林会议提出“用 10~15 年时间把我国城市基本建设成为社会主义现代化的新城市”，有的地方还提出“三年改观、五年大变、十年全变”等口号。“大跃进”思想导致各地的城市建设工作都呈现出过急发展行为，很多地区盲目追求大项目和大城市建设，导致短期内城市数量和城镇人口数量迅速增加，因公共设施建设不足，不仅打乱了城镇建设合理的发展布局，也造成了城市环境的严重恶化。

认识到“大跃进”式城镇化发展问题的严重性后，国家又采取了极端的处理办法。1960 年，第九次全国会议宣布的“三年不搞城市规划”的决定导致城

---

① 中共中央党校科学社会主义教研部．中国社会主义现代化建设的历史经验[M]．北京：中共中央党校出版社，2000：40.

② 中国社会科学院，中央档案馆编．1953~1957 中华人民共和国经济档案资料选编固定资产投资和建筑业卷[M]．北京：中国物价出版社，1998：805.

③ 高伯文．中国共产党区域经济思想研究[M]．北京：中共党史出版社，2004：106.

④ 姚士谋．中国城镇化的资源环境基础[M]．北京：科学出版社，2010：2.

市发展停滞不前①。随后又爆发了“文化大革命”，大量的知识青年和城镇职工开始上山下乡，又严重拖后了城镇化进程。直到1973年，国家建委城建局讨论了《关于加强城市规划工作的意见》《关于编制与审批城市规划的暂行规定》和《城市规划居住区用地规划指标》的文件，各个高校也开始恢复和开设城市规划课程，城市规划工作又重新振兴。在此期间，城镇化发展基本处于停滞状态。城市数量从179个增加到193个，仅增加了14个，城镇人口增加的数量也有限，从12371万人增加到16669万人，城镇化率有下降的趋势，从18.41%降到17.55%，所以该时期也被称为“反城镇化期”和“逆城镇化期”。

（三）稳定发展阶段（1978—1995）

1978年，改革开放的实施标志着我国社会主义现代化建设的开始。1982年，家庭联产承包责任制的推行解放了生产力，乡镇企业的大量涌现促使了摆脱农业生产力束缚的农民进入城市，成为城市扩张的动力。同时，城市规划工作也在不断加强，并出台了一系列法规条例加强城市规划的建设和管理工作。如1980年国务院转批的《全国城市规划工作会议纪要》、1984年颁布的《城市规划条例》、1987年颁布的《关于加强城市建设工作的通知》和1989年通过的《城市规划法》等都是关于城市规划管理的文件。此外，1986年“撤县改市”政策的实行增加了中国城市的数量，据统计，1979—1994年全国撤县改市的数量为373个。1994年，中国城市规划协会的成立标志着城市的发展受到越来越多的重视。在此期间，城市集群的建设也进入了快速发展阶段，1980年建立深圳、珠海、汕头、厦门四个经济特区，1984年开放了大连、秦皇岛、天津、烟台、青岛等14个沿海港口城市，1985年又批复了长三角、珠三角、闽三角沿海经济开发区，1988年设立了海南经济特区，1992年设立浦东新区等，我国的城镇化道路开始稳步前进。这一时期，我国的城市数量和城镇化率均增长较快，城市数量从216个增加到640个，城市人口也从18495万人增加到35174万人，城镇化率从18.96%提升到29.04%。

（四）高速发展阶段（1996年至今）

1997年，国务院批转公安部《小城镇户籍管理制度改革试点方案》和《关

① 中国城市规划学会．五十年回眸新中国的城市规划[M]．北京：商务印书馆，1999：43-44.

于完善农村户籍管理制度的意见》标志着我国城乡户籍制度的改革。户籍制度的适度放开，极大地促进了农村人口向城市地区的转移，推动了城镇化的发展。同时，国家也开始高度重视城镇化的发展，将城镇化作为经济发展的动力。从中国十五届三中全会到中共十九大，都对城镇化发展道路提出了新的要求。2017 年党的十九大报告从促进区域协调发展的战略层面提出，“以城市群为主体构建大中小城市和小城镇协调发展的城镇格局，加快农业转移人口市民化”①。聚焦大中小城市和城镇之间的不平衡发展，通过补短板、强弱项，推动城镇格局的协调发展，并加强产业和城镇的空间整合，促进“产城融合”的城镇化发展路径。这一时期，我国县级城市有所减少，城市数量也略有下降，从 666 个减少到 658 个。但城市人口数量和城镇化率均增长较快，城市人口数从 1996 年的 37304 万人增加到 2018 年的 83137 万人，年均增幅 4.05%，城镇化率也从 1996 年的 30.48%上升到 2018 年的 59.85%，提高了 29.37 个百分点，城镇化建设进入了快速发展时期。

二、城镇化发展特点

（一）土地城镇化快于人口城镇化

分税制改革后，在财政收入和晋升机制的双重激励下，地方政府开展了“摊大饼”式的城镇化发展模式，以城市重心转移或开发新城的名义盲目追求土地资源的大规模投入，进行城市扩张。“摊大饼”式的发展模式导致土地资源利用效率低下和严重浪费。同时由于缺乏相应的产业作为支撑，农村人口转移的速度比较慢，导致土地城镇化速度快于人口城镇化速度。

如图 2-2 所示，2000—2018 年，我国建城区面积增长了 2.93 倍，且呈现出逐年递增态势，而城镇人口仅增长了 1.81 倍，城市人口的低密度直接弱化了经济集聚效应。蔓延式的土地扩张导致大量农地被征用，不仅造成了农地资源的流失和浪费，也影响了粮食的总产量，直接威胁到国家的粮食安全。究其原因，主要在于政绩考核体系，“唯 GDP 论”的考核方式使各地政府更加偏重于公共设施、市政等生产性功能见效比较快的显性投资，忽略了医疗、

① 建立更加有效的城镇格局协调发展新机制[EB/OL]. http://views.ce.cn/view/ent/201711/24/t20171124_26982942.shtml, 2017-11-24.

教育等非生产性功能见效比较慢的隐性投资，从而导致城市建设的土地扩张速度高于人口扩张速度。

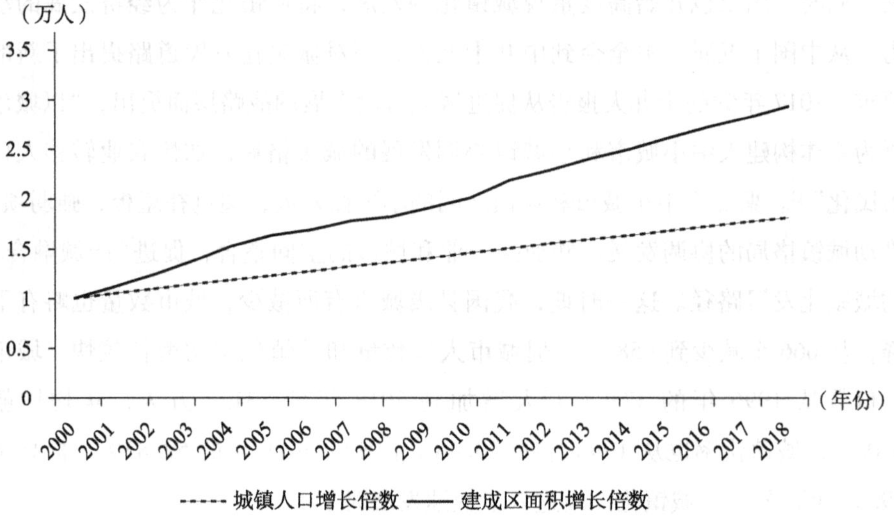

图 2-2　城镇建成区面积和人口增长倍数

（二）"半城镇化"特征明显

虽然我国的城镇化水平有明显提升，城镇人口数量也大幅度增加，但部分学者对我国的城镇化发展提出了质疑，指出我国的"半城镇化"特征明显。原因在于我国的城镇人口统计包括了居住在城镇半年以上的人口，这部分人口主要为农民工，他们具有较强的流动性，而且没有城镇户籍，无法享受到与城镇居民相同的就业、医疗、教育、社会保障等待遇，存在着很大的与城镇融合的困境，表现出明显的"半城镇化"特征。"半城镇化"现象在我国普遍存在，而且存在明显的地区差异，东部地区的"半城镇化"的程度要远远高于中西部地区。以上海为例，2018 年上海市城镇常住人口 2418.33 万人，而城镇户籍人口仅有 1445.65 万人，非城镇户籍常住人口高达 972.68 万人。虽然上海常住人口的城镇化率为 87.89%，但半城镇人口的比例就有 40.22%，此类现象在北京、深圳、广州等大型城市普遍存在。

（三）城镇化水平区域差异较大

受历史、自然资源、政策的影响，我国各区域、各省区市的城镇化水平差异较大，呈现出不均衡、不协调的发展局面。见表 2-1，2018 年我国的城镇化平均水平为 59.58%，而仅有东部地区的城镇化水平超过了全国平均水平，为 70.69%；中西部地区的城镇化水平仍比较低，分别低于全国平均水平 2.73 和 7.32 个百分点，呈现出从东到西依次递减的特点。此外，各省市的城镇化发展水平差异也较大，北京、天津和上海的城镇化水平位于前三，上海的最高，为 88.12%。黑龙江、湖北、山东、内蒙古、重庆、福建、辽宁、浙江、江苏、广东的城镇化率也都在 60%以上，高于全国平均水平。然而贵州、云南、西藏、新疆地区的城镇化水平低于 50%，离全国平均水平还有一定的差距，尤其是西藏地区，城镇水平仅为 31.10%，是全国城镇化水平最低的省。

表 2-1　2018 年中国各地区的城镇化率　　单位:%

地区	城镇化率	地区	城镇化率
北京	86.49	广东	70.70
天津	83.14	广西	50.22
河北	56.43	海南	59.10
山西	58.42	重庆	65.51
内蒙古	62.71	四川	52.30
辽宁	68.09	贵州	47.53
吉林	57.54	云南	47.81
黑龙江	60.11	西藏	31.10
上海	88.12	陕西	58.13
江苏	69.61	甘肃	47.71
浙江	68.90	青海	54.39
安徽	54.70	宁夏	58.87
福建	65.82	新疆	50.90
江西	56.02	东部地区	70.69
山东	61.18	中部地区	56.85
河南	51.71	西部地区	52.26
湖北	60.30	全国地区	59.58
湖南	56.02		

（四）城市规模结构不合理

目前，受区域经济发展不均衡的影响，我国的城镇化资源、环境承载力也呈现出区域性差异。东部地区城镇人口密集，资源环境的承载力比较弱，中西部地区人口相对较少，资源环境的承载能力比较强，城镇化进程潜力较大。除城镇化资源、环境的承载力呈现差异外，城镇的规模结构也严重失调。2001 年的“十五”计划纲要明确提出我国走“大中小城市和小城镇协调发展”的战略方针，虽然此方针也一直出现在随后的政策文件中，但受多种因素综合作用，我国的城镇规模结构仍呈现出不合理的状态。根据 2014 年国务院公布的最新城市规模划分标准，将城市划分为 4 大类 6 档（表 2-2）。

表 2-2　中国不同等级规模城市（镇）数量及变化情况

城市	2000 年			2015 年			2000—2015 年变化情况		
	城市数量（个）	数量比例（%）	人口占比（%）	城市数量（个）	数量比例（%）	人口占比（%）	城市数量（个）	数量比例（%）	人口占比（%）
小城市：50 万人以下	583	86.37	47.38	177	27.36	8.52	-406	-59.01	-38.86
小城市Ⅰ：20 万人以下	363	53.78	18.52	35	5.41	0.68	-328	-48.37	-17.84
小城市Ⅱ：20~50 万人	220	52.59	28.86	142	21.95	7.84	-78	-30.64	-21.02
中等城市：50~100 万人	54	8	15.54	258	39.88	27.12	204	31.88	11.58
大城市：100~500 万人	36	5.33	29.91	201	31.07	49.57	165	25.74	19.66
大城市Ⅰ：100~300 万人	31	4.59	20.74	187	28.90	41.84	156	24.31	21.10
大城市Ⅱ：300~500 万人	5	0.74	9.17	14	2.16	7.73	9	1.42	-1.44
特大城市：500 万人以上	2	0.3	7.17	11	1.70	14.77	9	1.40	7.60
合计	675	100	100	647	100	100	-28	0.00	0.00

从城市规模结构看，2000—2015 年中国城市发展呈现出较为明显的两极分化。此期间，大城市和中等城市的数量上升明显，而小城市的数量骤然下降。具体而言，中等城市数量增加的最多，16 年间增加了 204 个，城市数量比例提升了 31.88%；其次是大城市增加的数量也比较多，2000—2015 年间，大城市增加了 165 个，城市数量比例提升了 25.74%，100 万~300 万人的Ⅰ类大城市和 300 万~500 万人的Ⅱ类大城市分别增加了 156 个和 9 个，城市数量

比例也分别提升了24.31%和1.42%；最后特大城市数量也有明显的提升，城市数量比例提升了1.4%。而小城市数量不仅没有增加，反而出现明显的下降。小城市数量从2000年的583个下降到2015年的177个，城市数量比例也由2000年的86.37%下降到2015年的27.36%，其中20万人口以下的Ⅰ类小城市数量下降得更为明显，城市数量比例下降了48.37%。与城市规模结构相对应，城市人口结构也呈现出不合理的分布，2015年大城市的人口比例高达49.57%，几乎占了城市总人口的一半，而有利于农村人口迁移和城乡统筹发展的小城市人口仅占城市总人口比例的8.52%。

第二节　农村贫困现状

一、农村贫困水平

（一）农村贫困线确定

1994年前，中国农村贫困线是根据恩格尔系数法计算出来的。恩格尔系数是指家庭中食品支出占家庭总消费支出的比重。根据联合国粮农组织的规定，当恩格尔系数大于0.6时家庭处于贫困状态。确定一组维持居民基本需求的最低食物支出，然后用食物支出除以恩格尔系数就得到贫困线标准。根据1984年全国农村住户调查资料，根据每人每天摄入2100大卡热量要求，确定12种食品消费的种类和数量，并按照平均价格计算出最低的食品消费总额，1984年农民人均食品消费的最低支出为119.73元，然后除以60%的恩格尔系数，得到1984年农村居民的贫困线为199.6元，再根据历年农村物价指数，计算出1985年以后各年的贫困线。

由于按照60%的恩格尔系数计算的非食品贫困线具有较强的主观性，所以1994年后，世界银行专家Martin Ravallion提出了另一种非食品贫困线的计算方法。该方法是将食品消费支出对总消费支出进行回归，得到两者之间的回归函数，然后将求得的食品贫困线代入到回归函数中，求出当食品消费支出为食品贫困线时的总的消费支出，这个总的消费支出就是贫困线，贫困线与食品贫困线的差额为非食品贫困线。中国的贫困标准是一个绝对贫困标准，中国历年主要年份农村贫困标准见表2-3。

表 2-3　中国历年主要年份农村贫困线标准　　单位：元/人

年份	贫困线	年份	贫困线
1984	200	2004	668
1985	206	2005	683
1986	213	2007	785
1990	300	2008	1167
1995	530	2009	1196
2000	625	2010	1274
2003	637	2011	2300

表 2-3 显示，1985 年中国的农村贫困标准为 206 元，1990 年为 300 元，2005 年为 683 元，2009 年为 1196 元，2010 年为 1274 元。2011 年中央扶贫开发工作会议将农民纯收入 2300 元(2010 年不变价)作为新的国家扶贫标准，也就是人均日收入 1 美元，比 2009 年的 1196 元提高了 92%。可见，随着经济的不断发展，中国的农村贫困标准也在逐渐提高。本文中使用的农村贫困标准是以 2011 年中央扶贫开发工作会议确定的农民纯收入 2300 元(2010 年不变价)为标准，并利用历年农村居民消费价格指数进行平减，得到历年的农村贫困标准，见表 2-4。

表 2-4　中国历年农村贫困线最新标准　　单位：元

年份	贫困标准	年份	贫困标准
2000	1691	2010	2174
2001	1704	2011	2300
2002	1698	2012	2358
2003	1725	2013	2424
2004	1808	2014	2467
2005	1847	2015	2499
2006	1875	2016	2547
2007	1976	2017	2594
2008	2105	2018	2634
2009	2098	—	—

（二）农村贫困水平测度

对贫困进行测度是认识贫困的基础，对贫困的测度需要有一定的数据为支撑。数据来源主要包括以调查为基础的微观数据和统计局公布的宏观数据。由于一般的研究者很难获取到微观数据，而且微观数据也不利于研究区域性差异，为此我们用统计机构公布的整理后的分组数据研究贫困程度。运用分组数据计算贫困程度，需要借助洛伦兹曲线来实现，其中最常用的是 Villasenor & Arnold（1989）提出的 GQ 方法，Lorenz & Kankwani（1980）提出的 Beta Lorenz 曲线方法（Beta 方法）。由于本文使用 FGT 贫困指数进行计算，因此需要构建 FGT 贫困指数与 GQ 方法、Beta 方法之间的关系，表 2-5 列出了 FGT 贫困指数的三种计算方法，分别为贫困发生率（H）、贫困深度（PG）、贫困强度（SPG）。

表 2-5　FGT 贫困指标计算公式

种类	GQ 形式的 Lorenz 曲线	Beta 形式的 Lorenz 曲线
Lorenz 曲线方程	$L(1-L)=a(p^2-L)+bL(p-1)+c(p-L)$	$L(p)=p-\theta p^{r}(1-p)^{\delta}$
H	$H=-\frac{1}{2m}\left[n+\frac{rq}{\sqrt{q^2-m}}\right]$	$H=\theta H^{r}(1-H)^{\delta}\left[\frac{\gamma}{H}-\frac{\delta}{1-H}\right]$
PG	$PG=H-\frac{\mu}{Z}L(H)$ $L(H)=-\frac{1}{2}\left[bH+e+\sqrt{mH^2+nH+e^2}\right]$	$PG=H-\left(\frac{\mu}{z}\right)L(H)$
SPG	$SPG=2PG-H-\left(\frac{\mu}{Z}\right)^2$ $\left[aH+bL(H)-\frac{r}{16}\ln\left(\frac{1-\frac{H}{S_1}}{1-\frac{H}{S_2}}\right)\right]$	$SPG=\left(1-\frac{\mu}{z}\right)\left[2PG-\left(1-\frac{\mu}{z}\right)H\right]+$ $\theta^2\left(\frac{\mu}{z}\right)^2\left[\gamma^2B(H,2\gamma-1,2\delta+1)-2\gamma\delta B(H,2\gamma,2\delta)+\delta^2B(H,2\gamma-1,2\delta+1)\right]$

我们利用 FGT 贫困指数计算贫困程度时，需要根据已经计算出的农村贫困线和统计年鉴中的农村居民收入分组数据，并借助于世界银行网站提供的 POVCAL 软件计算出中国及各省区的农村贫困程度。计算结果见表 2-6。

表 2-6 2000—2018 年我国农村 FGT 贫困指数

年份	HC(%)	PG(%)	SPG(%)
2000	38.69	13.45	6.44
2001	37.01	12.87	6.16
2002	35.21	11.97	5.59
2003	33.87	11.78	5.62
2004	29.39	9.73	4.44
2005	26.24	8.84	4.12
2006	22.97	7.44	3.31
2007	19.46	6.31	2.82
2008	17.67	5.78	2.61
2009	16.41	5.37	2.41
2010	12.91	3.74	1.47
2011	11.98	4.11	1.92
2012	9.91	3.02	1.25
2013	6.98	2.11	0.86
2014	8.05	2.51	2.09
2015	7.05	2.95	1.71
2016	5.32	2.13	1.65
2017	3.98	1.97	1.21
2018	1.72	1.89	1.32

由表 2-6 可以看出，21 世纪以来，我国各项农村贫困指标都有明显的下降，农村贫困状况得到了很大的缓解。农村贫困发生率由 2000 年的 38.69%下降到 2018 年的 1.72%，下降了 36.97%，年均下降约 1.93%，农村贫困人口的绝对数量有明显的下降。农村贫困人口的数量由 2000 年的 46224 万人减少到 2018 年的 1660 万人，减少了将近 96.41%。贫困深度和贫困强度指标也都呈现出明显的下降态势，贫困深度指标由 2000 年的 13.45%下降到 2018 年的 1.89%，贫困强度指标由 2000 年的 6.44%下降到 2018 年的 1.32%，可以看出，整体上贫困人口内部的差距也在不断缩小。值得注意的是，从 2014 年开始，我国农村的贫困深度与贫困强度指标略有回升，农村贫困状况有些恶

化，表明当前农村扶贫的工作重点是让更贫困的人口脱贫，让扶贫成果惠及更广大的农村贫困群体，尤其是更为贫困的人口。

二、农村贫困分布

（一）区域分布

1. 地区分布

我国各区域①的农村贫困状况差异较大，整体来看，东部地区的农村贫困程度最轻，中部地区的农村贫困程度次之，而西部地区的农村贫困程度较为严重，仍是贫困人口的重灾区。根据国家现行贫困标准进行计算，我国西部地区是贫困的重灾区，全国一半以上的贫困人口集中在西部地区。2018 年，西部地区农村贫困人口为 916 万，占全国农村贫困人口的 55%，贫困发生率为 3.2%。中部地区的贫困状况也较为严重，农村贫困人口为 597 万，占全国农村贫困人口的 36%，贫困发生率为 1.8%。相对于其他两地区，东部地区的农村贫困状况相对较轻，农村贫困人口为 147 万，占全国农村贫困人口的比重为 9%，贫困发生率为 0.4%，如图 2-3 所示。

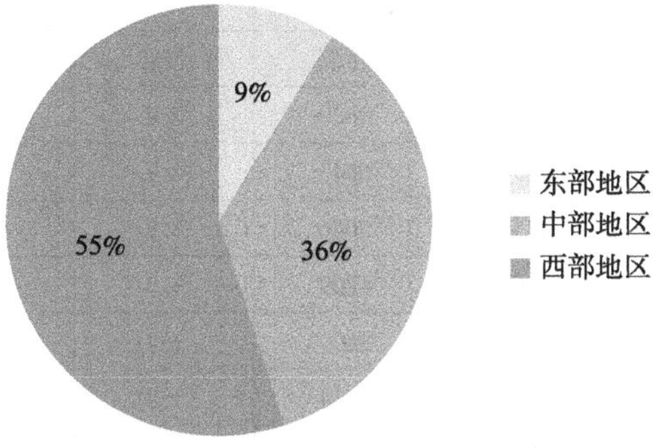

图 2-3　2018 年东中西部地区农村贫困人口分布状况

资料来源：根据《2019 农村贫困监测报告》整理。

与 2017 年相比，2018 年各地区农村贫困人口都有所减少。具体来看，东

① 将全国 31 个样本划分为东部、中部、西部地区。其中，东部地区包括北京、天津、河北、辽宁、上海、江苏、浙江、福建、山东、广东、海南 11 省区市；中部地区包括山西、安徽、江西、湖北、湖南、黑龙江、吉林 8 个省；西部地区包括内蒙古、广西、重庆、西藏、四川、贵州、云南、陕西、甘肃、青海、宁夏、新疆 12 个省区市。

中西部地区贫困人口分别比上年减少 153 万，515 万，718 万，分别减少了 51%，46.3%和 43.9%，贫困发生率分别下降了 0.4，1.6 和 2.4 个百分点。从占全国农村贫困人口的比重看，东部地区贫困人口比重比上年下降 0.99 个百分点，中部地区下降 0.54 个百分点，而西部地区贫困人口比重分别比去年上升 1.53 个百分点。可见，西部地区农村贫困人口数量减少最多，但由于其贫困人口基数比较大，其占全国农村贫困人口的比重并没有降低。而东部地区贫困人口基数比较小，其农村贫困人口减少速度最快。

与 2010 年相比，2018 年东、中、西部地区农村贫困人口都有显著减少。其中，东部地区农村贫困人口减少 2440 万人，减少了 94.32%，贫困发生率下降了 7 个百分点；中部地区农村贫困人口减少 4954 万人，减少了 89.24%，贫困发生率下降了 15.4 个百分点；西部地区农村贫困人口减少了 7513 万人，减少了 89.13%，贫困发生率下降了 26 个百分点。但西部地区农村贫困人口占全国农村贫困人口的比例却有所上升，由 2010 年的 50.9%上升为 2018 年的 55%，见表 2-7。

表 2-7　2010—2018 年分地区农村贫困人口状况

地区	农村贫困人口规模（万人）			农村贫困发生率（%）		
	东部	中部	西部	东部	中部	西部
2010 年	2587	5551	8429	7.4	17.2	29.2
2011 年	1655	4238	6345	4.7	13.1	21.9
2012 年	1367	3446	5086	3.9	10.6	17.5
2013 年	1171	2869	4209	3.3	8.8	14.5
2014 年	956	2461	3600	2.7	7.5	12.4
2015 年	653	2007	2914	1.8	6.2	10
2016 年	490	1594	2251	1.4	4.9	7.8
2017 年	300	1112	1634	0.8	3.4	5.6
2018 年	147	597	916	0.4	1.8	3.2

2. 省份分布

表 2-8 是 2018 年各省区市农村贫困人口状况。从表中可以看出，各省区市的农村贫困状况分布不均衡。从贫困人口数量看，农村贫困人口在 200 万以上的包括甘肃、四川、湖南等 7 省区，贫困人口在 100 万~200 万之间的包

括江西、新疆、湖北、河北等 7 省区，贫困人口低于 100 万的包括北京、天津、上海、浙江等 17 省区市。可见，贫困人口数量较多的地区主要集中在西部和中部地区，贫困人口数量较少的地区主要集中在东部地区(图 2-4)。从贫困发生率可以看出，2018 年贫困发生率在 0.5%以下的省市有 6 个，分别是北京、上海、天津、江苏、浙江、广东；贫困发生率在 0.3%~3%的省区市有 9 个，贫困发生率在 3%~6%的省区市有 9 个，贫困发生率大于 6%的有 7 个省区市。从贫困深度和贫困强度可以看出，西部地区的新疆、四川、陕西、甘肃、内蒙古等省区的贫困深度和贫困强度数值比较高，说明这些地区不仅贫困人数比例较大，而且贫困人口内部的不均衡状况也比较严重。

表 2-8　2018 年各省区市农村贫困人口状况

省区市	贫困人口(万人)	贫困发生率(%)	贫困深度(%)	贫困强度
北京	0.1	0.1	0.0009	0.001
天津	0.3	0.2	0.012	0.002
河北	124	2.2	0.449	0.108
山西	133	5.5	1.512	0.685
内蒙古	37	2.7	9.365	9.364
辽宁	39	1.7	3.651	3.263
吉林	41	2.7	0.28	0.387
黑龙江	50	2.7	2.874	1.239
上海	1	0.1	0.168	0.167
江苏	12	0.2	0.106	0.015
浙江	14	0.2	1.893	1.734
安徽	158	3.0	2.374	2.102
福建	21	0.6	0.025	0.001
江西	107	3.0	0.734	0.579
山东	60	0.8	0.103	0.085
河南	277	3.4	1.484	0.659
湖北	114	2.8	0.664	0.175
湖南	232	4.1	0.441	0.082
广东	20	0.3	0.374	0.373
广西	246	5.7	0.307	0.21
海南	23	3.9	0.992	0.315

续表

省区市	贫困人口(万人)	贫困发生率(%)	贫困深度(%)	贫困强度
重庆	21	0.9	0.126	0.038
四川	212	3.1	7.258	7.257
贵州	295	8.5	6.281	6.281
云南	279	7.5	1.425	0.167
西藏	20	7.9	3.281	1.672
陕西	169	6.3	8.477	8.476
甘肃	200	9.7	5.434	3.051
青海	23	6.0	2.567	0.761
宁夏	19	4.5	0.983	0.893
新疆	113	9.9	11.051	11.049

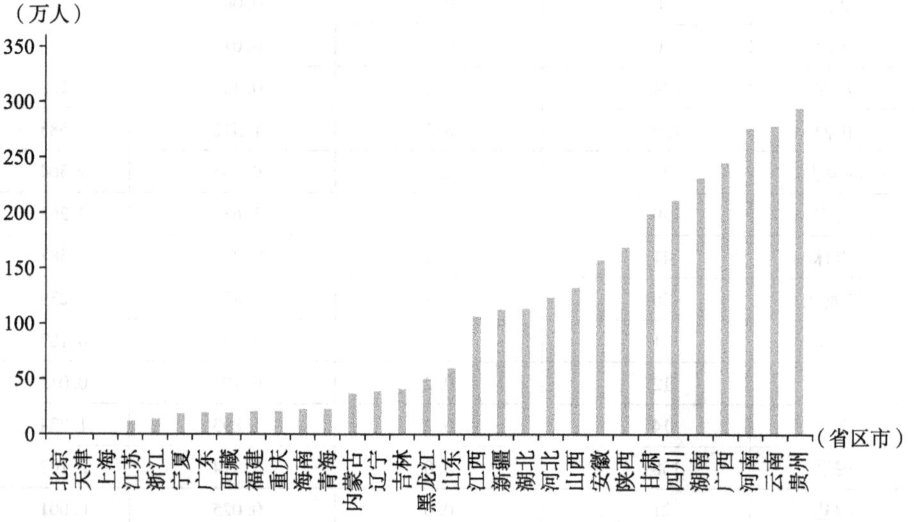

图 2-4　2018 年中国各省区市农村贫困人口数统计图

按照省域的贫困广度将省域划分为富裕区域、一般区域、相对贫困区域和贫困区域四个等级，并将各省按照等级标准进行统计，见表 2-9。从表中可以看出，贫困广度低于 0.5%的富裕区域有 6 个，占总数的 19.35%；贫困广度在 0.5%~3%的一般区域有 9 个，占总数的 29.03%；贫困广度大于 3%的贫困区域有 16 个，占总数 51.61%。贫困地区面积大，贫困人数多，今后的扶贫任务还是相当重的，而且这仅是依据贫困广度进行划分，只是一个绝对贫困。在富裕省域中还存在贫困人口，如江苏、上海等地均有部分人口仍然生活在贫困之中。

表 2-9　基于 2018 年贫困广度数据划分的省域类型

贫困广度	区域类型	区域
[0，0.5]	富裕区域	北京、上海、天津、江苏、浙江、广东
(0.5，3]	一般区域	福建、山东、重庆、辽宁、河北、内蒙古、吉林、黑龙江、湖北
(3，6]	相对贫困区域	安徽、江西、四川、河南、海南、湖南、宁夏、山西、广西、
(6，10]	贫困区域	青海、陕西、云南、西藏、贵州、甘肃、新疆

（二）群体分布

1. 分年龄段贫困发生率两边高、中间低

将所有人按 20 岁为一组进行分组，统计不同年龄组的贫困发生率，可以看出 0~20 岁，21~40 岁，41~60 岁，61~80 岁，81 岁及以上的农村人口贫困发生率分别为 6.8%，6.3%，3.9%，7.0%，8.1%，呈现出两边高中间低的特点。其中，17 岁及以下的青少年儿童的贫困发生率为 7.1%，60 岁以上老人贫困发生率为 7.1%，青少年贫困和老年贫困问题比较突出(图 2-5)。

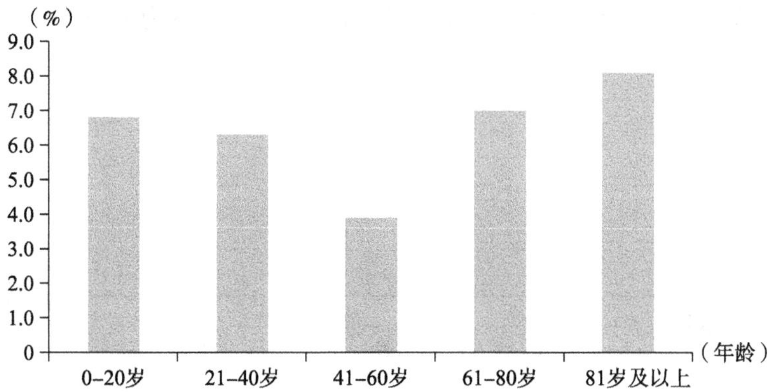

图 2-5　不同年龄阶段群体的贫困发生率

2. 受教育程度低的群体贫困发生率相对较高

根据户主受教育程度分组看出，农村贫困发生率与户主受教育程度成反比，户主受教育程度越低，贫困发生率就越高。户主受教育程度为文盲的群体贫困发生率为11.9%，户主受教育程度为小学的群体贫困发生率为8.2%，户主受教育程度为初中的群体贫困发生率为4.7%，户主受教育程度为高中及以上的群体贫困发生率为3.1%(图2-6)。

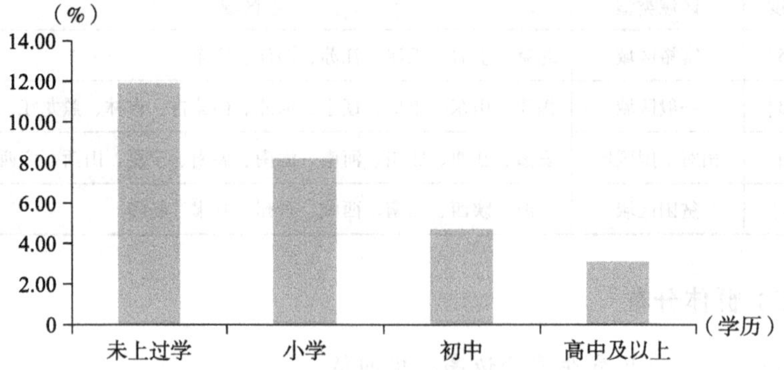

图2-6　不同受教育程度群体的贫困发生率

3. 健康程度较差的人群贫困发生率相对较高

从健康状况分组看，身体健康程度与农村贫困发生率呈反比。身体健康的人群贫困发生率为5.5%；身体基本健康的人群贫困发生率为7.0%，身体健康状况较差的人群贫困发生率为9.8%。其中，身体不健康但生活能自理的人群贫困发生率为9.7%，生活不能自理人群的贫困发生率为10.8%(图2-7)。

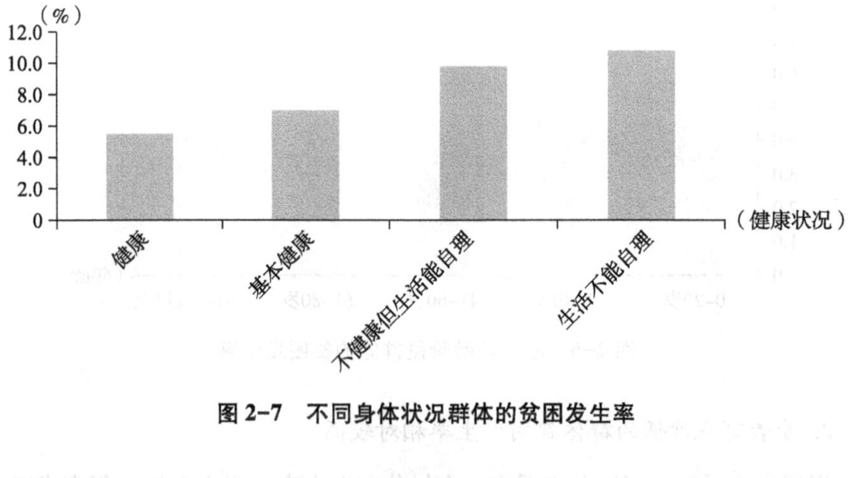

图2-7　不同身体状况群体的贫困发生率

三、农村贫困特点

经过长期的攻坚扶贫，我国农村贫困发生率以及贫困深度都呈现大幅下降。但中国农村贫困问题仍然存在，而且有一些比较明显的特征，主要表现在贫困人口主要分布在中西部地区，尤其是西部地区，贫困也由绝对贫困为主转向为相对贫困为主，返贫现象比较严重，贫困地区的经济结构不合理等问题比较突出。

（一）贫困呈现出“大分散、小集中”的特点

长期的扶贫开发工作使我国的农村贫困人口大幅度减少，但在自然环境恶劣、交通条件落后的偏远地区，农村贫困人口仍然比较集中，我国的贫困分布呈现出“大分散、小集中”的特点。

改革开放政策的实施为中国经济发展带来了机遇，大部分的农村地区抓住这个历史机遇，并借助自身的资源优势逐步摆脱了贫困。但仍有部分地区由于自然条件恶劣，交通设施不发达，发展相对比较落后，与其他地区的发展差距越来越大。根据国家扶贫开发办公室对中国扶贫工作重点县的确定，虽然这些贫困重点县在东、中、西部地区都有分布，但相对于东部地区，西部地区的农村贫困问题更为严峻。如表 2-10 所示，在国家确定的 595 个扶贫重点县中，西部地区有 375 个，占总数的 63. 02%；中部地区有 176 个，占总数的 29. 57%；东部地区仅有 44 个，占总数的 7. 39%。2015 年，中国贫困县贫困人数为 2893 万人，其中西部地区为 1706 万人，中部地区为 1009 万人，东部地区为 178 万人，分别占总数的 58. 95%，34. 87%和 6. 15%。可见，虽然经过长期的扶贫工作，自然环境恶劣、经济基础薄弱的西部地区仍是农村贫困人口的主要集中地。此外，西部地区地广人稀，贫困人口在西部地区分布具有分散化的特征，为中国的扶贫工作带来了困难。目前国家也意识到西部地区贫困人口的分布特征，开始采取一些具有针对性的措施，比如扶贫重点由扶持贫困地区转向扶贫到户。

表 2-10　国家重点贫困县分布情况

地区	省区市	贫困县数量(个)	省区市	贫困县数量(个)	省区市	贫困县数量(个)
西部(375)	新疆	27	甘肃	43	青海	15
	宁夏	8	内蒙古	31	陕西	50
	四川	36	重庆	14	贵州	50
	云南	73	广西	28		
中部(176)	黑龙江	14	吉林	8	山西	35
	河南	39	湖北	20	安徽	19
	湖南	20	江西	21		
东部(44)	河北	39	海南	5		

（二）绝对贫困减少，相对贫困越来越严重

长期的扶贫工作使农村绝对贫困人口数量大幅下降，由改革开放初期的2.5亿下降到如今的1660多万，绝大多数农村贫困人口解决了温饱问题。但与此同时，相对贫困问题却越来越突出，农民收入增速放缓以及区域经济发展不均衡问题比较严重，农村居民的相对贫困对外表现为城乡居民的收入差距越来越大，对内表现为农村内部的贫富分配不均。

表2-11是2000年到2018年中国城乡居民收入差距变动情况，中国城镇居民的人均可支配收入由2000年的6380元增长到2018年的39251元，增长了5.15倍。而农村居民人均纯收入由2000年的2253元增长到2018年的14617元，增长了5.49倍，城乡居民收入比由2000年的2.8倍减少到2018年的2.7倍。可见，我国仍然存在较大的城乡居民收入差距。城乡居民家庭的恩格尔系数分别由2000年的39.4%、49.1%下降到2018年的32.9%和34.8%，和世界其他国家的城乡居民恩格尔系数相比较，中国城乡居民的恩格尔系数还处于一个相当高的水平。

表 2-11　中国城乡居民收入差距变动情况

年份	城镇居民可支配收入（元）	农村居民纯收入（元）	城乡差额（元）	城乡之比	城镇居民家庭恩格尔系数（%）	农村居民家庭恩格尔系数（%）
2000	6280	2253	4027	2.8	39.4	49.1
2001	6860	2366	4493	2.9	38.2	47.7
2002	7703	2476	5227	3.1	37.7	46.2
2003	8472	2622	5850	3.2	37.1	45.6
2004	9422	2936	6485	3.2	37.7	47.2
2005	10493	3255	7238	3.2	36.7	45.5
2006	11760	3587	8173	3.3	35.8	43.0
2007	13786	4140	9645	3.3	36.3	43.1
2008	15781	4761	11020	3.3	37.9	43.7
2009	17175	5153	12022	3.3	36.5	41.0
2010	19109	5919	13190	3.2	35.7	41.1
2011	21810	6977	14833	3.1	36.3	40.4
2012	24565	7917	16648	3.1	36.2	39.3
2013	26955	8896	18059	3.0	35.6	38.7
2014	29381	9892	19489	3.0	35.3	38.0
2015	31790	10772	21018	3.0	35.1	37.2
2016	33616	12363	21253	2.7	34.8	36.8
2017	36396	13432	22964	2.7	33.2	35.6
2018	39251	14617	24634	2.7	32.9	34.8

此外，不同地区间农民人均纯收入的差距也在不断扩大。改革开放以来，东部地区在政策倾斜的影响下迅速发展起来，经济发展遥遥领先于中西部地区。表 2-12 是 2010—2018 年东中西部地区农村居民人均纯收入差异表。从表中可以看出，东部地区的农村居民人均纯收入由 2010 年的 8142.8 元增长到 2018 年的 18286 元，增长了 124.5%；中部地区的农村居民人均纯收入由 2010 年的 5509.6 元增长到 2018 年的 13954 元，增长了 153.2%；西部地区的农村居民人均纯收入由 2010 年的 4417.9 元增长到 2017 年的 11831 元，增长了 167.7%。从增长幅度看出，西部地区的农村居民人均纯收入增长幅度最大，其次是中部地区，最后是东部地区。但是从收入差距看，东西部地区的农村

居民人均纯收入差距由2010年的3724.9元增长到2018年6455元；中东部地区的农村居民人均纯收入差距由2010年的2633.2元增长到2018年4332元；中西部地区的农村居民人均纯收入差距由2010年的1091.7元增长到2018年2123元，东部地区与中西部地区农村居民人均纯收入差距在不断增大。虽然东、中、西部地区的农村居民收入都在不断增长，而且中西部地区的增长幅度更大些，但由于东部地区经济基础比较好，农村居民收入水平较高，较小一个幅度的增长就能够使收入的绝对量增加很多，这也是导致中西部地区居民收入增长幅度高，但是和东部地区的差距越来越大的原因。

表2-12　东中西部地区农村居民收入差异　　单位：元

地区	2010	2011	2012	2013	2014	2015	2016	2017	2018
东部地区	8142.8	9585	10817.5	11856.8	13144.6	14297.4	17135	18108	18286
中部地区	5509.6	6529.9	7435.2	8983.2	10011.1	10919	11780	12733	13954
西部地区	4417.9	5246.7	6026.6	7436.6	8295	9093.4	9706.4	10618	11831
东西差距	3724.9	4338.3	4790.9	4420.2	4849.6	5204	7428.6	7990	6455
中东差距	2633.2	3055.1	3382.3	2873.6	3133.5	3378.4	5355	5875	4332
中西差距	1091.7	1283.2	1408.6	1546.6	1716.1	1825.6	2073.6	2115	2123

（三）贫困的代际性传递强

经济发展落后的地区教育投资也比较低。我国的农村地区经济发展水平不高，特别是贫困地区，经济发展水平更是落后。相应地，教育水平也比较落后，农民受教育的机会难以保障。教育是改变家庭命运的一个非常重要的方式，贫困家庭没有足够的能力让其后代接受教育，减少了摆脱贫困的机会。如此就形成了贫困的恶性循环：家庭贫困—后代接受教育机会少—就业能力不足—脱贫希望渺茫，呈现出较强的代际传递性。

虽然国家为农村教育的发展实施了一系列优惠政策，如“两免一补”“助学贷款”，加大对农村贫困学生的补贴等，但受传统观念的影响，很多农村贫困家庭的孩子还是难以完成九年义务教育，很小就进城务工。受文化水平和劳动技能的限制，这些外出劳动力流入城市也只是从事高强度、低收入的工作，仍然处于社会的底层。有的贫困学生虽然凭借自己的努力考上大学，但会因为交不起学费而放弃上学的机会。那些上大学的也可能会因为学费和生活费问题将家庭拖入更贫困的深渊。虽然国家有针对贫困大学生的助学贷款政策，但由于名额相对较少，很多贫困学生享受不到此项政策。以上的情况都说明，贫困具有很强的代际传递性。

（四）贫困农村的经济结构不合理

合理的经济结构是经济快速发展的前提条件。而我国农村地区都普遍存在着产业结构单一、生产投资结构不合理以及经济效益差等经济结构不合理的现象。产业结构单一主要是指农村贫困地区的第一产业比重过高，有的贫困农村第一产业比重高达60%，而且第一产业内部结构也不合理，粮食种植业比重偏大。单一的产业结构使得贫困农村的抗风险能力降低，不仅造成脱贫困难，也会导致部分脱贫人口重新返贫。生产投资结构不合理表现为生产投资的资本严重不足，现有投资主要集中在第一产业。由于国家的扶贫资金有限，所以农业生产的投资主要是由农户自行承担，而农户家庭收入，除满足基本的生活需求之外，很难再进行大规模的投入。投资资金的不足又使得农户为降低风险，将有限的资金投资于熟悉的第一产业，加剧了产业结构的不合理。经济效益差主要表现为农村地区基础设施和相关配套设施的不健全，使得投资资金的回报率低，形成高投入、低产出的怪圈。

贫困地区经济结构不合理还造成了贫困农户收入结构的不合理。表2-13是2018年贫困地区的农户收入结构与全国农村居民收入结构的对比表。由表可以看出，2018年贫困地区农村居民的可支配收入为10371元，相当于全国农村居民平均水平的70.95%。从收入分配来看，家庭经营净收入是贫困地区农户可支配收入的主要来源，工资性收入是全国农村居民可支配收入的主要来源。贫困地区农户的家庭经营净收入占可支配收入的37.5%，高于全国的平均水平36.66%，而贫困地区农户的工资性收入占可支配收入的35%，低于全国的平均水平41.02%。此外，贫困地区农户的资产比较少，因此其财产性净收入占可支配收入的比重较低，仅为1.3%，低于全国的平均水平2.34%，而贫困地区农户的转移净收入占可支配收入比重的26.2%，高于全国的平均水平19.97%，这主要是因为贫困地区农村居民外出打工的比较多，打工收入以汇款方式汇给农户家庭。可见，贫困地区经济结构不合理制约农户收入水平上升，阻碍着农户脱贫的步伐。为此，要促进农村贫困地区的经济发展，加快贫困农户的脱贫步伐，不仅需要提高贫困人口的能力素质，还要调整农村产业结构，改变单一的产业结构，增强产业结构的抗风性能力，并加强对长期生产性资本的投资，提高农业投资的经济效益。

表 2-13　2018 年贫困地区的农民收入结构与全国农村居民收入结构对比

指标	贫困地区水平(元)	全国农村水平(元)	贫困地区相当于全国农村平均水平(%)	贫困地区收入构成(%)	全国农村收入构成(%)
人均可支配收入	10371	14617	70.95	100.0	100.0
1. 工资性收入	3627	5996	60.49	35.0	41.02
2. 家庭经营净收入	3888	5358	72.56	37.5	36.66
3. 财产性净收入	137	342	40.06	1.3	2.34
4. 转移净收入	2719	2920	93.11	26.2	19.97

四、农村贫困成因

造成农村贫困的原因是多方面的，不仅包括社会、经济因素，也包括制度和环境等因素。这些因素相互作用，相互影响，共同构成中国农村目前的贫困现状，如图 2-8 所示。

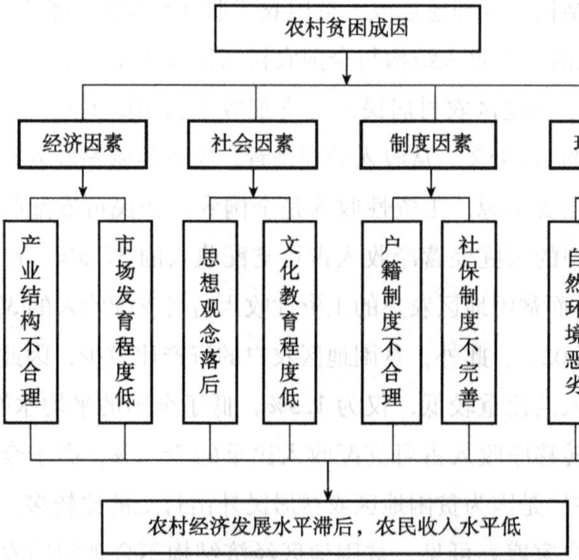

图 2-8　我国农村致贫因素分析框架图

（一）经济因素

经济因素是影响农村贫困的主要因素，经济因素包括产业结构和市场发育程度等。与城市地区相比，中国农村地区市场规模小，生产方式落后，产品质量偏低，经济发展水平整体不高。尤其是与农民生产生活密切相关的交通设施、通信设施以及电力水力设施建设等难以满足经济发展的需要。农村地区的产业结构层次较低，而且产业结构单一，抵御风险能力较差。农村产业结构体系中，第一产业占据了主导地位，而且第一产业内部又以粮食生产为主导。此外，多数农村地区还是"小而全"的自给自足式生产方式，地区间的行政分割以及落后的基础设施建设导致农村市场发育不全，透明度低，诱发了许多低水平重复建设现象的出现。而工农产品间价格的不平等交换也直接剥夺了农产品的价值，导致农民利益受损，削弱了农民参与农业活动生产的积极性，农业生产的能力下降。此外，受传统观念的影响，农民的消费比较保守，导致农村地区的消费市场建设落后，与农村地区经济社会发展不相适应，消费作为拉动经济增长的重要力量，在农村地区没有发挥应有的作用。而且农村地区还存在要素市场落后于产品市场、市场信息透明度差、政府干预度强等市场发育不完善等表现。上述因素限制了农村地区的发展，导致农村地区经济发展水平落后，也使得这些依靠农业收入为主的农民难以推动经济发展，摆脱贫困。

（二）社会因素

中国农村贫困的外在表现形式是农村居民的收入不高，生活水平较低的经济贫困，其背后隐含的却是人文、能力、权利、文化等多方面的社会贫困。其中，人文贫困是隐藏在经济贫困背后但比经济贫困更为严重、也更难以摆脱的贫困。在贫困的农村地区，居民长期生活在贫困之中，形成了一种懒散怠惰的行为规范和落后的价值观念体系，即"贫困文化"。这种"贫困文化"禁锢了农村居民的思想和行为，使他们整日消极沉沦，长期陷于贫困之中。教育、科技水平较低是农村贫困文化的主要表现。由于教育、科技是促进农业现代化和农业经济增长的重要力量，而且教育投资更是一项长期工程，但在很多贫困地区，受到狭隘意识以及急功近利思想的影响，青少年的失学率仍然比较高。据统计，截至2012年，中国重点贫困县的青壮年文盲、半文盲率为8.9%，适龄上学儿童因家庭经济困难而失学的比例也高达15.6%，这些因素导致了教育和科技很难在贫困群体中传播。加上贫困群体错误的生育观，加速了贫困地区人口的增长，在教育、医疗、卫生条件跟不上人口增长速度的情况下，农村居民因病致贫、因灾致贫的现象频繁发生。可见，思想观念陈旧、教育文化落后是农村居民贫困的重要原因。因此在减缓农村贫困的过程中，帮助他们更新观念、转变经济发展方式、重塑现代行为规范是至关重要的。

（三）制度因素

城乡分割的二元经济体制是造成农村贫困的另一个重要原因。贫困地区存在大量剩余劳动力，在资源一定的情况下，过多的劳动力会导致农业的生产率下降，平均收入也比较低。如果能促使这些劳动力转移到其他地区从事生产活动，不仅能够提升农业平均生产率，也能够增加农民的收入来源，有利于农村地区贫困的减缓。但长期的城乡分离户籍制度限制了农村劳动力向城镇地区的转移，虽然现在户籍管制制度有所放开，但那些进城务工的农民仍然享受不到与城镇居民相同的福利待遇，就业歧视问题严重，农民工的劳动权益得不到保障，很多农民工经常处于失业、半失业状态，属于城市的边缘、弱势群体。此外，二元经济体制造成了政府公共物品投入的城市偏好，导致农村地区社会保障水平严重落后于城市地区。农村的最低生活保障制度、新型农村医疗合作制度以及居民的养老保险制度都是从21世纪才开始建立的，而且与城镇地区相比，农村地区的很多社会项目尚未完全建立或者尚未开始建立。农村社会保障水平低，覆盖范围小也是农村社会保障制度不完善的一个重要表现。据民政资料显示，2015年，农村地区的最低居民生活保障月支出为283元，比城镇地区低了188元，农村地区的社会保障人数为4047万人，占农村总人数的7.01%。过低的社会保障水平降低了对低收入者的保护作用。

（四）环境因素

环境因素是制约农村经济社会发展的持久性因素，也是农村贫困形成的基础因素。中国农村贫困地区一般具有自然条件恶劣、气候多变、生态环境脆弱、人地矛盾突出等特点。整体来看，我国农村贫困地区主要集中在生态脆弱的四个区域，即：西北荒漠地区和北方黄土高原地区，土地沙化程度高、水土流失严重、干旱雪灾等频繁发生，生存条件恶劣；西南石山岩溶地区和南方红壤丘陵地区，耕地资源和植物资源比较稀缺，水灾、旱灾侵袭频繁，生活条件差。这些地区比较偏远，环境较差，在获取资金、人才、技术上的难度较大，严重制约着经济的发展。即便有部分地区拥有丰富的自然、矿产资源，也是受到交通、电力、资金等多方面的限制，也无法对这些资源进行开发利用，无法将其转变为经济发展优势。农村地区特殊的地理环境也使得基础设施比较薄弱，虽然近些年，国家加大了农村基础设施的投入，但由于回报率低，农村基础设施水平仍然比较落后。

第三节　城镇化和农村贫困关系

一、城镇化和农村贫困的变化规律

前面已经分析了城镇化的发展现状，且测算了全国的农村总体贫困程度和各省农村的贫困程度，但城镇化发展与农村贫困有什么样的关系？为了研究城镇化与农村贫困的关系，本文从贫困发生率、贫困深度、贫困强度三个方面探讨城镇化与农村贫困的变化规律。如图 2-9 所示，整体来看，除个别年份外，伴随着城镇化水平的提升，中国的农村贫困发生率、贫困深度和贫困强度水平呈现下降趋势。

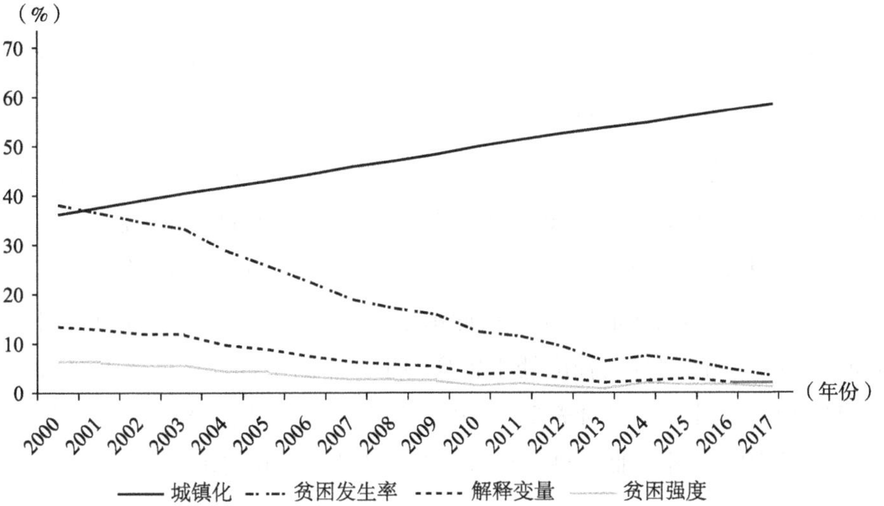

图 2-9　2000—2017 我国城镇化与农村贫困水平的变化

二、城镇化和农村贫困的省际差距

本文在探讨中国城镇化水平与农村贫困变化规律的基础上，对2018年各省区市的城镇化水平和贫困发生率进行分析，据此探析各省区市城镇化水平与农村贫困程度的差距。可根据较高水平（大于80%）、偏高水平（60%～80%）、一般水平（50%～60%）和较低水平（小于50%）将城镇化水平划分为四个等级，结果见表2-14。从表中可以看出，东部地区的上海、北京、天津的城镇化水平属于最高水平，西部地区的新疆、广西、云南、甘肃、贵州、西藏的城镇化水平处于较低水平，而中部地区的大部分省份的城镇化水平都处于一般水平。

表2-14　2018年各省区市城镇化水平分类

城镇化水平	东部地区	中部地区	西部地区
高水平（大于80%）	上海、北京、天津		
偏高水平（60%～80%）	广东、辽宁、江苏、浙江、福建、山东		内蒙古、重庆
一般水平（50%～60%）	海南、河北	湖北、吉林、山西、江西、湖南、安徽、河南、黑龙江	宁夏、陕西、青海、四川
较低水平（小于50%）			新疆、广西、云南、甘肃、贵州、西藏

同时根据较低水平（小于0.5%）、一般水平（0.5%～3%）、偏高水平（3%～6%）和较高水平（大于6%）四个等级对各省区市分的贫困发生率进行分析，结果见表2-15。从表中可以看出，东部地区的天津、江苏、浙江、上海、广东、北京的贫困程度处于较低水平，西部地区的新疆、西藏、甘肃、贵州、青海、云南的贫困程度处于较高的水平，而中部地区的大部分省的贫困程度处于一般水平。结合表2-14和表2-15可以看出，城镇化水平较高的地区农村贫困发生率较低，城镇化水平较低的地区农村贫困发生率较高。

表 2-15　2018 年各省区市贫困程度分类

贫困程度	东部地区	中部地区	西部地区
较低水平（小于 0.5%）	天津、江苏、上海、广东、北京、浙江		
一般水平（0.5%~3%）	福建、山东、辽宁、河北、	吉林、黑龙江、湖北、安徽、江西	重庆、内蒙古
偏高水平（3%~6%）	海南	河南、山西、湖南	四川、宁夏、广西、青海
较高水平（大于 6%）			陕西、新疆、西藏、贵州、甘肃、云南

第 三 章

城镇化农村减贫效应的实证分析

中国经济快速增长的动力之一是城镇化的发展。我国城镇化率从 1978 年的 17. 9%增长到 2018 年的 59. 85%，年均增长 1%。快速的城镇化进程影响着农村经济的发展状况，进而影响到农村贫困水平。现有关于城镇化与农村贫困关系的研究较为丰富，得到的主要结论有：两者具有正相关关系、负相关关系、“U”形等多种关系。为深入探讨城镇化与农村贫困的关系，本章首先构建了关于城镇化和农村贫困的理论模型，其次利用中国省级面板数据对理论模型进行了实证检验和稳健性检验，最后分析了城镇化模式对农村贫困减缓作用的差异。

第一节　城镇化农村减贫效应的模型推导

本章构建了一个理论框架，深入探讨城镇化与农村贫困的关系。在一个城乡二元结构的社会中，我们作出以下假定：①采用 C—D 生产函数，了解城市和农村部门间有不同程度的互补性；②引进生产函数的复合函数，理解城镇集聚带来的技术创新促进经济的长期增长；③采用相对风险厌恶的效用函数，根据拉姆塞模型，计算居民的消费增长率，并以此代表经济增长率；④假定城镇居民的收入高于任意一个农村居民的收入，在得到人均收入和人均消费增长的理论预测后，将其与贫困水平联系起来，建立一个减贫的分析框架。

一、生产行为

假设人均产出由技术水平 A、私人资本存量 k、城市劳动力份额 N、农村

劳动力份额 $1-N$ 构成，为此可得到如下的生产函数：

$$y=Ak^{\alpha}N^{\beta}(1-N)^{\theta} \tag{3.1}$$

其中，$\alpha>0$；$\beta>0$；$\theta>0$；$\alpha+\beta+\theta=1$；A 为正常数；$0\leqslant N\leqslant 1$；$f_k>0$，$f_{kk}<0$。

二、消费行为

消费者的终生效用函数如下：

$$U=\int_0^{\infty}u(c)\mathrm{e}^{-pt}\mathrm{d}t，\text{而且 } u_c>0，u_{cc}<0 \tag{3.2}$$

根据拉姆塞模型，U 最大化需要满足：

$$\dot{k}=(1-\tau)y-c \tag{3.3}$$

其中，τ 是固定的税率，c 为消费，ρ 为时间偏好，且都严格为正。将式(3.1)代入到式(3.2)可得：

$$\dot{k}=(1-\tau)\cdot Ak^{\alpha}N^{\beta}(1-N)^{\theta}-c \tag{3.4}$$

建立和解决哈密尔顿系统如下：

$$H=u(c)\mathrm{e}^{-pt}+V\{(1-\tau)\cdot Ak^{\alpha}N^{\beta}(1-N)^{\theta}-c\} \tag{3.5}$$

$$\frac{\mathrm{d}H}{\mathrm{d}c}=\dot{u}(c)\mathrm{e}^{-pt}-V=0 \tag{3.6}$$

对 k 进行求导，并设置结果为 $-\dot{V}$：

$$\frac{\mathrm{d}H}{\mathrm{d}k}=V\{\alpha(1-\tau)\cdot Ak^{\alpha-1}N^{\beta}(1-N)^{\theta}\}=-\dot{V} \tag{3.7}$$

将式(3.6)分别对时间求导：

$$\dot{u}_c(c)\mathrm{e}^{-pt}-\rho\mathrm{e}^{-pt}u_c(c)=\dot{V} \tag{3.8}$$

将式(3.8)代入到式(3.7)中：

$$\mathrm{e}^{-pt}[\dot{u}_c(c)-\rho u_c(c)]=-V\{\alpha(1-\tau)\cdot Ak^{\alpha-1}N^{\beta}(1-N)^{\theta}\} \tag{3.9}$$

根据式(3.6)，将式(3.9)中的 V 进行替换：

$$\mathrm{e}^{pt}[\dot{u}_c(c)-\rho u_c(c)]=-u_c(c)\mathrm{e}^{pt}Z \tag{3.10}$$

其中，$Z=\alpha(1-\tau)\cdot Ak^{\alpha-1}N^{\beta}(1-N)^{\theta}$。

根据式(3.10)，得到：

$$\dot{u}_c(c)-\rho u_c(c)=-u_c(c)Z$$

$$\frac{\dot{u}_c(c)}{u_c(c)}=\rho-Z \tag{3.11}$$

现在，让 $u(c)=\dfrac{c^{1-\sigma}}{1-\sigma}$，则，$u_c(c)=c^{-\sigma}$，$u_{cc}(c)=-\sigma c^{-\sigma-1}$ (3.12)

$$\dot{u}_c(c)=\frac{\partial u_c}{\partial c}\times\frac{\partial c}{\partial t}=u_{cc}(c)\dot{c} \tag{3.13}$$

我们将式(3.13)式(3.12)代入到式(3.11)中：

$$\frac{-\sigma c^{-\sigma-1}\dot{c}}{c^{-\sigma}}=\frac{-\sigma\dot{c}}{c}=\rho-Z$$

$$\frac{\dot{c}}{c}=\frac{Z-\rho}{\sigma}$$

$$\mu=\frac{\dot{c}}{c}=\frac{\alpha(1-\tau)\cdot A\cdot k^{\alpha-1}N^{\beta}(1-N)^{\theta}-\rho}{\sigma} \tag{3.14}$$

式(3.14)是稳态时消费增长速率，μ 是指增加一单位消费的边际价值。

三、城镇化对经济增长率的影响

以消费的增长率代表经济的增长率。那么，式(3.14)就表明，经济增长率也是城镇化 N 的函数。接着对城镇化 N 进行求导，可得：

$$\frac{\mathrm{d}\mu}{\mathrm{d}N}=\frac{\alpha(1-\tau)Ak^{\alpha-1}N^{\beta}(1-N)^{\theta}}{\sigma}\left[\frac{\beta}{N}-\frac{\theta}{1-N}\right] \tag{3.15}$$

可将式(3.15)进行转化：

$$\frac{\mathrm{d}\mu}{\mathrm{d}N}=B\left[\frac{\beta}{N}-\frac{\theta}{1-N}\right] \tag{3.16}$$

其中：

$$B=\frac{\alpha(1-\tau)Ak^{\alpha-1}N^{\beta}(1-N)^{\theta}}{\sigma}>0 \tag{3.17}$$

由于 B 为正，所以$\dfrac{\mathrm{d}\mu}{\mathrm{d}N}$的符号取决于$\left[\dfrac{\beta}{N}-\dfrac{\theta}{1-N}\right]$，$\dfrac{\mathrm{d}\mu}{\mathrm{d}N}$是连续可微的，因此存在一个使$\dfrac{\mathrm{d}\mu}{\mathrm{d}N}=0$的 N^*，为此，可令式(3.16)等于0，求解得到 N^*：

$$\frac{\mathrm{d}\mu}{\mathrm{d}N}=B\left[\frac{\beta}{N}-\frac{\theta}{1-N}\right]=0,\ N=N^*=\frac{\beta}{\beta+\theta} \tag{3.18}$$

式(3.18)代表了城镇化发展的最优水平，即当城镇化水平为N^*时，城镇化促进经济增长率的效果最大。当$N<\frac{\beta}{\beta+\theta}$，$\frac{d\mu}{dN}>0$时，表明城镇化的发展能够促进经济增长率，当$N>\frac{\beta}{\beta+\theta}$，$\frac{d\mu}{dN}<0$时，表明城镇化进一步发展将降低经济增长率。

四、城镇化对贫困居民收入的影响

上述分析可得到城镇化与经济增长率呈“倒U”形关系，下面将重点分析城镇化对贫困人口的影响。贫困P_t的表达式定义为：

$$P_t = \int_0^{H_t} f[y_t(p)]\mathrm{d}p \tag{3.19}$$

其中，$y_t(p)$是收入在p^{th}百分位数的收入分布函数，与洛伦兹曲线$L_i(p)$的关系是$y_t(p)=u_i\left(\frac{\mathrm{d}L_i(p)}{\mathrm{d}p}\right)$；$H_t=H_t(N)$，是收入低于贫困线$z$的人口比例，而且$H_t$是$N$的非增函数，即$\frac{\mathrm{d}H_t}{\mathrm{d}N}<0$；$f[y_t(p)]=\left(\frac{z-y_t(p)}{z}\right)^{\theta}$，是FGT指数，$\theta$是贫困厌恶程度。

将式(3.19)对时间求导数，得到如下式子：

$$\frac{\dot{P}_t}{P_t}=\frac{1}{P}\left\{\frac{\mathrm{d}H_t}{\mathrm{d}_t}f[y_t(p)] - \frac{\mathrm{d}\theta}{\mathrm{d}t}f[y_t(p)] + \int_0^{H_t}\frac{\mathrm{d}f[y_t(p)]}{\mathrm{d}y_t(p)}\frac{\mathrm{d}y_t(p)}{\mathrm{d}t}\frac{y_t(p)}{y_t(p)}\right\}\mathrm{d}t \tag{3.20}$$

由于在贫困线评价贫困措施，贫困措施没有效果。因此，积分上限的导数为零，即$\frac{\mathrm{d}H_t}{\mathrm{d}t}=0$，因此可以将式(3.20)改写成以下形式：

$$\frac{\dot{P}_t}{P_t}=\int_0^{H_t}\eta_t(p)\cdot g_t(p)\mathrm{d}p \tag{3.21}$$

其中，$\eta_t(p)=\frac{\mathrm{d}f[y_t(p)]}{\mathrm{d}y_t(p)}\frac{y_t(p)}{\mathrm{d}t}=-\frac{\theta}{P_t}\frac{y_t(p)}{z}\left[1-\frac{y_t(p)}{z}\right]^{\theta-1}$，$f[y_t(p)]=\left[\frac{z-y_t(p)}{z}\right]^{\theta}$

$$\frac{\dot{P}_t}{P_t}=\mu\int_0^{H_t}-\frac{\theta}{P_t}\frac{y_t(p)}{z}\left[1-\frac{y_t(p)}{z}\right]^{\theta-1}\mathrm{d}p \tag{3.22}$$

$$\frac{\dot{P}_t}{P_t}=\mu\frac{\theta}{P_t Z}\int_0^{H_t}y_t(p)\left[1-\frac{y_t(p)}{z}\right]^{\theta-1}\mathrm{d}p \tag{3.23}$$

令

$$D=\int_0^{H_t}y_t(p)\left[1-\frac{y_t(p)}{z}\right]^{\theta-1}\mathrm{d}p \tag{3.24}$$

$$\psi=1-\frac{y_t(p)}{z} \tag{3.25}$$

根据积分方程(3.24)：$\int u\mathrm{d}v=uv\Big|-\int v\mathrm{d}u$

$$u=y_t(p)\,\mathrm{d}u=y_t(p)\,\mathrm{d}p$$

$$\mathrm{d}v=\left[1-\frac{y_t(p)}{z}\right]^{\theta-1}\mathrm{d}p$$

$$v=-\frac{z}{y_t'(p)}\frac{\left[1-\frac{y_t(p)}{z}\right]^{\theta}}{\theta}=-\frac{z}{y_t'(p)}\frac{\psi^{\theta}}{\theta}$$

得到：

$$D=-y_t(p)\frac{z}{y'_t(p)}\frac{\psi^{\theta}}{\theta}\Bigg|_0^{H_t}-\int_0^{H_t}-\frac{z}{y'_t(p)}\frac{\psi^{\theta}}{\theta}y'_t(p)\,\mathrm{d}p$$

$$D=-0+0+\int_0^{H_t}\frac{z}{y'_t(p)}\frac{\psi^{\theta}}{\theta}y'_t(p)\,\mathrm{d}p=\frac{z}{\theta}\int_0^{H_t}\psi^{\theta}\mathrm{d}p \tag{3.26}$$

注意，$-y_t(p)\frac{z}{y'_t(p)}\frac{\psi^{\theta}}{\theta}\Bigg|_{p=0}=0$，因为 $y_t(0)=0$，$-y_t(p)\frac{z}{y'_t(p)}\frac{\psi^{\theta}}{\theta}\Bigg|_{p=H_t}=0$

$$\psi=\left[1-\frac{y_t(H_t)}{z}\right]=\left(1-\frac{z}{z}\right)=0$$

根据式(3.23)，$\mathrm{d}\psi=-\frac{y'_t(p)}{z}\mathrm{d}p$，则 $\mathrm{d}p=-\frac{z}{y'_t(p)}\mathrm{d}\psi$。我们知道，如果 $p=H_t$，则 $\psi=0$；如果 $p=0$，则 $\psi=1$。因此方程(3.26)可写成：

$$D=-\frac{z}{\theta}\int_0^1-\frac{z}{y'_t(p)}\psi^{\theta}\mathrm{d}\psi=\frac{z}{\theta}\frac{z}{(\theta+1)y'_t(p)\big|_{p=H_t}} \tag{3.27}$$

将式(3.27)代入到式(3.21)中，

$$\frac{\dot{P}_t}{P_t}=-\mu\frac{\theta\ z}{P_t z\,\theta}\frac{z}{(\theta+1)\cdot y'_t(p)\big|_{p=H_t}}=-\mu\frac{z}{P_t\cdot(\theta+1)\cdot y'_t(p)\big|_{p=H_t}} \tag{3.28}$$

接下来，开始探讨城镇化与贫困的关系，得到如下式子：

$$\frac{\mathrm{d}\frac{\dot{P}_t}{P_t}}{\mathrm{d}N}=\frac{\mathrm{d}\left[\mu\left(-\frac{z}{P_t\cdot(\theta+1)\cdot y'_t(p)\mid_{p=H_t}}\right)\right]}{\mathrm{d}N} \tag{3.29}$$

$$\frac{\mathrm{d}\frac{\dot{P}_t}{P_t}}{\mathrm{d}N}=-\left[\frac{z}{P_t\cdot(\theta+1)y'_t(H_t)}\frac{\mathrm{d}\mu}{\mathrm{d}N}-\mu\frac{z}{P_t\cdot(\theta+1)}y_t(H_t)^{-2}\frac{\mathrm{d}y'_t(H_t)}{\mathrm{d}H_t}\frac{\mathrm{d}H_t}{\mathrm{d}N}\right] \tag{3.30}$$

假定$\mu>0$，增长率在增加，由于$\frac{z}{P_t\cdot(\theta+1)y'_t(H_t)}>0$，$\frac{z}{P_t\cdot(\theta+1)}>0$，$y_t(H_t)^{-2}>0$，$\frac{\mathrm{d}H_t}{\mathrm{d}N}<0$。但在估算贫困线上人口的收入时，人口的收入将等于$z$，意味着$y'_t(H_t)=z>0$，$\frac{\mathrm{d}y'_t(H_t)}{\mathrm{d}H_t}=\frac{\mathrm{d}z}{\mathrm{d}N}=0$，这样第二个式子$\mu\frac{z}{P_t\cdot(\theta+1)}y_t(H_t)^{-2}\frac{\mathrm{d}y'_t(H_t)}{\mathrm{d}H_t}\frac{\mathrm{d}H_t}{\mathrm{d}N}=0$，则可得到最终的方程：

$$\frac{\mathrm{d}\frac{\dot{P}_t}{P_t}}{\mathrm{d}N}=-\left[\frac{z}{P_t\cdot(\theta+1)y'_t(H_t)}\frac{\mathrm{d}\mu}{\mathrm{d}N}\right]=-\left[\frac{z}{P_t\cdot(\theta+1)\cdot z}\frac{\mathrm{d}\mu}{\mathrm{d}N}\right]=-\frac{1}{P_t(\theta+1)}\frac{\mathrm{d}\mu}{\mathrm{d}N}$$

即：

$$\frac{\mathrm{d}\frac{\dot{P}_t}{P_t}}{\mathrm{d}N}=-\frac{1}{P_t(\theta+1)}\frac{\mathrm{d}\mu}{\mathrm{d}N} \tag{3.31}$$

由于$P_t(\theta+1)$总是为正，式(3.31)的符号取决于$\frac{\mathrm{d}\mu}{\mathrm{d}N}$的符号，根据式(3.18)，可判断出城镇化对贫困的减少呈现出“U”形关系，即存在一个最优的城镇化水平$N=\frac{\beta}{\beta+\theta}$，使城镇化的发展对贫困减少的作用最大。

第二节　城镇化农村减贫效应的计量检验

上述的模型推导证明了城镇化发展与贫困之间存在着“U”形关系，下面用数据对上述结论进行验证。

一、模型设定与变量选取

根据模型推导的结论，并结合城镇化影响农村贫困的作用机制，本章设定的基本回归方程如下：

$$Poverty_{i,t}=f(Urban_{i,t},\ Urban_{i,t}^{2},\ M_{i,t},\ X_{i,t})+\mu_{i,t}$$

其中，$Poverty_{i,t}$代表农村贫困程度，可用贫困发生率(HC)、贫困深度(PG)和贫困强度(SPG)来衡量，$Urban_{i,t}$代表城镇化水平，$M_{i,t}$代表中介变量，$X_{i,t}$代表控制变量，$\mu_{i,t}$代表随机扰动项。

由于微观数据涵盖的通常只是部分省份，不便于进行分地区比较，加上其可获得性较差，所以，本章采用国家官方网站公布的数据，主要是省级面板数据来考察城镇化对农村贫困的影响。选取的核心变量有贫困程度、城镇化，中介变量有收入结构、社会保障、人力资本、基础设施，控制变量有固定资产投资、非农从业人员、农业生产率，变量选取具体如下。

（一）核心变量

1. 贫困程度(poverty)

对贫困程度衡量的方法有很多，如有的学者采用农村贫困人口或农民纯收入衡量农村贫困程度(秦建军、武拉平，2011；尹飞霄，2013)，但这两个指标过于简单，不能够有效衡量农村贫困状况。后来有学者使用熵值法计算出的多维贫困衡量农村贫困(苏静，2015)，虽然能够对农村贫困状况进行综合测量，但计算出的指标却不能反映贫困人口内部的发展状况。鉴于此，本文借鉴李萌、杨龙(2014)的做法，采用贫困发生率(HC)反映贫困的规模，贫困深度(PG)和贫困强度(SPG)反映贫困人口内部的平均贫困程度和收入分配状况。本书根据各省区市的农民人均收入分组数据和前文计算出的贫困线，使用世界银行网站提供的 POVCAL 软件估算出各省区市的贫困发生率、贫困深度和贫困强度，对于个别省区市缺失的数据采用趋势法进行补充。最终整理出 31 个省份 2001—2018 年的面板数据。

2. 城镇化(urban)

城镇化是指农村人口向城镇地区迁移的过程中，迁移劳动力的生产方式和生活方式受城镇居民的影响，发生了改变。按照大多数学者的做法，采用城镇人口占总人口的比例衡量城镇化发展水平。

（二）中介变量

1. 收入结构(income)

城镇化发展带来的直接影响是促进了农村劳动力向城镇地区的转移，使他们由从事农业生产转变为从事非农生产，改变了农村居民的收入结构，使农村居民非农生产的工资性收入占总收入的比重越来越大。此外，由于非农生产具有较高的生产率，劳动者能够获得相对较高的劳动报酬，这对于提升农村居民收入水平、减缓农村贫困具有积极作用。本书采用农村居民工资性收入占总收入的比例衡量农民的收入结构。

2. 社会保障(security)

城镇化的推进促进了经济的发展，为社会保障制度的建设奠定了充足的物质基础，不仅能够扩大社会保障范围，提升社会保障水平，还能优化社会保障体系结构。社会保障水平的提升为大量迁移到城镇地区的农村居民提供了坚实的后盾，使他们免遭因失业、医疗、养老等问题陷入贫困，而且社会保障水平的提升能够满足贫困居民的基本生活需求，增强他们寻找工作的动力，促进他们早日摆脱贫困。本书采用农村社会救济金支出占第一产业产值的比例衡量农村社会保障水平。

3. 人力资本(human)

城镇化的发展促使农村劳动力在城镇地区集聚，由于城镇地区分工精细，职业门类众多，使劳动呈现出多样化的特征，有利于促进知识的传播；而且城镇人口密集，社会交往活动更加密切，这种交往不仅能够加强人们的合作互助，也能够激发竞争，有利于人口素质的提高和工资水平的提升。人力资本能够产生良好的示范效应，人力资本水平较高的企业能够影响和促进其他劳动者进行培训和深造，进而提高其收入水平。然而，目前我国农村转移人口的劳动素质和技能水平比较低，只能从事简单的加工制造业或者技术含量水平低的第三产业，收入水平通常比较低。如果他们能够通过培训和学习从事生产效率较高的高端制造业和服务业，就能够加快其摆脱贫困的速度。预期人力资本水平有利于农村贫困减缓，本书采用农村大专以上人员占农村6岁以上人员的比例来衡量农村人力资本水平。

4. 基础设施(traffic)

农村的基础设施通常包括灌溉基础设施、公路基础设施和农电基础设施，考虑到城镇化的发展对公路基础设施的影响最大，因此采用公路基础设施代替农村基础设施。公路基础设施可以通过两方面影响农村贫困：一方面，完善的公路基础设施水平能够加快农村劳动力向城镇地区转移的速度，使其从事生产效率高于农业的非农产业，增加其收入来源；另一方面，完善的公路基础设施能够加强城乡之间的经济联系，不仅可以将农产品销售到城镇地区，也可将城镇地区的技术、经验、资金和人才引入到农村地区，促进农村经济的发展，提升农民收入水平。考虑到国道、省道和高速等各类公路起着连接城乡桥梁的作用，对农村经济发展具有促进作用，因此本书采用各省区市公路里程数/省区市面积代表公路基础设施。

（三）控制变量

1. 固定资产投资(fixasset)

固定资产投资是社会进行再生产的重要手段，是促进经济发展的重要前提。农村固定资产投资是带动农村经济增长的重要动力，增加农村固定资产投资能够提高农业的综合生产能力，提升农民的收入水平，对于农村贫困的减缓具有积极作用。本书采用农村住户固定资产投资完成额占第一产业生产总值的比例来衡量农村固定资产投资水平。

2. 非农从业人员(labor)

科技的进步和大型机器设备的生产提高了农业生产率，节省了大量的农村劳动力资源，这部分多余的劳动力会从事非农产业的相关生产，增加收入来源的渠道，有助于农村贫困的减少。本书构建的反映非农从业人员的指标为：非农从业人员占比=（乡村从业人员数-乡村第一产业人员数）/乡村从业人员数。

3. 农业生产率（poutput）

农业生产率的提高不仅能够增加农产品的产出，提高农民的经营性收入，也能够释放出部分劳动力，使其从事非农产业的生产，增加农民的工资性收入。预期农业生产率的提高有利于农村贫困的减少，本书采用消除物价波动的第一产业产值与农村人口的比值衡量农业生产率。

以上数据来源于《中国农村贫困监测报告》《中国农村统计年鉴》《中国统计年鉴》《中国人口和就业年鉴》以及各省区市的统计年鉴。各变量的统计性描述见表3-1。

表3-1　变量的统计性描述

变量	观察个数	均值	标准差	最小值	最大值
贫困发生率	558	20.50	17.95	0.009	88.24
解释变量	558	6.476	6.621	0.001	31.99
贫困强度	558	3.184	3.565	0.001	18.24
城镇化	558	45.12	18.10	13.07	89.80
收入结构	558	36.64	14.56	6.157	79.37
社会保障	558	1.195	1.341	0.017	7.990
人力资本	558	1.754	1.522	0.067	12.41
基础设施	558	0.687	0.549	0.018	3.039
固定资产投资	558	18.80	8.869	0.013	48.31
非农从业人员	558	40.71	16.71	3.656	86.42
农业生产率	558	4098	2542	731	14812

二、分析方法选择

对经济方程进行回归时，内生性问题是首要考虑的问题。由于经济系统不可避免受到一些不可观测因素，诸如经济危机、经济政策变化等的影响，会使经济运行结果发生改变。诸如我国之前采取的城乡二元经济发展模式，不仅限制了农村劳动力向城镇地区的流动，而且使大量的优质资源集中在城镇地区，最终导致城乡经济发展的差距越来越大。在这种情况下，如果采用固定效应或随机效应的面板模型进行估计，则会产生偏差，而系统 GMM 估计方法在回归中增加了被解释变量的滞后项，能在一定程度上缓解内生性问题，因此，这里采用系统 GMM 估计方法对模型进行估计。

三、城镇化农村减贫效应的整体分析

为了增强数据的平稳性，在进行估计前，对各变量进行了对数变换。表 3-2 报告了城镇化的农村减贫效应。方程(1)列是仅加入城镇化及其平方项的基本方程回归结果，方程(2)~(5)列是逐渐加入中介变量和控制变量的扩展方程回归结果。从表中可以看出，所有 AR(1)的结果都小于 0.1，而所有 AR(2)的结果都大于 0.1，说明模型的残差项都存在一阶序列相关和二阶序列不相关。同时，Sargan 检验的结果表明工具变量的选取是有效的。此外，滞后期的贫困系数显著为正，贫困具有滞后效应。一般而言，贫困家庭收入比较低，仅有的收入基本都用于满足生存需求，没有过多的收入去进行能够提高收入水平的人力资本或生产投资，导致的结果是下期的收入仍然维持在一个较低的水平，如此往复循环，使家庭长期处于贫困状态。此外，各回归方程中城镇化的一次项系数显著为负，二次项系数显著为正，表明城镇化的发展与农村贫困的减少呈现出“U”形关系，验证了前文理论推导的结论。“U”形关系的含义表明，存在一个最优的城镇化发展水平，使得农村贫困的程度降到最低。当城镇化发展尚未达到最优水平时，城镇化的发展会有利于农村贫困的减少，一方面，城镇化可以促进农村劳动力的转移，使农民从事生产效率较高的非农产业，增加农民的收入，减少农村贫困；另一方面，城镇化的发展对周边农村地区具有辐射带动作用，促进城镇的资金、技术、人才向农村地区流动，有效提高了农业生产率，促进农村地区经济的发展，增加农民的收入。当城镇化发展超过最优水平时，城镇化不利于农村贫困的减少，这是由于城镇化的发展会使大量的人口聚集在城市，那么交通拥挤、住房紧张、环境污染等一系列城市病问题会随之而来，而且城镇中还会存在大量的失业人群，产生新的贫困问题；当大量农村人口转移到城镇地区时，会导致“空心村”的产生，农村地区由于人口不足缺少发展的动力，使得农村经济进一步地衰退，农村贫困人口也会逐渐增多。只有当城镇化的发展在最优水平时，城镇化对农村贫困的减少作用才能达到最大。

表 3-2　城镇化农村减贫效应的估计结果

解释变量	基本方程	扩展方程			
	(1)	(2)	(3)	(4)	(5)
滞后 1 期贫困深度	0.628*** (61.76)	0.628*** (55.12)	0.548*** (26.05)	0.671*** (34.38)	0.579*** (17.17)
滞后 2 期贫困深度	0.185*** (24.98)	0.187*** (23.12)	0.222*** (11.21)	0.184*** (6.71)	0.156*** (5.22)
城镇化	-3.470*** (-20.22)	-2.812*** (-6.03)	-2.367** (-2.24)	-4.589*** (-3.10)	-2.763*** (-2.98)
城镇化平方项	0.541*** (22.97)	0.421*** (6.12)	0.369** (2.48)	0.718*** (3.48)	0.471*** (3.08)
人力资本			-0.106*** (-3.33)	-0.036*** (-2.63)	0.032 (0.52)
基础设施			-0.186** (-2.23)	-0.421*** (-5.21)	-0.268*** (-2.64)
收入结构		-0.291*** (-5.78)	-0.367** (-2.12)	-0.752*** (-4.33)	-0.353** (-2.52)
社会保障		-0.057*** (-5.34)	-0.036** (-2.52)	0.018 (0.61)	0.050* (1.81)
非农从业人员					-0.198*** (-3.09)
固定资产投资				-0.080 (-1.53)	-0.044* (-1.74)
农业生产率					-0.513*** (-5.76)
常数项	5.287*** (15.12)	3.212*** (3.16)	2.446 (1.02)	4.321 (1.45)	5.969** (2.58)
N	496	496	496	496	496
AR(1)	0.007	0.008	0.008	0.007	0.007
AR(2)	0.731	0.678	0.422	0.719	0.688
Sargan	0.642	0.342	0.889	0.612	0.654

注：***、**和*表示估计结果分别在1%、5%和10%的水平上显著；括号中的数值为估计结果的 t 检验值。AR(1)、AR(2)与 Sargan 检验输出结果为 P 值。

此外，各中介变量的符号也基本符合预期。农民收入结构的系数显著为负，表明农民收入中工资性收入占比的增加有利于农村居民贫困的减缓。城镇化的发展改变着农村居民的收入结构，使家庭经营性收入不再成为农村居民收入的主要来源，城镇化发展带动的第二、第三产业的发展吸引着大量农村的劳动力的非农就业。由于非农业劳动生产具有较高的生产效率，因此农村居民能够获得较高的劳动报酬，即工资性收入，增加了工资性收入在农村居民总收入中的比重。《农村绿皮书：中国农村经济形势分析与预测（2016—2017）》显示，2017 年，农村居民的人均可支配收入将达到 1.3 万元，而农村居民人均工资性收入预计接近 5500 元，几乎占到总收入比重的一半①，可见工资性收入的提升对于农村居民收入的提高和贫困的减缓具有积极作用。农村人力资本的系数显著为负，表明农村人力资本的提升对农村贫困的减缓具有积极作用，一方面，人力资本水平的提高可以提升劳动者的技能和素养，增加就业的机会；另一方面，人力资本水平的提高能够增强贫困者的身体素质，防止"因病致贫"的现象发生，还能够提高劳动者的生产效率，有利于增加其收入水平。同时，人力资本产生的"示范效应"能提高整个企业的劳动生产率，增加企业的利润，进而提升员工的工资水平。基础设施的系数显著为负，表明基础设施建设对农村贫困的减缓具有积极作用。完善的基础设施不仅可以促进农村劳动力向城镇地区的转移，促使其从事生产效率较高的非农产业生产，增加工资性收入，还可以加强城乡之间的经济联系，即将农产品运往城镇地区销售，增加农产品的销量，同时将城镇地区的资金、技术、经验转移到农村地区，提高农业生产效率，促进农村地区的经济发展，有利于增加农村居民的收入，减少农村地区的贫困。第（2）（3）列的农村社会保障水平的系数显著为负，第（4）列的系数不显著，第（5）列的系数显著为正，可见农村社会保障水平对农村贫困减缓的作用不确定，受到其他的变量的影响，与理论预期不一致。一种可能的解释是，农村社会保障水平对农村贫困具有正负两方面的影响，积极影响是社会保障为贫困人群提供物质帮助，满足其基本的生活需求，为参与社会劳动奠定基础；消极影响是不少非贫困居民利用职权关系获得保障名额，占用了社会保障的资源，导致那些处于贫困之中、

① 2017 年农民人均工资性收入预计接近 5500 元［EB/OL］. http: //www.cir.cn/R_NongLinMuYu/2017-04/2017NianNongMinRenJunGongZiXingShouRuYuJiJieJin550.html，2017-04-22.

真正需要保障的人无法得到应有的帮助，长期处于贫困状态。

同时，控制变量的符号也基本和预期一致。农业劳动生产率的系数显著为负，表明农业生产率的提高有利于农村贫困的减缓。虽然农产品经营收入在农民总收入中的比重有所下降，但其仍然是农民收入的重要组成部分。农业生产率的提高有利于农产品产量的增加和农业收入的提升，同时农业生产率的提高还可以释放出部分劳动力，使其从事非农产业的生产，增加非农收入，对农村贫困的减缓具有积极作用。农村非农从业人员的系数显著为负，表明农村非农从业人员的增加也有助于农村贫困减缓。相对于农业生产，非农生产具有较高的劳动生产率，因此劳动者能够获得较高的劳动报酬。此外，非农生产还具有提升人力资本、增强资金积累效应的作用，非农从业人员可将这些资金、技术用于家庭的农业投资，对农村经济的发展具有推动的作用，加快了农村贫困的减缓步伐。农村固定资产投资的系数显著为负，表明农村固定资产投资有利于农村贫困的减缓。固定资产投资主要是对农业的生产设施和农村居民的生活设施进行的投资，这些投资有利于农村经济的发展，提升农村居民的收入水平。

上述研究选取贫困深度为被解释变量，分析了城镇化的农村贫困减缓作用。贫困深度反映的是贫困人口内部的平均贫困程度，贫困深度值越大表明贫困居民的平均贫困程度距离贫困线越远，脱贫任务越繁重，反之则表明贫困人口的贫困程度较轻。除贫困深度外，还有两个反映贫困的指标，贫困发生率和贫困强度，贫困发生率指贫困人口占总人口的比例，能够直观地反映贫困的范围。而贫困强度则反映贫困人口内部收入分配状况，贫困强度的值越大，表明贫困人口内部的收入分配越不公平，贫富差距较大；贫困强度的值越小，表明贫困人口内部的收入分配比较公平，贫富差距较小。为了考察结果的稳健性，下面同时选取贫困发生率与贫困强度为被解释变量进行进一步的检验。表 3-3 为城镇化的农村减贫效应稳健性检验。如表 3-3 所示，无论采用哪种贫困指标作为被解释变量，城镇化的一次项系数均为负，二次项系数均为正，城镇化与农村贫困呈现出“U”形关系，与上述的结论一致，表明检验结果的稳健性；并且我们可以根据表 3-3 的回归结果推算出城镇化发展的最优水平约为 70%，即城镇化水平为 70%时，城镇化对农村贫困减缓的作用最强。当城镇化发展水平较低时，农村劳动力转移到城镇地区从事非农劳动的生产，能够获得较高的工资性收入，有利于农村贫困的减缓，而且城镇的溢出效应对周边农村地区的发展具有积极影响，促进了农村经济的发展。当城镇化处于较高水平时，有较多的人口集聚到城镇，会给城镇带来交通拥堵、环境污染、住房紧张等城市问题，而且由于产业的发展跟不上城镇的发展，导致大量的人员处于失业状态，重新陷入贫困状态。拉美地区就是典型的案例，拉美地区的城镇化水平很高，在 2013 年就超过了 80%，但拉美地区仍然存在大量的贫困人口，原因在于拉美地区的城镇化发展与经济发展不协调，导致拉美地区存在大量的失业人口，贫困问题相当严重①。此外，各中介变量和控制变量的符号也基本与上述结论相符，这里就不再详述。

表 3-3　城镇化的农村减贫效应的稳健性性检验

解释变量	贫困发生率			贫困强度		
	1	2	3	4	5	6
滞后 1 期贫困发生率	0.811*** (102.1)	0.822*** (29.31)	0.845*** (16.29)			
滞后 2 期贫困发生率	0.198*** (31.21)	0.063*** (2.64)	-0.071 (-0.81)			
滞后 1 期贫困强度				0.463*** (41.21)	0.379*** (22.31)	0.512*** (26.31)
滞后 2 期贫困强度				0.146*** (28.83)	0.127*** (9.12)	0.222*** (11.12)
城镇化	-1.119*** (-13.24)	-1.543** (-2.49)	-3.760** (-2.01)	-5.556*** (-16.71)	-9.831*** (-3.13)	-6.241*** (-10.14)
城镇化平方项	0.148*** (12.12)	0.220** (2.49)	0.534** (1.98)	0.922*** (19.33)	1.470*** (4.22)	1.027*** (4.66)
收入结构		-0.349*** (-5.78)	-0.312*** (-3.31)		-0.574** (-2.22)	-0.301 (-0.94)
社会保障		0.581*** (3.62)	-0.068*** (-3.43)		-0.012 (-0.27)	0.139*** (2.96)
人力资本		-0.057*** (-3.93)	-0.051** (-2.45)		0.020 (0.38)	-0.201*** (-2.81)
基础设施		0.007 (-0.24)	0.021 (0.53)		-0.179** (-2.18)	-0.321** (-2.12)

① 杜凤姣，宁越敏．拉美地区的城镇化、城市问题及治理经验[J]．国际城市规划，2015，30(b05)：1-6.

续表

解释变量	贫困发生率			贫困强度		
	1	2	3	4	5	6
非农从业人员			0.034 (1.55)			-0.388*** (-5.20)
固定资产投资			-0.127*** (-3.64)			-0.593*** (-3.22)
农业生产率			-0.124* (-1.79)			-0.932*** (-3.89)
常数项	1.843*** (10.22)	-3.712*** (-3.33)	-6.682** (-2.22)	7.623*** (13.38)	17.75*** (4.22)	17.48*** (5.99)
N	496	496	496	496	496	496
AR(1)	0.002	0.002	0.003	0.004	0.003	0.004
AR(2)	0.510	0.214	0.198	0.599	0.551	0.321
Sargan	0.441	0.567	0.764	0.456	0.899	0.589

注：***、**和*表示估计结果分别在1%、5%和10%的水平上显著；括号中的数值为估计结果的t检验值。AR(1)、AR(2)与Sargan检验输出结果为P值。

四、城镇化农村减贫效应的区域性差异

整体上来看，城镇化对农村贫困减缓呈现出“U”形关系，并存在一个最优的城镇化水平，使得城镇化对农村贫困的减缓作用最大。当城镇化发展水平未达到最优水平之时，城镇化的发展将促进农村贫困的减缓；当城镇化的发展水平超过最优水平，城镇化的发展则不利于农村贫困的减缓。但中国地域辽阔，区域经济发展不均衡，城镇化发展水平也有所差异，那么各地区城镇化的发展对农村贫困的作用又是如何？下面我们分区域考察城镇化对农村贫困的作用。由于分区域后，样本容量减小，再使用系统GMM估计方法会导致部分变量的系数估计不出的现象，为此，采用固定效应模型进行面板估计，估计结果见表3-4。从基本方程的回归结果看，三个地区的城镇化发展都有助于农村贫困的减少。但从扩展方程的回归结果看，东部地区的城镇化发展对农村贫困减少的作用不显著，而中西部地区的城镇化发展有利于农村贫困的减少，并且西部地区城镇化的农村减贫效应要高于中部地区，具体分析如下。

东部地区人多地少，人地关系紧张，土地成本也比较高。而且城镇地区已经会集了大量的人口，城市病问题开始逐渐凸显，如果在土地扩张有限的

情况下，促使大量农村劳动力转移到城镇地区，会加剧城镇地区的交通拥挤、住房紧张、公共服务不足、失业等问题，转移到城镇地区的农村居民很可能会沦为新的贫困居民，因此，在东部地区通过发展城镇化减少农村贫困的作用比较小。

中部地区的城镇化水平不高，城镇体系不合理，省会城市呈现“一市独大”的特征，而且中小城镇存在规模偏小，用地不节约，产业基础薄弱，社会服务设施发展落后的现象，制约着城镇经济扩散效应的发挥。因此，现阶段应加快农村人口在城镇地区的集聚，同时要提升城市建设的水平和质量，为城镇经济的发展提供充足的动力，提高农村转移劳动力的非农收入，并充分发挥中心城市的扩散效应，有效推动农村地区的经济发展。

我国西部地区地广人稀，城市数量相对较少，经统计，西部地区的土地资源约占全国资源的70%，人口约占全国人口的1/3，但城市数量占比还不足全国的1/5，而且现有城市的功能建设不到位，配套设施建设不足，教育、医疗、卫生条件差，不能够满足城镇居民的生活需求。此外，西部地区城市人口较少，集聚效应不足，不能够很好地辐射带动周边地区的发展。因此，西部地区应该加大城镇化的建设力度，促进农村地区的人口向城镇地区转移，这样不仅有利于增加农村转移劳动力的非农收入，而且还能够增强城镇地区的集聚效应和规模效应，发挥对周边农村地区的辐射带动作用，促进农村地区经济的发展，减缓农村的贫困。

表 3-4　分区域城镇化农村减贫效应的检验结果

解释变量	东部地区		中部地区		西部地区	
	(1)	(2)	(3)	(4)	(5)	(6)
城镇化	-1.789*** (-6.55)	0.450 (0.82)	-1.853*** (-11.45)	-0.052** (-2.23)	-1.977*** (-12.44)	-0.111** (-2.24)
收入结构		-2.112*** (-4.12)		-1.648** (-2.28)		0.518 (0.78)
社会保障		-0.079 (-0.52)		-0.158 (-1.44)		0.058 (0.71)
人力资本		-0.632*** (-3.21)		-0.282*** (-2.77)		-0.089 (-1.12)
基础设施		-1.041** (-2.38)		-0.950** (-1.97)		-0.391* (-1.96)

续表

解释变量	东部地区		中部地区		西部地区	
	(1)	(2)	(3)	(4)	(5)	(6)
固定资产投资		0.317 (1.24)		0.233 (0.48)		-0.475** (-2.40)
非农从业人员		-0.621* (-1.81)		0.242 (0.63)		-0.061 (-0.34)
农业生产率		-1.644*** (-3.64)		-0.118 (-0.34)		-1.184** (-2.52)
常数项	7.089*** (6.11)	6.437* (1.82)	8.321*** (13.11)	-5.331 (-1.04)	8.862*** (14.88)	11.01*** (5.77)
N	198	198	144	144	216	216
R^2	0.221	0.431	0.562	0.778	0.499	0.668

注：***、**和*表示估计结果分别在1%、5%和10%的水平上显著；括号中的数值为估计结果的t检验值。

第三节　城镇化模式农村减贫效应的实证分析

前面的分析表明，城镇化的发展有利于农村贫困的减缓，如何快速有效推进城镇化进程是当前减贫的一个重要任务。但在城镇化发展进程中，受到经济水平、自然资源、发展政策的影响，不同地区的城镇化水平不同，采取的城镇化发展模式也不相同。分析城镇化发展模式，制定科学合理的城镇化发展战略是我国在现有的社会经济结构中，面对复杂的国际形势实现减贫目标的一个重要课题。本章的主要任务是构建不同城镇化模式减贫的理论模型，并运用中国省级面板数据进行了实证检验。

一、城镇化模式农村减贫效应的模型推导

根据前面的分析，借鉴 Christiaensen 的做法，将总体贫困分解为核心城市贫困、城镇贫困和农村贫困，具体表达式如下：

$$P=s_U P_U+s_T P_T+s_R P_R \tag{3.32}$$

其中，P 为总体贫困，P_U 为核心城市贫困发生率，P_T 为二级城镇贫困发生率，P_R 为农村贫困发生率，s_U，s_T，s_R 分别为核心城市人口率、二级城镇

人口率和农村人口率。将式(3.32)进行全微分：

$$dP=P_U ds_U+s_U dP_U+P_T ds_T+s_T dp_T+P_R ds_R+s_R dP_R \tag{3.33}$$

由于总体贫困减缓的原因主要是经济的增长和人口空间结构的转换，因此总体减贫效应可表示为 $TE=dp=f(y_i, s_i)$，y_i 和 s_i 分别表示经济增长和人口空间结构转换，i 有 U、T、R 三种形式，分别表示核心城市、二级城镇和农村。为此，我们可将式(3.33)进一步分解：

$$dP=P_U ds_U+s_U\frac{\partial P_U}{\partial s_U}ds_U+s_U\frac{\partial P_U}{\partial y_U}dy_U+P_T ds_T+s_T\frac{\partial P_T}{\partial s_T}ds_T+s_t\frac{\partial P_T}{\partial y_T}dy_T+P_R ds_R+ s_R\frac{\partial P_R}{\partial s_R}ds_R+s_R\frac{\partial P_R}{\partial y_R}dy_R \tag{3.34}$$

将式(3.34)进行转化，得到：

$$\frac{dP}{P}=\frac{s_U P_U}{P}\left(1+\frac{s_U}{P_U}\frac{\partial P_U}{\partial s_U}\right)\frac{ds_U}{s_U}+\frac{s_T P_T}{P}\left(1+\frac{s_T}{P_T}\frac{\partial P_T}{\partial s_T}\right)\frac{ds_T}{s_t}+\frac{s_R P_R}{P}\left(1+\frac{s_R}{P_R}\frac{\partial P_R}{\partial s_R}\right)\frac{ds_R}{s_R}+ \frac{y_U}{P}\frac{\partial P_U}{\partial y_U}s_U\frac{dy_U}{y_U}+\frac{y_T}{P}\frac{\partial P_T}{\partial y_T}s_T\frac{dy_T}{y_T}+\frac{y_R}{P}\frac{\partial P_R}{\partial y_R}s_R\frac{dy_R}{y_R} \tag{3.35}$$

由于 $s_U+s_T+s_R=1$，所以可得：

$$ds_U+ds_T+ds_R=0 \tag{3.36}$$

将式(3.36)代入到式(3.35)中，得：

$$\frac{dP}{P}=\frac{s_U}{P}\left[\left(P_U+s_U\frac{\partial P_U}{\partial s_U}\right)-\left(P_R+s_R\frac{\partial P_R}{\partial s_R}\right)\right]\frac{ds_U}{s_U}+\frac{s_T}{P}\left[\left(P_T+s_T\frac{\partial P_T}{\partial s_T}\right)-\left(P_R+s_R\frac{\partial P_R}{\partial s_R}\right)\right]\frac{ds_T}{s_T}+ \frac{y_U}{P}\frac{\partial P_U}{\partial y_U}s_U\frac{dy_U}{y_U}+\frac{y_T}{P}\frac{\partial P_T}{\partial y_T}s_T\frac{dy_T}{y_T}+\frac{y_R}{P}\frac{\partial P_R}{\partial y_R}s_R\frac{dy_R}{y_R} \tag{3.37}$$

将式(3.37)进行简化：

$$\frac{dP}{P}=\beta_U\frac{ds_U}{s_U}+\beta_T\frac{ds_T}{s_T}+r\frac{dy}{y} \tag{3.38}$$

其中，β_U 和 β_T 分别表示核心城市的减贫效应，二级城镇的减贫效应。r 表示经济增长的减贫效应，其各自的表达式分别为：

$$\beta_U\left[\left(P_U+s_U\frac{\partial P_U}{\partial s_U}\right)-\left(P_R+s_R\frac{\partial P_R}{\partial s_R}\right)\right](P_U-P_R)+\left(s_U\frac{\partial P_U}{\partial s_U}-s_R\frac{\partial P_R}{\partial s_R}\right) \tag{3.39}$$

$$\beta_T=\left[\left(P_T+s_T\frac{\partial P_T}{\partial s_T}\right)-\left(P_R+s_R\frac{\partial P_R}{\partial s_R}\right)\right]=(P_T-P_R)+\left(s_T\frac{\partial P_T}{\partial s_T}-s_R\frac{\partial P_R}{\partial s_R}\right) \tag{3.40}$$

$$r\frac{dy}{y}=\frac{y_U\partial P_U}{P\ \partial y_U}s_U\frac{dy_U}{y_U}+\frac{y_T\partial P_T}{P\ \partial y_T}s_T\frac{dy_T}{y_T}+\frac{y_R\partial P_R}{P\ \partial y_R}s_R\frac{dy_R}{Y_R} \tag{3.41}$$

城镇化的减贫效应包括人口城乡流动的空间转移效应(SE)、城镇化发展带来的集聚效应(AE)以及居民收入增长带来的收入效应(IE)，例如核心城市的总体减贫效应为 $TE=SE+AE+IE$，其中 $SE=P_U-P_R$，$AE=\left(s_U\frac{\partial P_U}{\partial s_U}-s_R\frac{\partial P_R}{\partial s_R}\right)$，$IE=r\frac{dy}{y}$。

根据以上分析，本书提出如下假说：

假说1：城镇化能够影响贫困减缓，但城镇化的集聚效应对城乡居民的溢出效应存在差异，因此，城镇化的减贫效应也存在差异。

假说2：不同城镇规模会产生不同的集聚外部性和转移成本现象，核心城市和二级城镇的减贫效应也会有所差异。

二、城镇化模式农村减贫效应的计量检验

（一）模型设定与变量选取

1. 模型设定

根据前文的分析，不同的城镇化模式对贫困的影响有所差异，这里我们将城镇化进一步细分为核心城市人口比重和二级城镇人口比重，以此检验不同的城镇化模式对农村贫困减缓效应的差异。设定如下的计量模型：

$$Poverty_{i,t}=f(coretown_{i,t},\ secondtown_{i,t},\ M_{i,t},\ X_{i,t})+\mu_{i,t}$$

其中，$Poverty_{i,t}$代表农村贫困程度，在这里采用贫困深度(PG)来衡量，$coretown_{i,t}$代表核心城市化水平，$secondtown_{i,t}$代表二级城镇化水平，$M_{i,t}$为中介变量，$X_{i,t}$为控制变量，$\mu_{i,t}$为随机扰动项。由于影响农村贫困的因素和通过城镇化影响农村贫困的作用机制不发生改变，所以在这里选取的中介变量和控制变量与前面的一致。

2. 变量的选取与数据来源

由于人口城镇化率反映了劳动力要素在城镇地区的集聚程度，对贫困劳动力就业和收入水平的提升具有积极作用，因此选用人口城镇化率来衡量城镇化水平。由于城镇包括大城市和小城镇，因此，除了总体的城镇化率外，

还有核心城市化率以及二级城镇化率。第二章分析了总体城镇化率对农村贫困的影响，本章进一步分析核心城镇化率和二级城镇化率对农村贫困的影响。其中，核心城镇化率=城市人口/总人口，二级城镇化率=城镇人口/总人口。各地区的总人口、城市人口、镇人口、乡村人口来源于《中国人口和就业年鉴》，其余的变量与第二章一致，这里就不再详细介绍。

（二）相关性检验

为了增强数据的平稳性，要对各变量进行对数变换，下面的检验以及回归分析采用的都是对数转换后的数据。同样考虑到内生性问题，我们采用系统 GMM 估计方法进行回归分析，在进行检验之前，先做相关性检验，各解释变量的相关系数见表 3-5。

表 3-5　解释变量的相关系数

	核心城市化率	二级城镇化率	收入结构	社会保障	人力资本	基础设施	固定资产投资	非农从业人员	农业生产率
核心城市化率	1.000								
二级城镇化率	-0.389	1.000							
收入结构	0.290	0.037	1.000						
社会保障	0.162	0.401	0.365	1.000					
人力资本	0.485	0.218	0.329	0.671	1.000				
基础设施	0.192	-0.016	0.56	0.374	0.342	1.000			
固定资产投资	-0.217	0.073	0.129	0.092	-0.095	-0.111	1.000		
非农从业人员	0.369	0.211	0.734	0.300	0.297	0.495	0.009	1.000	
农业生产率	0.297	0.461	-0.011	0.591	0.664	0.352	-0.248	0.153	1.000

从表 3-5 中可以看出，各解释变量的相关系数都小于 0.7，说明解释变量之间没有明显的相关性，同时也可以看出，核心城市化率与二级城镇化率的相关系数为-0.389，说明核心城市的发展与二级城镇的发展具有明显的负相关关系，两者是相互替代的。

图 3-1 是不同城镇化模式与农村贫困状况的散点图和拟合曲线示意图。从图中可以看出，核心城市人口比重和二级城镇人口比重与农村贫困呈现出负相关关系。

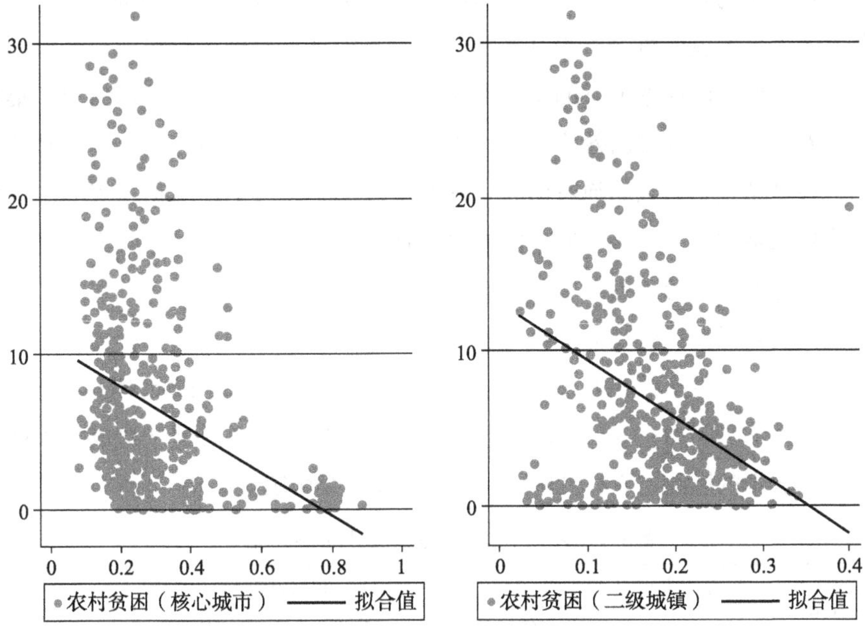

图 3-1　不同城镇化模式与农村贫困状况的散点图和拟合曲线

（三）城镇化模式农村减贫效应的整体分析

为检验假说 1 和假说 2，分别对各省区市的核心城市化率、二级城镇化率和农村贫困的关系进行实证检验，判定不同的城镇化模式对农村减贫的影响，结果见表 3-6。方程（1）列是仅加入了核心城市化率和二级城镇化率的基本方程回归结果，方程（2）、方程（3）列是加入了中介变量的扩展方程回归结果，方程（4）、方程（5）列是加入了中介变量和控制变量的回归结果。从表中不难发现，所有模型 AR（1）和 AR（2）的检验结果表明模型不存在序列相关问题，而且 Sargan 检验结果也表明模型选取的工具变量都是有效的。同时还可以看出，滞后一期和滞后二期的被解释变量的系数都显著为正，说明贫困具有延缓性，与贫困恶性循环的原理一致。

从回归结果看，无论是核心城市化还是二级城镇化的发展，都有利于农村贫困的减少。城镇化的发展促使劳动力由农村转移到城镇，并改变着他们的生产方式和生活方式，提升了全社会的生产效率，增加了劳动者的工资收入。此外，城镇化的发展促进了生产要素在城镇地区的集聚。要素集聚通过生活成本效应会产生正的外部性，并通过知识溢出产生集聚经济和规模经济，为低收入者创造了大量的就业机会，为其增加收入、减缓贫困起到了积极作用，但同时也带来了他们生活成本上升的负外部性。由于核心城市和二级城镇的要素集聚程度、对农村地区的溢出效应不同，因此对农村减贫效应也存在差异。具体而言，二级城镇化率系数的绝对值大于核心城市化率系数的绝对值，表明二级城镇的农村减贫效应大于核心城市的农村减贫效应。这可以从以下几方面进行解释：①核心城市对劳动力的要求比较高，更倾向于半熟练和熟练的工人，而二级城镇一般对低技能劳动力的需求比较大，符合农村转移劳动力学历低、技能低的特点；②相对于核心城市，二级城镇的失业率比较低，因此对于农村贫困人口有更大的吸引力；③二级城镇距离农村地区较近，考虑到迁移成本和社会关系变更成本的影响，农村贫困人口倾向于在二级城镇就业。

表 3-6　不同城镇化模式对农村贫困的影响

解释变量	基本方程	扩展方程			
	(1)	(2)	(3)	(4)	(5)
滞后 1 期贫困强度	0.536*** (56.65)	0.576*** (31.21)	0.587*** (28.15)	0.546*** (18.78)	0.545*** (12.33)
滞后 2 期贫困强度	0.152*** (16.11)	0.168*** (16.62)	0.162*** (7.67)	0.136*** (7.12)	0.211*** (8.32)
核心城市化	-0.261*** (-8.67)	-0.344*** (-3.51)	-0.171* (-1.93)	-0.215** (-2.05)	-0.294** (-2.36)
二级城镇化	-0.344*** (-11.01)	-0.326*** (-5.10)	-0.360*** (-6.44)	-0.220*** (-2.68)	-0.313*** (-3.08)
社会保障			-0.789*** (-2.84)	0.067* (1.89)	0.089** (2.32)
人力资本			0.006 (0.11)	0.006 (0.14)	0.061 (1.04)
收入结构		-0.771*** (-5.28)	-0.722*** (-5.22)	-0.589** (-2.01)	0.608 (1.64)
基础设施		-0.163*** (-4.12)	-0.313*** (-5.82)	-0.219*** (-3.33)	-0.235** (-2.44)

续表

解释变量	基本方程	扩展方程			
	(1)	(2)	(3)	(4)	(5)
固定资产投资					-0.201*** (-3.17)
农业生产率				-0.313*** (-3.48)	-0.309** (-2.54)
非农从业人员					0.196*** (3.08)
常数项	-0.748*** (-7.31)	-1.019 (-1.38)	-1.014* (-1.84)	1.866 (1.18)	2.061 (1.06)
N	496	496	496	496	496
AR(1)	0.005	0.005	0.004	0.005	0.004
AR(2)	0.921	0.915	0.9341	0.912	0.634
Sargan	0.256	0.313	0.578	0.912	0.542

注：***、**和*表示估计结果分别在1%、5%和10%的水平上显著；括号中的数值为估计结果的t检验值。AR(1)、AR(2)与Sargan检验输出结果为P值。

（四）城镇化模式农村减贫效应的区域性差异

从上面的分析可以看出，中国二级城镇化模式更有利于农村贫困的减少，但二级城镇的发展会因其要素集聚程度不高导致低效率的产出和低的要素回报率，采取单一的发展方式不利于资源利用效率的提高。而且中国各区域的发展状况差异较大，根据区域的实际情况制定相应的发展战略具有重要的现实意义。下面对不同区域城镇化模式的农村减贫效应进行分析，同样，受到样本容量的限制，我们采用固定效应模型进行面板估计，估计结果见表3-7。从表中可以看出，不同地区核心城市和二级城镇对农村贫困减缓的作用有所差异。东部地区的二级城镇发展更有利于农村贫困的减缓，而中部地区和西部地区的核心城市的发展更有利于农村贫困的减缓，原因在于过去东部地区重点发展集中型城镇化，并出现了一批大城市和城市群，然而现在东部地区的大城市进入高成本阶段，城市扩张的成本远远超过了要素集聚所带来的规模收益，城镇化效率下降趋势明显，因此东部地区不应再注重城市规模扩张，而要更加注重城镇化内涵的发展。事实上，在东部地区进行小城镇建设，不仅能够克服资源环境压力和要素价格上涨的困难，而且同样能够加速人口和经济的集聚，形成小范围内的区域中心。此外，小城镇是连接城市和乡村之间的重要节点，对于促进城乡要素资源的流动和配置、实现城乡一体化发展和农村贫困减少具有重要意义。而中部地区和西部地区则相反，尤其是西部地区人口稀少，城镇化建设水平还比较落后，城市规模小，规模效应和集聚效应不足，对周边地区的辐射能力较弱是城镇化建设的主要问题。因此，中部地区和西部地区应该加快大城市的发展，增加大城市的数量和规模。

表 3-7　分区域城镇化模式对农村减贫效应的检验结果

解释变量	东部地区		中部地区		西部地区	
	(1)	(2)	(3)	(4)	(5)	(6)
核心城市化	-2.635*** (-3.22)	-1.388*** (-2.88)	-1.707*** (-5.48)	-1.203*** (-2.68)	-1.751*** (-3.32)	-0.496* (-1.88)
二级城镇化	-3.214*** (-3.51)	-1.727** (-2.09)	-1.627*** (-12.42)	-0.588*** (-3.65)	-1.489*** (-9.49)	-0.195 (-0.90)
收入结构		-1.112** (-2.03)		-1.478*** (-3.88)		0.290 (0.83)
社会保障		-0.074 (-0.41)		0.066 (0.75)		0.093 (1.07)
人力资本		-0.571** (-2.50)		-0.047 (-0.49)		-0.085 (-0.51)
基础设施		0.268 (0.98)		-0.350 (-1.60)		-0.648*** (-3.08)
固定资产投资		-0.002 (-0.01)		-0.271 (-1.51)		-0.439* (-1.84)
非农从业人员		-0.933** (-2.34)		0.266 (1.23)		-0.037 (-1.25)
农业生产率		-0.211 (-0.62)		-1.125*** (-4.62)		-0.926*** (-3.27)
常数项	-4.826*** (-3.23)	8.593** (2.05)	-3.798*** (-6.81)	7.561*** (2.89)	-2.028*** (-4.31)	10.95*** (3.99)
N	198	198	144	144	216	216
R^2	0.219	0.361	0.607	0.805	0.361	0.631

注：***、**和*表示估计结果分别在1%、5%和10%的水平上显著；括号中的数值为估计结果的 *t* 检验值。

第四章

结论与对策建议

第一节　结论

城镇化是经济增长的新动力，也是缓解农村贫困的重要途径，深入研究城镇化与农村贫困的关系具有重要的理论和现实意义。本文通过梳理城镇化和农村贫困的相关理论，详细剖析了城镇化对农村贫困的影响机制，运用世界银行网站提供的 POVCAL 软件测算了中国农村贫困水平，从城镇化对农村贫困的影响大小、作用机制，以及城镇化发展模式选择等方面实证研究中国城镇化进程与农村贫困之间的关系。并得出了以下主要结论。

第一，通过对城镇化与农村贫困的理论推导表明，城镇化与农村贫困呈现出“U”形关系，存在一个最优的城镇化发展水平，使城镇化的农村减贫效应最大。在达到最优水平前，城镇化的发展能够减缓农村贫困，超过这个最优水平，城镇化的发展不利于农村贫困减缓，这一结论得到了实证检验的验证。同时，分区域的检验结果表明三个区域的城镇化发展均有利于农村贫困的减少，但作用大小存在差异，中西部地区城镇化发展水平对农村贫困减缓的作用较大，而东部地区城镇化发展水平对农村贫困减缓的作用较小。

第二，从理论模型和实证检验角度分析了城镇模式与贫困减缓的关系，结果表明：不同城镇化模式会产生不同的集聚外部性和转移成本，对城乡居民的溢出效应也存在差异，无论是核心城市的发展还是二级城镇的发展，都有利于农村贫困的减少，但从系数的绝对值来看，二级城镇发展的减贫效应要大于核心城市发展的减贫效应。分区域的回归结果表明，东部地区的二级城镇发展更有利于农村贫困的减缓，而中部地区和西部地区的核心城市的发展更有利于农村贫困的减缓。

第二节 对策建议

一、深化对城镇化发展的认识

城镇化建设不仅是农村人口转化为城镇人口的过程，也是消除二元经济结构，促进农村地区发展，减少农村贫困的过程，因此要科学认识城镇化发展，大力实施符合我国国情的城镇化发展战略，积极稳妥地推进城镇化进程。

（一）发挥市场引导和政府调控的双重作用

在经济社会发展过程中，市场具有调节资源优化配置的作用，体现了效率优先的发展原则。但市场这只看不见的手也有失灵的时候，会引起经济社会的无序竞争，这时就需要政府这只有形的手进行宏观调控。由于城镇化进程不仅仅是农村人口转移到城镇地区，更涉及社会结构变迁、产业结构调整、城镇合理布局以及城乡协调发展等重大问题，是一场深刻的社会大变革，要与经济社会协调发展，因此，推动城镇化有序健康地发展，需要市场引导和政府调控的双重作用，比如自由蔓延的城镇化会造成资源的浪费和环境的污染，而过于集中的城镇化又会牺牲农业农村的发展，不利于缩小城乡发展的差距。西方国家政府调控下的市场主导型城镇化为我国城镇化的发展提供了借鉴，即不仅要促进市场资源配置的功能，同时政府还要制定相应的政策条例、法律法规进行调控，将市场引导和政府调控有机结合起来，有序推动城镇化进程。

（二）协调城镇化与农业农村发展关系

城镇化进程的关键问题是处理好城乡之间的关系，城镇化的发展必然要求与农业、农村的发展相协调。农业的发展是城镇地区生活资料和生产资料的重要来源，城镇的发展能够为农业的发展提供先进的技术、设备，促进农业、农村的发展，两者之间相互影响、相互促进、不可分割。如果城镇化进程中，重视城市的发展而忽略农村的发展，则会导致农业经济发展落后，农村贫困人口增多，这些贫困人口涌入到城市地区会产生一系列社会问题。发达国家的经验表明，当城镇化的发展与农业农村的发展相互协调时，城镇化才得以持续健康地进行。只有完善的农村基础设施、先进的农业机械设备、良好的农村教育水平，才能保证农村对城市劳动力和农产品的供应能力，才能促进城镇地区的发展。因此，城镇化的发展离不开农业农村的发展，农业的基础地位不能动摇，在城镇化进程中形成良好的城乡互动关系。

（三）处理好城镇化与工业化发展关系

城镇化与工业化具有共生的关系，工业化是城镇化的根本动力，城镇化是工业化的必然结果。工业化的发展不仅加快了大机器设备的生产，而且还促进了分工的日益精细，一方面，大机器设备的生产提高了农业生产率，解放了大量的农村劳动力，另一方面，创造了大量的就业岗位。换句话说，工业的发展打破了农村自给自足的经济模式，使得大量的资本和人口在城市高度集中，城市规模不断扩大。此外，城镇化的发展促进了大量人口在城镇地区的集聚，增加了对工业用品的需求，进一步促进了工业化的发展。由此可见，城镇化发展与工业化发展是相互促进的。世界城镇化进程发展经验也表明，工业化极大地推动了城镇化发展。目前，发展中国家都处于工业化发展初期或中期阶段，对城镇化的发展具有巨大的推动作用。

二、消除城镇化发展制度障碍

良好的制度环境是保证新型城镇化顺利实施的重要基础，而现有的土地制度和户籍制度还很不健全，严重影响了新型城镇化的进程。因此，要进行彻底的机制体制改革和创新，顺利推动农村剩余劳动力向城镇地区的转移。

（一）加快户籍制度改革

加快户籍制度改革是党的十九大部署的一项重要改革，是实现农业转移人口“城市梦”，推进新型城镇化建设的重大举措。长期的户籍分割制度阻碍了农村剩余劳动力的流动，只有消除户籍制度障碍，才能使农村转移人口享受到和城镇居民一样的福利待遇，才能更好地促进城镇化的发展。打破二元结构的藩篱，加快户籍制度改革要着眼新型城镇化的户改新政，推出符合社会发展需要的新型户籍制度，通过采取差异化的落户政策，逐步推进农村转移人口的市民化。①采取差异化的落户限制。对小城镇不设置或设置较低的落户门槛，有序放开中等城市和部分大城市的落户限制，对于北、上、广、深等特大城市要严格限制人口规模，防止“城市病”的进一步发展；②建立城乡统一的户口登记制度。消除农村转移劳动力进城的身份障碍，实现城乡劳动力市场的统一以及城乡居民享受公共服务等方面的机会均等。

（二）建立和完善农村土地产权制度

要以市场为导向，创新土地制度。通过土地制度改革，实现土地资源的有效配置是新型城镇化建设的重要内容。目前需要进一步健全土地产权制度，发挥市场机制的调配作用，提高土地的利用率，提升城镇化发展的效率。①明晰土地产权。农村土地产权模糊使土地很容易被政府控制，而农民则处于被动地位，从而在土地流转过程中农民的合法权益屡遭侵害。因此，为保护农民的合法权益，必须要对农村土地产权进行明晰，界定并赋予农民对土地的权利，打破政府对土地的垄断控制局面，让农民真正实现对土地的产权，共享城镇化建设带来的红利。②规范土地征用行为。在保证耕地红线不动摇的前提下，严格确定国家公用事业征地范围，保证征用土地用于公共服务建设。同时还要实行土地征前的公示和听证制度，确保被征地农民享有征地的知情权和参与权。③完善征地补偿制度。根据土地资源的开发利用程度和市场价格确定合理的补偿标准，并采用现金补偿和社保补偿相结合的方式对被征地农民进行补偿，使被征地农民既有衣食可用，又能纳入社会保障体系，维护其当前利益和长远利益。④完善土地流转市场。参与流转的土地是依法获得承包经营权的土地，可通过出租、转让、抵押等方式进行土地流转，但流转后的土地不能改变农用地用途。而且，土地流转的主体是土地的承包方，承包方要根据自愿、有偿的原则自主决定土地流转的时间、方式以及费用等。

（三）完善农民工社会保障制度建设

虽然我国城镇的各项社会保险已经向农民工开放，使农民工可以享受到与城镇职工享受相同的待遇和福利，但由于农民工的收入比较低，而且就业流动性强，他们参与社会保障的比例还比较低。因此，要根据农民工的实际情况，针对性地解决农民工的社会保障问题，争取将全部农民工纳入社会保障范围。对于在城镇地区工作一年以上，具有相对稳定的工作和收入的农民工，将优先将其纳入社会保障范围；对于在城镇地区工作一年以下，就业和收入都不稳定的农民工，应优先解决其工伤保险和重大疾病医疗保险等急迫难题。同时，还要积极探索出适合农民工的低费率、广覆盖的养老保险办法，并进一步解决完善农民工社会保险跨区转移问题，使流动农民工的社会保障权益不受侵害。此外，还要关注农民工的住房困难、子女上学等问题，通过建设经济适用房、廉租房等方式保证农民工的住房供给。

三、优化城镇空间布局

在城镇化发展进程中，各地区虽然也都制定了城镇化发展规划，但这些规划并未考虑到城市特色，而且缺乏科学有效的发展细则和建设管理，制约了城镇化的健康可持续发展。从城镇化发展模式对农村贫困影响的测算结果来看，城镇化发展模式存在着明显的区域差异，因此，应该因地制宜地推动城镇化的发展，并从以下几方面入手。

（一）采取特色化、多元化的发展模式

通过对发达国家城镇化发展模式的梳理可以看出，国外城镇化的发展模式各具特色，具有较强的多样性特点。而我国地域辽阔，人口众多，且各地区发展差异较大，因此，我国城镇化的发展更应避免采用单一的发展模式，要根据各地的实际情况，因地制宜地制定发展战略，实现多样化的发展。首先，从宏观层面科学合理地规划与地区发展状况相适应的城市布局，充分发挥大、中、小城市的相补作用，合理确定各类城市的发展规模、功能定位等，使其与本地产业的发展紧密结合。其次，要根据新型城镇化总体规划的指导，对各地区的自然资源、生态环境进行合理的评估，科学估算出本地区新型城镇化的环境资源承载能力，并确定一个合理的城镇化发展规模，实现人与自然、环境的协调发展。再次，根据不同区域的发展状况，选择合理的发展模式。东部地区和中部地区经济发展比较好，大城市的承载力度已经相对较高，为避免城市病问题的出现，应该在优化结构、提高效益和保护生态的基础上重点发展小城镇，同时要增强自主创新能力，实现经济的转型升级，并利用区位优势，有序实现产业向西部地区的转移，带动全国地区的产业结构升级。西部地区的经济发展水平和城镇化建设水平相对比较落后，但具有较强的潜力，西部地区地广人稀，中心城市相对较少，而且对周边地区的辐射能力也不够，因此西部地区要以大城市建设为重点，提升城镇化水平。此外西部地区承载着重要的农业生产和生态涵养功能，因此要彻底改变城镇化低效、无

序扩张的发展模式，严格保护各种生态环境资源，促进城镇化有序和合理的发展。

（二）构建合理的城镇体系

在城镇化进程中，形成一个包含大、中、小城市，结构合理、功能协调的城镇体系，对城镇化的持续健康发展具有重要的意义。城镇体系中的每一类城市都有自己独特的优势，对城镇化的发展起着不同的作用。如大城市具有较强的集聚效应和规模效应，能够大范围地辐射周边地区，承担中心地区与周边地区发生交易的功能。中小城镇是大城市与农村地区的连接点，通过中小城镇，不仅能够使农产品和农村劳动力资源转移到大城市，而且能够将大城市的资金、设备、人才运输到农村地区，促进农村地区的发展。有些发展中国家的城镇体系设置不合理，阻碍了城镇化进程。如拉美的部分国家大城市地位特别高，几乎承担了全国的工业生产，而中小城市发展不足，这种城镇体系结构缺乏必要的中间节点，导致大城市的资金、信息、技术无法有效地向周边地区扩散，限制了大城市在经济发展过程中的辐射带动作用。而我国是具有典型二元经济结构特征的国家，城乡发展不可有失偏颇，需要构建“大城市—卫星城—小城镇”的城镇网络体系，以大城市建设为中心，实现组团式的发展模式，这样不仅有利于发挥大城市的辐射效应，也能够把小城镇发展纳入到城市圈中，缩小区域差距和城乡差距。

2

第二部分

土地流转与农村相对贫困

第五章

引言

第一节 研究背景及意义

中国作为世界上最大的发展中国家，贫困问题尤其值得关注。在中国政府的带领下，经过一系列的扶贫开发工作，我国的减贫工作取得了重大的成就，并努力在2020年消除绝对贫困，成为减贫史上历史性的突破。但这并不意味着我国的贫困治理工作已经结束，我国仍处于社会主义初级阶段，农村低收入人数较多，地区发展不平衡、不充分的问题仍长期存在。党的十九届四中全会提出“坚决打赢脱贫攻坚战，建立解决相对贫困的长效机制”，意味着我国反贫困的重心由摆脱绝对贫困向解决相对贫困转变。长期以来，农村地区一直是脱贫攻坚的主战场，土地作为农业生产的关键，不仅是农业生产要素，也是农民重要的资产，具有社会保障等多重功能。1978年开始实行的家庭联产承包责任制，使农户获得了相对独立的土地经营权和收益权，极大地提升了农民生产的积极性，促进了农业产出，解决了温饱问题。但伴随着工业化、城镇化的快速发展，以家庭联产承包责任制为中心的土地经营方式带来的收益日渐枯竭，并产生了一些新的问题，如土地零散化经营难以实现机械化生产、农业产业组织化程度低、农业生产效率低下等。针对这些问题，经济学家和政策制定者认为土地流转能够提升农业生产效率，增加农民收入，转入土地的农户能够实现土地的规模化集约化生产经营，转出土地的农户能够从农业生产中解放出来，从事生产效率更高的非农生产，土地流转通过优化土地、劳动力资源的配置，有效提升农民的收入水平，因而被认为是继家庭联产承包责任制后农村土地制度改革的必然选择（史常亮，2018）。1984

年，《关于一九八四年农村工作的通知》的发布，标志着政策上对农村土地流转的松动。1988 年颁布的《中华人民共和国宪法修正案》和《中华人民共和国土地管理法》为农村土地流转提供了法律依据。2003 年颁布的《中华人民共和国农村土地承包法》进一步具体地规定了土地流转的主体、原则、方式等，标志着我国的土地流转步入规范化、制度化。此后，国家又出台了多项政策文件推动农村土地流转的发展，如 2008 年的《中共中央关于推进农村改革发展若干重大问题的决定》，2014 年的《中共中央国务院关于全面深化农村改革加快推进农业现代化的若干意见》，2016 年的《关于完善农村土地所有权承包权经营权分置办法的意见》，2017 年、2018 年、2019 年的中央一号文件也均提出通过经营权流转、股份合作等多种方式积极发展适度规模经营，构建培育新型农业经营主体的政策体系。这些文件的出台极大地促进了土地流转市场的发展。土地流转能够优化土地、劳动力、资金等资源的配置，提升农业生产效率，增加农民收入(Lu 和 Xie，2018)。但是，土地流转的收益在农村居民内部的分配未得到足够重视，土地流转是否影响了农村居民的相对贫困，如果有影响，是纾解了还是加剧了？对这一问题的回答，有助于为农村相对贫困问题的解决提供参考和借鉴。

第二节　相关文献回顾

土地流转通过让“耕种者有沃土，务工者无羁绊”重新配置了土地资源，实现了土地价值增值。从理论方面，无论是土地转出方还是转入方，都能够实现收入水平的提高。近些年，有不少学者围绕土地流转的收入效应进行了相关研究，并得到了较为丰富的成果。

一、土地流转与农民收入的关系

Jin 和 Jayne(2013)对肯尼亚的研究表明土地流转能够同时增加转入家庭的人均收入和总收入。刘魏、王小华(2019)利用中国家庭追踪调查数据分析了土地流转对农村贫困户的影响，得到了以下的研究结论：土地流转通过提升农户收入水平、改善农村教育、医疗卫生、住房等条件减缓农村贫困的，无论是土地转入和转出，均有助于减缓农村贫困。王春超(2011)认为土地和劳动力资源的市场化对提高农户收入水平具有重要作用。李中(2013)运用双重差分模型对邵阳市调查数据的研究表明，参与土地流转的农户在地租收入、非农务工收入以及农村居民人均纯收入方面均高于未参与土地流转的农户。史常亮、栾江、朱俊峰(2017)基于农户微观调查数据的研究表明，土地流转能够优化土地资源配置，提升农户的收入水平。冒佩华、徐骥(2015)选用2000年6个省中的29个县大约200家农户和2012年21个省中的30个县的调研数据，采用ATE和ATT方法实证分析土地流转与农户家庭收入增长之间的关系，研究发现参与土地流转的家庭平均收入比未参与土地流转的家庭平均收入显著增加。这种收入增长是因为农民参与非农生产获得，以及机械化生产使农业生产效率提高，因而土地流转提高了家庭的收入。尹晓红、田传浩(2016)使用双重差分法分析土地流转给农民收入带来的影响，研究发现土地流转后，不论是参与土地流转还是没有参与土地流转的农户，家庭收入都有所增长。由此得出结论，土地流转可以促进农户总收入的增长。李犁(2015)认为，农民收入增加可以分为两个方面：对于土地流出方来说，由于土地被承包，劳动力得到释放，这部分劳动力进城务工或进入农业合作社工作，从而增加工资性收入；对于土地流入方来说，大量租入土地可以形成一定的规模，从而进行统筹规划，使用机器生产提高生产效率，家庭经营性收入增加，进而增加收入。从原因上来看，农业补贴、土地价值等是土地承租方追求的利益价值，而城市的就业机会和工资水平又是土地出租方从事非农生产的原因。无论是土地承租还是土地出租都能够提高农户收入水平，并降低农村贫困发生率(陈飞、翟伟娟，2015)。

然而也有学者得出了不一致的结论，如姜松、王钊(2012)的研究认为土地流转不仅不能够增加农户收入，反而抑制了农户收入水平的提升。曹瑞芬、张安录(2015)认为土地转入和转出对农户家庭收入结构的作用路径不一致，对土地转入户和土地转出户分别进行了研究，结果表明土地流转能够增加土地转入户的收入水平，而对土地转出户的收入变化并不显著。

二、土地流转促进农民增收的途径

关于土地流转影响农民收入的途径，学者提出了不同的观点。李犁(2015)认为增加农民收入的途径有两种，一种是工资性收入，一种是经营性收入，并使用SPSS软件实证分析2002—2012年全国31省区市341组数据，发现土地流转通过工资性收入途径增加农民纯收入的效果明显，因为土地流转释放了大量劳动力，他们将土地转出以后，在本地或外地继续从事农业生产获得工资，也会向城乡转移从事非农生产来取得收入。贾庆英(2012)详细介绍了农村土地流转对非农收入的影响途径，主要有促进剩余劳动力转移、提高财产性收入和土地流转的辐射效应三个途径。随着生产技术和机械化水平的提高，农业生产所需劳动力减少，并且农业生产具有较强的季节性，不能常年工作，所以土地流转释放了大量的农村劳动力，使其转移到非农生产。土地流转会支付给农民地租，土地是农民财产的一部分，因而土地流转会增加农民财产性收入。土地的集约化、规模化生产增加了从事农业生产农民的收入，也增加了从事非农生产的农民的工资性收入，农民收入的提高会带来消费需求，这又促进了非农产业的发展。

刘鸿渊、陈怡男(2014)认为，土地流转能否促进农民的收入可持续增长取决于两个重要的因素：①农地经营公司的组织形态；②企业家才能。近年来，各地政府通过引入资本来控制土地的集约化经营，集体流转会成为未来的主流方向，那么组织经营形式以及效率问题就成了研究土地流转和农户收入的关键性问题。现有的农地集体流转的组织形式，主要一种是在政府的主导下农民将自己承包的土地又租给农业经营组织进行生产，或者是散户直接与经营组织签订合同，村集体进行监督。这样看来，农地经营组织的经营状况和其利益分配方式对农民的收入有着重要影响。如果农地经营组织的决策看重短期利益，由于利润最大化原则，经营组织可能会降低分红比例，农民很有可能只会得到固定地租，其收益增长的目标难以实现。如果是长期利益导向，经营组织会稳定分红比例，这样农民的土地流转收入与经营组织的利益会形成动态均衡。另一种组织经营形式是村集体，其“代理人”职能是否履行，对于收益增长问题是关键性的。企业家只有搜集到足够的市场信息、预测行情，具有关系构建和沟通能力，实行高效策略管理组织，才能充分发挥农业经营公司的优势。

三、土地流转影响农民收入的“非对称性”

大量学者在研究土地流转对农户收入效应的同时，其对农户内部的收入分配差距问题也逐渐得到重视。由于土地流转能够改变农业生产过程中的要素分配格局，产生的要素再分配效应，影响着农户内部的收入差距和相对贫困。由于农户自身拥有的资源的差异，会使他们从土地流转中获取的收益并不相同，产生了“非对称性”影响(史常亮，2019)。冒佩华、徐骥(2015)认为土地流转的收入效应具有“非对称性”特征，土地转出的家庭收入增长要高于土地转入家庭，土地面积对转出户的收入影响不显著。受到市场和土地的价值标准等因素影响，土地的租金较低，不能成为转出户收入增长的主要动因。对于转入户，土地面积对家庭收入的影响大，所以他们需要持续提高生产率和生产技术，从而增加家庭收入。转出户的家庭收入增长幅度高于转入户，说明我国的非农工资收入高于农业经营收入；并且对于愿意从事农业活动的转入户来说，其无法租入足够的土地面积，土地流转的规模效应并不能体现，所以持续推动土地流转才能更好地提高转入户的家庭收入。尹晓红、田传浩(2016)分析了土地流转对转出户和转入户、参与土地流转和不参与土地流转农民的各种收入造成的变化，发现转入户的总收入和农业收入增长比转出户高，受雇工资收入和个体私营收入明显降低；参与土地流转的农民的农业收入比未参与土地流转的农民减少，而受雇工资和个体私营收入提高。

一些研究也证实了土地流转是一个阶层竞争的问题，越是高阶层的农户越有机会和权力选择土地流转，从土地流转中获得的收益也越多(冷智花、付畅俭、许先普，2015；田先红、陈玲，2013)，而那些较低阶层的农户受到能力、资源的限制，进入土地流转市场的机会低，而且从土地流转中获取的收益也很小(田传浩、贾生华，2008)。肖龙铎、张兵(2017)对江苏省农村地区调查数据的研究表明，由于农村社会异质化程度的不断加大，土地流转对不同收入阶层的农户收入产生了不同影响，土地流转对高收入农户带来的收入增长程度要大于低收入农户的收入增长程度，增大了农村居民内部的收入差距。朱建军(2015)利用倾向匹配得分对中国健康与养老追踪调查数据的研究发现，土地流转加剧了农户收入的基尼系数。也有学者从土地转入和转出视角进行分析，如郭君平、曲颂、夏英、吕开宇(2018)利用分位数模型分析了土地流转的收入效应和收入分配效应，得出以下结论：土地转入有助于不同收入阶层农户的增收，但是高收入农户获得的收益更多，而土地转出则仅有利于低收入农户的增收，具有缩小农户收入差距的作用。

四、文献评析

综合现有研究可以看出，多数学者分析了土地流转的收入效应及收入分配效应，但是关于土地流转对农村相对贫困的研究还比较缺乏，而且现有研究主要是从微观农户视角进行分析，从宏观地域视角分析的研究较少。由于微观调查数据种类繁多，覆盖范围不均，不能够准确反映全国发展状况，为此，本书从宏观角度出发，研究土地流转对农村相对贫困的影响。第二部分主要作出以下几方面贡献：①根据农村居民收入分组数据，利用世界银行PovcalNet软件对全国农村地区的相对贫困水平进行测度，并进行比较分析；②分别从土地流入、土地流出方面理论分析了土地流转对农村相对贫困的影响；③采用省级面板数据实证检验了土地流转对农村相对贫困的影响。

第三节 研究方法

本研究主要采用文献研究法、比较分析法、定性分析与定量分析相结合对中国土地流转与农村相对贫困的作用机制与应对策略进行较为系统深入的研究。

第一，文献研究法。拟通过查阅、搜集相关文献和著作，梳理已有研究理论、研究方法和主要结论，丰富研究理论基础，不断完善研究方案和研究技术路线。

第二，比较分析法。在对中国农村相对贫困现状方面，从时间维度和地区维度对比中国农村相对贫困变化状况；在对中国农村相对贫困水平测算部分，第二部分拟采用不同的相对贫困线标准比较分析在不同的相对贫困线标准下的相对贫困人口比率；在各省区市农村相对贫困变化程度分析方面，通过对相对变化程度进行等级划分，比较分析不同省区市农村相对贫困变化程度。

第三，定性分析与定量分析相结合。在对国内外相关文献总结基础上，对土地流转、相对贫困等相关理论进行分析，并提出研究假说。进一步采用计量模型包括固定效应模型、动态GMM模型、空间杜宾模型等对相关理论假说进行实证检验。通过定性分析与定量分析相结合，对土地流转影响农村相对贫困的作用机制及应对策略进行全面评估与判断。

第四节 研究内容及创新点

一、研究内容

在吸收借鉴国内外学者关于土地流转和贫困已有研究的基础上，立足于构建社会主义和谐社会，努力实现减缓相对贫困的目标，运用发展经济学、区域经济学相关理论，分析了土地流转与相对贫困的现状，阐述了土地流转影响相对贫困的作用机制，并构建计量模型对土地流转影响相对贫困的效应进行实证检验，最后提出了土地流转影响相对贫困的应对策略。

第二部分共分为四章，各章节的主要内容如下。

第五章是引言，首先介绍了研究背景和研究意义，以此引出本部分所要研究的内容。其次，梳理了国内外土地流转和相对贫困的相关文献资料，主要从土地流转对农户收入影响、土地流转促进农民增收的途径、土地流转影响农民收入的“非对称性”等方面综述了土地流转影响相对贫困的理论和实证研究。通过对这些文献的梳理和总结，为分析土地流转影响农村相对贫困的机制奠定了理论基础。最后，从研究方法、研究内容和技术路线对文章作一个总体规划，并从选题角度、数据选取、统计方法等方面阐述了文章的创新点及不足之处。

第六章是土地流转和农村相对贫困的现状分析。从土地流转的发展历程和土地流转的状况、土地流转存在的问题分析了土地流转的现状，从农村相对贫困的概念测度中国各省区市农村相对贫困并进行对比分析，同时比较了不同相对贫困标准下各省区市农村相对贫困变化状况，进一步分析了农村相对贫困的时空格局。

第七章是土地流转影响农村相对贫困的实证检验。以研究假设为支撑，探索土地流转影响农村相对贫困的线性效应和空间效应，具体包括：①土地流转影响农村相对贫困的线性效应。利用动态面板系统 GMM 估计方法实证检验土地流转作用于农村相对贫困的线性影响；②土地流转影响农村相对贫困的空间溢出效应。立足于相对贫困和土地政策执行方面存在一定的空间相关性，基于空间视角，运用空间杜宾计量模型对土地流转政策下农村相对贫困的溢出效应进行分析，并进一步分析了空间溢出的总效应、直接效应和间接效应。

第八章为结论与对策建议。在前文理论分析与实证检验的基础上，凝练总结本文的研究结论并提出相关对策建议。

根据以上内容，第二部分设计了技术路线，如图 5-1 所示。

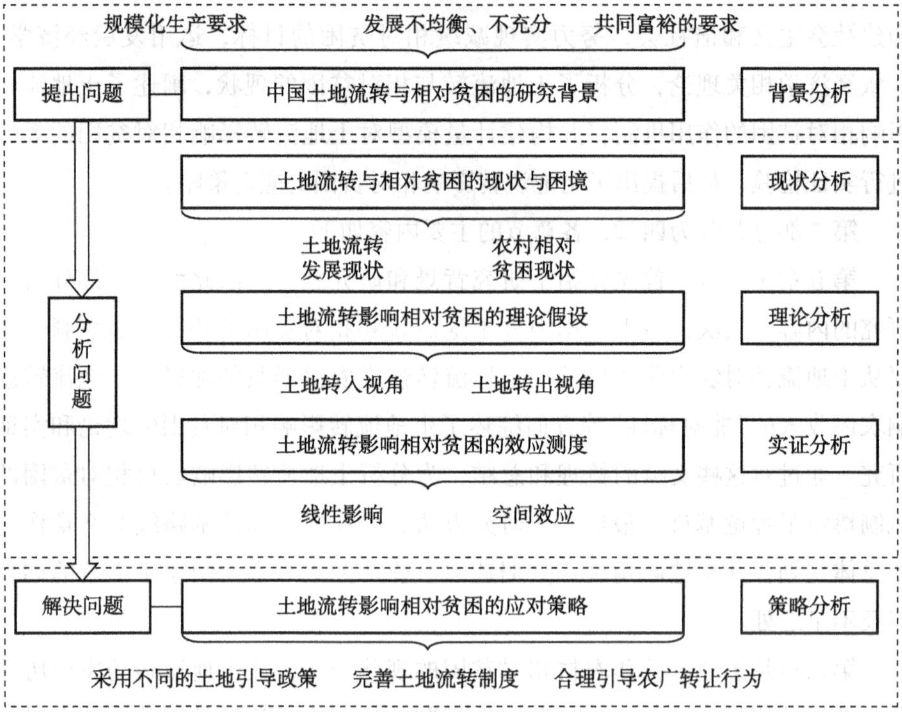

图 5-1　研究思路和技术路线

二、主要创新点

第二部分研究的创新之处主要体现在以下几个方面。

第一，研究视角的创新。研究将土地流转的影响纳入到相对贫困的研究当中，为考察相对贫困提供了一个新的视角，是对现有研究的有益补充；立足土地流转和相对贫困的内涵和理论基础，从土地转入和土地转出两个角度对土地流转影响农村相对贫困的作用机制进行系统分析，并从土地流转影响农村相对贫困的线性效应和空间效应进行实证检验。

第二，学术观点突破。研究通过对土地流转对农民收入、土地流转影响农民收入的“非对称性”等的梳理及实践效果分析，对相对贫困的内涵和外延进行系统阐释，并结合相对贫困的内涵构建农村相对贫困指标，系统地从理论层面对如何在实施土地流转政策下减缓农村相对贫困进行细致讨论。

第三，研究方法创新。研究突破已有研究仅从静态角度研究的局限性，综合利用了包括动态面板系统 GMM 估计、空间杜宾模型估计等在内的诸多学科较为前沿的研究方法，以更为系统、全面、动态的方式探究土地流转影响农村相对贫困的作用机制和应对策略。

第六章

土地流转与农村相对贫困的现状分析

第一节　土地流转发展现状

一、改革开放后土地流转政策变迁

改革开放后，我国的社会形态发生了剧烈的转变，这为土地流转的诞生和发展提供了基础条件。总体来看，改革开放后我国的土地流转发展过程经历了以下几个时期。

（一）萌芽发展阶段：生产责任制和家庭联产承包经营的确立（1978—1984）

1978 年，我国进行了农村土地改革，开始实施家庭联产承包责任制。这是我国在土地政策方面的一个巨大突破。在土地所有权归国家或集体所有的前提下，农民可以以家庭、农户为单位，获得一定面积的、某种规定类型的土地的承包经营权，这一过程是通过承包合同的签订来实现的，并靠契约维系。家庭联产承包责任制诞生之初的口号"交够国家的，留足集体的，剩下的都是自己的。"生动地反映了当时农民获得相应土地权利的现实。农民拥有了土地的各种权益，也就具备了将这些权利转让的基础。生产责任制的诞生正是赋予了农户土地的承包经营权，集体不再集土地的所有权及所有其他权力于己身，而是将土地的承包经营权授予了农户和家庭等独立的小生产单位。

然而由于"文革"的影响，到 1978 年时"分田单干""包产到户"的政策主张依然被否定并禁止，这在十一届三中全会通过的《关于一些重大问题决定（草案）》中可以找到清晰的阐述。但很快，进步的思潮就占据了上风。1980

年的《通知》首次明确阐述了“包产到户”“包干到户”的必要性，并强调了其对于恢复生产、组织群众、满足人民基本生存需求的不可替代的意义。这一变化也给包产到户赋予了基本完备的政策合理性。于是建立在家庭联产承包经营这一基础上的农村经济体制正逐渐形成，而先前的人民公社体制已分崩离析。

“包产、包干到户”之所以一开始没能被“正名”，根本原因在于其最初模糊的社会主义的性质，因此整个生产责任制最初都没能被党中央认可。直到1982年9月，中共十二大最终肯定了其社会主义的性质，此后“包产、包干到户”被全面接受并普遍推行。1983年，《当前农村土地政策的重大问题》颁行后，包干到户开始在全国范围内的农村普及，农户之间自发性的土地流转现象初具经营规模。

最初的农地流转，还不具备大规模性及大范围性，主要是较小规模的零星土地，以及临近的乡村邻里、亲友之间的相互流转，多是私下里偷偷进行的。此后，才逐渐在此基础上诞生了具有大范围性和有组织性的流转，同时诞生了很多新的流转形式，包括反租倒包、转包租赁、入股转让等。早期的农地流转具备了包产到户的雏形。20世纪80年代起，由于政策的改变及社会大环境的优化，多样化的农地经营方式在极短时间内迅速扩散到了全国各地。

农地流转的诞生一定程度上体现了农村社会经济的进步，也可以说土地流转是农村经济水平发展到一定程度、一定阶段后，才诞生了农地流转现象。农地流转是传统农业经营模式向现代化农业经营模式跨越的一个关键里程碑。

1978—1984年间，我国土地制度经历了历史性的转折，并先后历经了数个史无前例的土地发展过程，包括生产责任制、联产承包制、包产到户制、大包干制等。这些制度的诞生和发展为我国的农地流转制度的确立打下了坚实的基础，实现了改革开放以来土地产权发展的第一个历史性跨越，即农民从农村集体及国家手中获得了土地的承包经营权。

需要注意的是，农村土地家庭联产承包责任制是1978年前后确立的。但很多落后地区直到八十年代中后期也未能贯彻落实家庭联产承包责任制。即便是中央层面认可了该项政策，但完全实施却绝非一朝一夕可以实现。不可否认的是，这样的行为在今天看来，是非常超前并且先进的，可以大大促进生产效率的提升。然而在当时，这必然是“冒天下之大不韪”的。正因为如此，农地流转现象的逆生，恰恰说明了其自身的优越性，是当时农村的农地“市场”上由“看不见的手”自动创造出的先进模式。

（二）逐步发展阶段：土地流转逐步规范化（1984—1996）

家庭联产承包责任制作为农地流转的基础，于1984年得到了进一步的确立和巩固。1984年中共中央下发文件，要求农民的土地承包期十五年不变。土地承包期年限的延长，直接扩大了农民承包土地的家庭经营规模，从而创造了巨大的经济效益。

自1984年起，我国农地流转政策不断更新、几经变化。从对转包行为的承认，到合法化转让行为，再到土地流转的规范化建立。短短几年内，土地流转经历了若干阶段。1987年，土地一定面积的经营试验在我国东部部分地区被提上日程。在党中央的批准下，土地经营权的流转正式进入了考核期，并且一个重大意义的进步在于，传统家庭联产承包经营的桎梏被打破，即农地流转进入了第一个阶段——允许转包。

在农地流转走向规范化的进程中，农村经济体制改革是一个非常重要的因素。在社会主义市场经济体制建立之前，我国一直采取的是计划经济体制。1988年，新的《中华人民共和国宪法修正案》明确清晰地“禁止任何人（自然人、组织）以任何理由通过任何手段对土地实施非法流转的行为，土地使用权可以依照法律的规定转让”。这是土地使用权的转让首次被国家法律所承认，土地使用权的转让从此具备了现实可能性，标志着农地流转向规范化前进了一大步。即便宪法修正案做此规定，这也并不意味着土地使用权流转的正式合法化，因为还没有正式的、具体的法律为这一行为提供支撑。不过可以明确的是，国家对农地流转的态度已由闪烁其词、模糊不清转变为了不反对、不拒绝甚至是支持。

1993年，中央政府指出要大力加速农业产业化进程。1993年11月中共中央、国务院出台的《关于当前农业和农村经济发展的若干政策措施》提出土地承包期“再延长三十年不变”。这是继1984年“十五年不变”的规定之后，再次针对土地承包期做出调整。《政策措施》还认可了土地使用权的依法有偿转让，前提是发包方无异议。这也是对宪法关于允许土地使用权依法转让的再解释。广大农民的生产积极性得到了进一步的激发和保障。

土地流转的最初概念是土地承包经营权的流转。“土地承包经营权流转”首次作为正式概念被提出是在1995年。同年，农业部发布《关于稳定和完善土地承包关系意见》中指出，不改变土地所有权归农村集体以及保持土地在其相应产业中的作用是先决条件。在此条件下，加之发包方的认同或无异议，承包方可在其拥有的期限内，根据法律要求流转、让与、入股承包地。这是我国的承包地非无偿转让的行为历史首次被党中央的文件所支持。新一轮土地承包关系确立。

1996 年，中央人民政府发行了《国务院办公厅关于治理开发农村“四荒”资源进一步加强水土保持工作的通知》(国办发〔1996〕23 号文件)，首次对“四荒地”的开发细节做出了规范，包括其开发原则、措施、监督和指示。同时大力鼓励社会各界单位、国有企业、私有企业开发、承包尚未得到充分、合理、有效开发利用的集体用地。这一时期农地流转进入缓慢发展阶段，最大的突破便是土地使用权的转让得到了宪法的支持。农地流转逐渐规范化，并由允许转包向依法流转转变。

(三) 缓慢发展阶段：农地流转合法确立(1997—2001)

该时间段也可理解为继首轮之后的新的土地承包工作开始之时到农村税费改革初期。1997 年 8 月 27 日，中共中央办公厅、国务院办公厅发出《关于进一步稳定和完善农村土地承包关系的通知》(中办发〔1997〕16)，平稳、修补并改进了土地承包政策。1998 年 8 月 29 日，九届人大十次会议出台的《中华人民共和国土地管理法》首次以法律形式明确表达了“三十年的土地承包经营年限”的规定。前述所提到的十五年承包合同最早始于 1984 年，伴随着这些承包合同的到期，1998 年二轮承包合同开始在全国大范围内签订，这就是所谓的“二轮延包”。

1996—1999 年间，中央政府继续支持农业企业发展的显著作用。这主要是由当时农业政策所面临的极其特殊的社会现状和经济大环境所决定，受市场各种不稳定性因素的冲击，农产品价格猛烈下跌，给农民的利益造成了巨大的损害。大量身居农村的农业人口暂时放弃务农，离开农村到乡镇谋求生存，从而掀起了农民弃农从工、从商的浪潮，直接加剧了农村耕地荒芜化。此后，在中央政府的积极主导下，全国范围内大力推动土地流转，不断增强农村土地的流转程度，县、乡、村三级行政力保实施。大范围的政策起到了显著效果，社会各方(特别是工商企业)加大了对农业经营的投资力度，农业产业化的进程得以恢复和进一步发展。农村土地承包关系得到了进一步的稳定及完善。

在20世纪最后几年的农业产业化进程中，农业企业的数量增长迅速，增长量高达61%，农业产业化取得了令人鼓舞的成就，在指导农业生产中起到了关键影响，有效地促进了农业结构调整和农村经济发展以及农民经济效益的提升。

（四）迅速发展阶段：农地流转进一步合法化、规模化（2001—2006）

进入21世纪，我国的农地流转步入迅速发展阶段。在很长一段时间内，农村土地承包相关法规的制定与改进一直受到党和政府的关心。中共十六大以后，“当前土地承包关系非短期稳而不改”的规定得到了充分的贯彻。这一时期，农民的土地权益得到了进一步的法律保护。随后，这样的法律保护在2003年再次得到了体现，标志性事件是《中华人民共和国农村土地承包法》的出台。在这部法律中，土地的流转变得更为自由和多样。租赁、交易、转让等其他流转手段都被正名，前提条件是只要在法律允许的范围内。

2004年最高立法机关制定了《中华人民共和国土地管理法》，阐明任何单位和个人不得侵占、市场化交易或是运用别的手段打破土地转让的合法规则。还规定了政府在一些特殊情况、特殊时期下，具备根据律法将土地加以赋税或以承诺补救偿还为条件的征用的资格。也就是说，法律赋予了政府合理贯彻国有土地有偿使用的政策权力。此阶段，流转的客体是来自于家庭承包的土地承包经营权。

这一时期出现了一系列棘手的问题。地方政府为了追求经济效益而强行流转，将土地大面积、长时间租给企业。虽然能带来短期的经济红利，但是以违背农民意愿、牺牲农民利益为代价的。对此，《中共中央关于做好农户承包地使用权流转工作的通知》中对农户的土地权益加以保障。该《通知》实际大大限制了农村集体在土地决策方面的权力：制约了农村集体以己之意志未经第二方同意取消土地承包契约的行为，超越承包期限的情况除外；以及禁止以强制力迫使村民放弃其对土地所拥有的契约权利；禁止非法联合其他农户对某一特定的农民单位做出可能会侵犯该农户权益的集体决定。该文件对维护农民的土地权益发挥了关键作用。

但是值得关注的是，2003—2006年是我国“三农”问题异常严峻的时期，整体表现为种地养活不了农民，农村土地问题尖锐。这个阶段当中，粮价面临强大且持续的下行压力，情况非常严峻，“谷贱伤农”的情况正在广泛出现。农民本就难以获利，再加上难以承受高额的土地税赋，因此在土地上进行的生产回报低之又低，从而导致农地流转价格走低，普遍出现难以流转的情况。该时期，“三农问题”中最严重的便是发生在非城市地区的一系列土地矛盾事件。

2003 年以后，政府加强了宏观经济调控，采取了“两免三补”等一系列措施。2004 年后，政府渐渐地放弃了对农村农业生产的征税，农民负担得以大大减轻。2006 年 1 月，我国正式废除相关《中华人民共和国农业税条例》，意味着存在了超过二千六百年的农业税正式不复存在。从此以后，农业税正式从法律层面上完全消失，对农民广施福利的决定得以扎根。这一系列的决定，降低了农业人口从事农业生产的成本，农民逐渐富裕起来，“谷贱伤农”的现象也得到了缓和和改善。更重要的是，从整个农村层面上看，生产积极性水平大大上升，农地流转在短期内得到了迅速的恢复和发展。

2005 年农业农村部通过了《农村土地承包经营权流转管理办法》，以法律手段大力保障了农地流转的贯彻执行。

（五）大规模迅速发展阶段：“三权分置”新政策的孕育（2007—2014）

21 世纪初期，城镇化的进程达到了空前的高速发展，出现了大量农村农业人口向城市人口转变的现象，农业劳动力大量减少，农村田多人少的困境日益严峻。

2008 年，十七届三中全会正式提出允许土地流转。以法律形式将土地量化成股份分给农民，将土地变成广大农民物质财富获得的主要途径，让农民真正共享改革开放的成果。中共十七届三中全会通过了《中共中央关于推进农村改革发展若干重大问题的决定》阐明：“创造并完善土地承包经营权流转的市场，开放土地承包经营权的多种流转形式，包括让与，租赁，交易，共同持股等。前提是不违背相关法律、保障农民的自主权、以及确保交易活动的非无偿性。”全会归纳了一段时期来自全国各行政单位关于土地承包经营权流转的实践所得，从而全面合理地制订了土地承包经营权流转的规则措施。由于各种原因的存在，农地流转规模展现出迅猛增长的态势。

十七届三中全会后，中共中央不遗余力地将处理好“三农”问题当作全党工作的重中之重，出台了一系列针对土地工作的文件建议。如 2010 年中央一号文件提出的承包地块、面积、合同、证书“四到户”的总体布局，2012 年的中央一号文件提出的党的十八大时总体实现跨越农村集体各方面土地的所有权确权登记颁证，2014 年中央一号文件批准承包土地的经营权向金融机构抵押融资的行为。

进入 21 世纪以来，农地改革进入了全面深入期。最重大的突破就是尊重了农民继续持有土地承包权、转让土地经营权的意志，将土地承包经营权一分为二，分为了承包权和经营权，从而创造性地实施所有权、承包权、经营权分置而行。这便是“三权分置”新政策，成为生产责任制以后土地政策变革进程中新的关键政策创新。

“三权”就是指农村土地的所有权、承包权、经营权。所有权属于农村集体所有；承包权归承包契约中规定的承包方所有；经营权则由土地的经营者即新型经营主体所有。整体来看，土地的所有权自始至终从未改变过，依然是属于国家或农村集体所有。在土地流转政策下，签订土地承包合同的农民即从集体手中获得规定土地的承包权。该农户可以选择自己执行土地经营权，从事耕作获得收益，亦可将其再次流转，将土地的经营权转让给第三方，自己保留承包权。

“三权分置”体制创造性地使三个权利方共同分享土地权利成为现实。从法律制度的角度看，其本质就是在坚持土地公有制的根本原则下，创造性地解离出一个更满足市场时代需要的一个私权——土地经营权。“三权分置”突出了经营权的重要性。

（六）集大成发展阶段：“三权分置”政策全面实施（2014 至今）

党的十八大后，城镇化进度不断加快，再加上乡村振兴战略的推动，导致越来越多的农民进入城市工作、发展，以满足日益增长的美好生活的需要。在农村则呈现出耕地“抛荒化”的下行压力不断提升。农业劳动力数量供不应求，农村发展不平衡不充分的现象加剧。农地闲置，农村资源利用效率下降，资源被大大浪费。土地流转比例失衡，速度停滞。在这一背景下，全国性的改革政策亟待诞生。

2013 年，习近平总书记在会议上提出农村土地“三权分置”思想，揭开了新一轮土地流转改革大幕。2014 年年底，最高立法机关修改了农村土地承包法，正式确立“三权分置”的制度法制化。“三权分置”是中国土地流转政策发展历程中的一个新的里程碑，切实保护了土地各相关方的权益，是现代农业发展的极大推动力。

2015 年，党的十八届三中全会通过的《中共中央关于全面深化改革若干重大问题的决定》加速了我国农地流转规模的飞速扩增。2016 年，党和政府共同出台了“三权分置”意见，强调了土地集体所有权的不可动摇，并同时强化农户承包权的稳定性，释放土地经营权的活力。2017 年中央一号文件指出大力推动农业供给侧结构性改革，强化“三权分置”的贯彻。“三权分置”下，三种权力相互补充，相辅相成，形成的整体可发挥巨大功效，作为个体又各显神通。当前“三权分置”的关键在于放活经营权。我国各级政府、各行政单位都要完全把握“三权分置”的深刻内涵，有效协调好“三权”的相互作用，将“三权分置”理论合理地用于指导实践。

2019 年国家新修改的《中华人民共和国农村土地承包法》颁布实施，再次强调我国妇女依法享有的土地承包经营权神圣不可侵犯。女性平等获得土地权益的背后，是促进妇女全面发展，首次作为专章专节被写入了我国第十三个五年规划纲要。从此我国女性平等地获得土地权益等其他权益的机会得到了更多的制度保障。该项法律从制度和机制层面改善了妇女民生。

2020 年，为扎实推进第二轮土地承包到期后再延长三十年的工作，各地出台政策举措，丰富土地“三权”的有效实现模式，使农村经营制度始终充满活力。各地扎实推进农村土地制度改革，不断推动乡村发展向着更高目标迈进。

二、我国土地流转状况

近年来，国家出台了一系列政策文件支持农地流转，在政府政策的推动下，我国的土地流转规模呈现出不断增加的趋势，表 6-1 是 2012—2019 年中国农村土地流转的基本情况。可以看出，截至 2019 年年底，我国农用地流转面积达到 4. 79 亿亩，是 2012 年的 7. 48 倍，占总面积的 35. 14%，比 2012 年提高 29. 94%。2019 年末，承包经营的农户参与农地流转的比例为 29. 69%，比 2015 年提高 10. 67%。显然，地方政府有力地推动了我国农村土地流转的快速发展，促进了农业生产向规模化、现代化的不断演进。从流转形式看，出租、股份合作、互换、转让等形式是我国土地流转的主要形式，其中出租是最主要的流转方式，我国土地出租面积为 4.14 亿亩，占流转总面积的 86.4%，股份合作式土地流转的面积也在不断增加，2019 年，股份合作方式流转土地面积为 2977 万亩，占流转总面积的 6.21%，以互换和转让方式流转土地的面积分别占总流转面积的 3.5%和 2.7%，还有少部分以其他形式流转土地。

表 6-1　2012—2019 年中国农村土地流转情况

年份	流转面积(亿亩)	流转面积占总面积的比例(%)	流转农户的比重(%)
2012	0.64	5.2	—
2013	1.06	8.7	—
2014	1.50	12.0	—
2015	2.78	21.24	19.32
2016	3.41	25.70	22.87
2017	4.03	30.36	25.34
2018	4.52	33.69	27.63
2019	4.79	35.14	29.69

表 6-2 是 2010—2017 年土地流转去向情况表。从表中可以看出，土地流入农户是土地流转最主要的去向。2017 年，土地流入农户的面积为 29432 万亩，占土地总流入面积的 58.16%，比 2010 年的占比 70.88%低了 12.72%；流入合作社也是土地流入的另一个去向，2017 年，土地流入合作社的面积为 11642 万亩，占总流入面积的 39.55%，比 2010 年的占比 17.16%增加了 22.39%；2019 年土地流入企业的面积为 4738 万亩，占总流入面积的 16.09%，比 2010 年增加了 7.9%；流入其他主体的面积为 4792 万亩，占总流入面积的 16.28%，比 2010 年增加了 0.56%。

表 6-2　2010—2017 年土地流转去向

单位：万亩

年份	流转入其他主体的面积	流转入企业的面积	流转入专业合作社的面积	流转入农户的面积
2010	2031	1058	2216	12913
2011	2415	1908	3055	15416
2012	2860	2556	4410	15416
2013	3378	3220	6944	20559

续表

年份	流转入其他主体的面积	流转入企业的面积	流转入专业合作社的面积	流转入农户的面积
2014	4074	3882	8859	23544
2015	4508	4232	9737	26206
2016	4695	4638	10341	27977
2017	4792	4738	11642	29432

三、我国土地流转存在问题

虽然在政府政策的推动下，我国的土地流转面积和规模都有所增加，但和国外发达国家相比，我国的土地流转市场仍然呈现出活力不足现象，是一种“低水平”的发展(朱建军，2016)。土地流转的成效不十分显著，存在各种问题。

（一）土地流转发展受传统思想制约

虽然国家出台众多政策支持鼓励土地流转，但是中国农民视耕地为己命，即使土地种植收入很低，他们也不愿转让自己的土地，把土地种植收入视为自己最后的收入保障。传统的土地思想制约着中国土地流转的发展进程，在许多农村地区，农民的“恋土情节”依然存在，他们将土地视为生命，不愿轻易离开，也不愿将自己的土地“拱手让人”，只有在迫不得已的情况下才会进行土地流转。另外，由于大多数农民思想上的落后和保守，认为土地握在自己手里百利而无一害，就算土地搁置荒芜，也不愿在市场流转，体现着一种小农思想。晋伟(2017)提到中国农民受到传统土地观念的影响，对土地的依赖程度高，农民恐惧离开土地。同样，刘茗(2018)指出农民具有强烈的恋土情结，对土地比较重视，另外农民的受教育水平低，文化水平有限，对土地流转的思想意识不高。

（二）土地流转的信息不对称

由于工作周期、宣传力度等各种因素，土地的供求状况难以及时对接清晰。有些想流转土地的农民找不到合适的租用者，而那些愿意租用土地扩大种植面积的大户则可能找不到合适的土地。信息的不对称造成了土地在流转过程中的成本提高，影响了流转的效率。信息不对称也可能导致在财务上的纠纷，流转金不能及时洽谈清楚，导致流转标准不一致，甚至引发恶性竞争。

（三）土地流转市场不完善，政策实施不到位

土地流转已经出现多年，由国家禁止到接受再到积极推动，期间出台了众多不同层级的政策，但是土地流转市场仍然很不规范。合同文书不规范，农民文化水平有限，对合同不能有深透的理解，可能会出现由于合同导致的农民利益受损的现象。土地流转价格没有因地制宜的标准，土地市场上地租水平差别大，制约着土地流转的发展。除此之外，流转后的土地用途不能得到监管，经常出现“非粮化”“非农化”现象，甚至会通过不正当途径改变土地的农用性质。刘兆征(2015)指出农村土地流转大多不履行必要手续，经常是口头协议，报告登记备案少，农村土地流转服务组织较少，服务效率低下。政府出台的相关补贴政策从正外部性出发，但是实施过程中难以避免出现效果偏差。吕悦风、陈会广(2015)指出粮食直接补贴政策补贴土地承包者，不补贴使用者，补贴转出者，不补贴转入者，出现“人地固化”，没有体现出对种粮大户的政策激励。

第二节　中国农村相对贫困发展现状

一、中国农村相对贫困发展变迁

从贫困的研究史看，早期的研究多集中在对绝对贫困的关注。绝对贫困是低于维持身体有效活动的最低生存标准，因此绝对贫困又被称为生存贫困。这种界定贫困的方法有其局限性，一是仅关注维持基本的生理需求，二是需要将这基本的需求品列成清单并换算成收入，但这基本的生理需求没有科学的固定标准，很难对其进行准确衡量(杨立雄、谢丹丹，2007)。为此，有学者开始重新定义贫困，Townsend(1971)认为贫困是个人或家庭因缺乏获得食物、住房和参与社会活动等方面的资源，导致生活水平低于社会平均水平，从而被排斥在社会正常生活状态之外。Townsend 的相对贫困理论强调了社会成员间生活水平的比较，是一个主观标准，丰富了贫困的内涵。国内学者在20 世纪末也开始了对相对贫困的关注。关信平认为贫困是在特定社会背景下，部分社会成员缺乏获得一定社会资源的能力，导致生活状态持续性低于社会

平均生活标准。童星、林闽纲(1994)认为，相对贫困是一种生存状态，是指群体所需的物质供给、技能保障等低于社会平均水平，缺乏扩大社会再生产的能力。朱登兴(2001)认为，相对贫困是一个社会道德范畴，属于社会公平问题。邢成举、李小云(2019)认为相对贫困是指在特定经济社会条件下，个人或家庭的收入虽然能够维持基本的生存需求，但无法满足当时条件下的其他生活需求的状态。因此，从实质上看，相对贫困体现为人群之间的比较，具有一定的社会结构性(左停、李世雄，2020)。

(一) 相对贫困标准

贫困标准的设定是开展反贫困工作的前提，科学合理的贫困标准能够为准确识别贫困对象、制定贫困策略提供科学依据。学术界关于相对贫困标准的设定并没有一个统一的定论，现有研究在设定相对贫困标准时是以平均收入或者中位数收入的某一比例。如 Townsend(1971)提出用平均收入作为相对贫困标准。O'Higgins 和 Jenkins(1990)则建议使用平均收入的 50%作为相对贫困标准。后期的学者认为中位数比平均值更具有稳健性，因此多采用收入中位数的特定比例作为相对贫困标准(Preston，1995；Madden，2000)。特别地，Gottlieb 和 Fruman(2011)通过评估不同的相对贫困标准后，认为收入中位数的60%是最佳的相对贫困标准。中国学者程蹊、陈全功(2019)等提出将相对贫困标准设定为收入中位数的某一比例。汪晨等(2020)采用收入中位数的 60%作为相对贫困的基准标准，采用收入中位数的 40%和 50%作为参考标准对中国区域的相对贫困进行了测算比较。还有学者采用动态的相对贫困标准，如孙久文、夏添(2019)，叶兴庆、殷浩栋(2019)指出要借鉴国际经验，并基于我国国情，采用收入中位数的一定比例确定相对贫困线，并随着经济的发展相应地提高这一比例。考虑到中国仍处于社会主义初级阶段，社会主义制度还并不完善，为此，将农村居民收入中位数的 40%作为基准贫困线，并以农村居民收入中位数的 50%和 60%作为参考贫困线。

(二) 相对贫困测算

获得某一特定人口相对贫困程度的最直接的方法，是分析从基于家庭调查的微型数据集中提取的具有代表性的样本。在这种情况下，分配收入的中位数很容易确定，而低于中位数一定比例(例如 40%、50%或 60%)生存的个人数量很容易直接计算。然而，鉴于家庭调查数据种类繁多，覆盖范围不均，难以准确衡量全国范围的相对贫困。为此，采用国家统计局公布的收入分组数据，借鉴的 Garroway(2012)的研究，利用 Datt 开发的计算工具和世界银行提供的 PovcalNet 软件计算相对贫困。具体做法是，给定平均可支配收入和收入分组数据集 Lorenz 曲线上的几个点，PovcalNet 将估计整个 Lorenz 曲线的参数，根据估计结果，确定收入中位数，然后将收入中位数的某一比例设定为贫困线，再次使用 PovcalNet 软件进行估计，就得到相对贫困发生率。具体计算原理如下。

Datt 开发的计算工具，包含了 Lorenz 曲线的两种形式，一种是 Lorenz 曲线的 β 模型的函数形式，另一种是 Lorenz 曲线的广义二次模型的函数形式，可根据这两种函数形式，求得洛伦兹曲线的中值。

Lorenz 曲线的 β 模型的函数形式，将 Lorenz 曲线定义为平均值和参数 θ，γ，δ 的函数，Povcal 估计如下：

$$L(p)=p-\theta p^{\gamma}(1-p)^{\delta} \tag{6.1}$$

求微分后：

$$L'(p)=1-\theta p^{\gamma}(1-p)^{\delta}\left[\frac{\gamma}{p}-\frac{\delta}{1-p}\right] \tag{6.2}$$

在中位数处的微分结果为：

$$L'(0.5)=1-\theta(\gamma-\delta)\left(\frac{1}{2}\right)^{\gamma+\delta-1} \tag{6.3}$$

求中位数的值为：

$$x(0.5)=\mu\left[1-\theta(\gamma-\delta)\left(\frac{1}{2}\right)^{\gamma+\delta-1}\right] \tag{6.4}$$

类似地，Lorenz 曲线的广义二次模型的函数形式，将 Lorenz 曲线定义为平均值和参数 a，b，c 的函数，PovcalNet 估计如下：

$$L(p)=-\frac{1}{2}\left[bp+e+(mp^{2}+np+e^{2})^{1/2}\right] \tag{6.5}$$

其中，$e=-(a+b+c+1)$，$m=b^{2}-4a$，$n=2be-4c$，$r=(e^{2}-4me^{2})^{1/2}$

求微分后：

$$L'(p)=-\frac{b}{2}-\frac{(2mp+n)(mp^{2}+np+e^{2})^{-1/2}}{4} \tag{6.6}$$

在中位数处的微分结果为：

$$L'(0.5)=-\frac{b}{2}-\frac{(m+n)(m/4+n/2+e^2)^{-1/2}}{4} \tag{6.7}$$

求中位数的值为：

$$x(0.5)=\mu\left[-\frac{b}{2}-\frac{(m+n)(m/4+n/2+e^2)^{-1/2}}{4}\right] \tag{6.8}$$

一旦根据洛伦兹曲线参数推断出中位数，我们将贫困线设置为中位数的40%，然后，我们使用原始的 Povcal 公式直接从洛伦兹曲线参数、平均值和给定贫困线推导贫困人口。

广义二次型模型指定的方程是一个封闭式方程，因此可以进行解析。在这种情况下，贫困人口的定义如下：

$$H=-\frac{1}{2m}\{n+r(b+2z/\mu)[(b+2z/\mu)^2-m]^{-1/2}\} \tag{6.9}$$

另一方面，定义 Beta 模型的方程是一个开放式表达式，需要数值求解隐式非线性方程。根据 β 模型，贫困人口的定义如下：

$$\theta H^{\gamma}(1-H)^{\delta}\left[\frac{\gamma}{H}-\frac{\delta}{(1-H)}\right]=1-\frac{z}{\mu} \tag{6.10}$$

对于每个分布，我们根据 PovcalNet 软件中内置的验证过程，使用最适合数据的参数化。验证过程执行一个简单的拟合优度度量，然后检查两种函数形式的 Lorenz 曲线的有效性，根据有效性选择更为合适的函数。

（三）各省区市农村相对贫困变化状况

由于数据缺失较为严重，以2000—2018 年26 个省级层面数据为单位进行评价。数据涉及农村居民收入分组数据来源于各省区市的统计年鉴。根据上述计算方法，测算出中国各省区市农村的相对贫困程度，为分析各省区市农村相对贫困变化状况，本部分采用年均相对贫困变化率测度不同贫困标准下各省区市农村相对贫困的变化。其中，年均相对贫困变化率=（期末相对贫困率-期初相对贫困率）/跨越的年份。表 6-3 分别显示在收入中位数的 40%、50%、60%下的中国各省区市农村的年均相对贫困变化率。

在收入中位数 40%的贫困标准下，相对贫困变化率上升最多的省是四川，上升了约 105.4%，其次是新疆和甘肃，分别上升了 83.4%和 79.8%。相对贫困变化率上升较多的省区为广东、湖北、内蒙古、江西。相对贫困变化率上升最低的市是上海市，上海市的相对贫困变化率为-13.4%，意味着上海市的相对贫困程度是下降的。位于第二、第三位的辽宁和黑龙江，相对贫困变化率分别下降了12.6%，8.7%。

在收入中位数50%的贫困标准下，相对贫困变化率上升最多的省是四川，上升了111%，其次是新疆和甘肃，分别上升了10.2.2%和82.1%。广东、贵州、河南的相对贫困变化率上升也较高。相对贫困减缓的省为海南，相对贫困变化率为-53%，相对贫困变化率上升最低的省区是广西和辽宁，分别下降了41.2%和29.2%。

在收入中位数60%的贫困标准下，除辽宁、上海、黑龙江、广西的相对贫困减缓外，其余省区市的相对贫困都是上升的，其中相对贫困变化率上升最多的省份是新疆，上升了117.8%，其次是四川和甘肃，分别上升了111.4%和73.2%。相对贫困变化率上升较多的省为广东、贵州、云南、湖北，上升较低的省是安徽和陕西，分别上升了6.9%和7.4%。

表6-3　2000—2018年中国农村年均相对贫困变化率

省区市	收入中位数40%	排名	收入中位数50%	排名	收入中位数值60%	排名
北京	0.019	5	0.066	7	0.096	8
河北	0.116	10	0.151	10	0.174	11
山西	0.336	16	0.275	14	0.292	17
内蒙古	0.427	21	0.331	18	0.227	15
辽宁	-0.126	2	-0.292	3	-0.382	1
黑龙江	-0.087	3	-0.140	5	-0.071	3
上海	-0.134	1	-0.149	4	-0.178	2
江苏	0.200	11	0.209	11	0.200	12
浙江	0.113	9	0.101	8	0.105	9
安徽	0.359	18	0.285	15	0.069	5
福建	0.251	13	0.290	16	0.299	18
江西	0.402	20	0.401	19	0.305	19
河南	0.268	14	0.455	21	0.219	13
湖北	0.481	22	0.434	20	0.368	20

续表

省区市	收入中位数 40%	排名	收入中位数 50%	排名	收入中位数值 60%	排名
湖南	0.341	17	0.323	17	0.289	16
广东	0.557	23	0.579	23	0.543	23
广西	0.079	8	-0.412	2	-0.011	4
海南	0.046	6	-0.530	1	0.074	7
重庆	0.327	15	0.237	12	0.171	10
四川	1.054	26	1.110	26	1.114	25
贵州	0.364	19	0.558	22	0.431	22
云南	0.204	12	0.248	13	0.412	21
陕西	0.055	7	0.030	6	0.070	6
甘肃	0.798	24	0.821	24	0.732	24
青海	-0.074	4	0.109	9	0.224	14
新疆	0.834	25	1.022	25	1.178	26

二、中国农村相对贫困的时空格局分析

（一）空间相关性分析

主要采用空间自相关分析方法对观测变量进行空间相关性分析。本文采用全局空间自相关（Moran's I 指数）和局部空间自相关（LISA）对农村相对贫困的空间关联特征进行刻画。

Moran's I 指数的取值范围在-1~1 范围内，值为正，表明存在空间正相关性；值为负，则表明存在空间负相关性。Moran's I 指数定义如下：

$$Moran's\ I = \frac{\sum_{i=1}^{n}\sum_{j=1}^{n} W_{ij}(Y_i - \bar{Y})(Y_j - \bar{Y})}{S^2 \sum_{i=1}^{n}\sum_{j=1}^{n} W_{ij}} \tag{6.11}$$

其中，$S^2 = \frac{1}{n}\sum_{i=1}^{n}(Y_i - \bar{Y})^2$，$\bar{Y} = \frac{1}{n}\sum_{i=1}^{n} Y_i$，$W_{ij}$ 为空间权重矩阵。

局部空间自相关（LISA）反映了区域 i 附近的集聚情况，值为正表明区域 i 的高（低）值被周围的高（低）值所包围，值为负表明区域 i 的高（低）值被周围的低（高）值所包围，定义为：

$$I_i = \frac{(Y_i - \overline{Y})}{S^2} \sum_{j=1}^{n} W_{ij}(Y_j - \overline{Y}) \tag{6.12}$$

其中，$S^2 = \frac{1}{n}\sum_{i=1}^{n}(Y_i - \overline{Y})^2$，$\overline{Y} = \frac{1}{n}\sum_{i=1}^{n} Y_i$，$W_{ij}$ 为空间权重矩阵。

（二）时空格局分析

根据各省区市的农村居民收入分组数据，利用世界银行网站提供的 POV-CAL 软件，以收入中位数的 40%作为相对贫困标准计算出 2000—2018 年中国省域农村相对贫困水平，选取 2000 年、2009 年、2018 年三个截面数据整理成表 6-4，并绘制成时空格局分布图（表 6-5）。为更好分析农村相对贫困类型，将农村相对贫困划分为 4 种类型，较低程度（9 以下）、中等程度（9~12）、较高程度（12~15）、高程度（15）以上。

表 6-5　中国农村相对贫困程度分类

农村相对贫困类型	2000 年	2009 年	2018 年
较低程度（小于 9）	安徽、重庆、四川、广东、湖北、江西、河南、福建、甘肃、湖南、上海、贵州、江苏、广西、北京、山西、辽宁、陕西	四川、广东、上海、北京、广西、青海、山西、河南、甘肃、贵州	上海、北京、安徽
中等程度（9-12）	云南、河北、浙江、海南、青海、新疆	湖南、江西、陕西、江苏、安徽、重庆、云南、福建、河北、湖北、海南、浙江、	重庆、广西、青海、陕西、河南、福建、江苏、海南
较高程度（12-15）		内蒙古、新疆、黑龙江	江西、河北、浙江、湖南、内蒙古、云南、湖北、黑龙江、贵州、广东
高程度（大于 15）	黑龙江、内蒙古	辽宁	山西、辽宁、甘肃、四川、新疆

根据表 6-6 和表 6-5 所示，2000—2018 年我国各省区市的农村相对贫困水平均有不同程度的变化，其中相对贫困水平上升的省区市有 22 个，相对贫困程度下降的省区市仅有 4 个，大多数省区市的农村相对贫困都在加剧。而根据相对贫困类型的划分，相对贫困程度较低的省区市在 2000 年有 18 个，2009 年有 10 个，2018 年下降到 3 个；相对贫困程度中等的省区市在 2000 年

有 6 个，2009 年有 12 个，2018 年则为 8 个；相对贫困程度较高的省区市在 2000 年有 0 个，2009 年有 3 个，2018 年上升到 10 个；相对贫困程度高的省区市在 2000 年有 2 个，2009 年 1 个，2018 年上升到 5 个。我国的农村相对贫困水平具有明显的上升趋势，可见伴随着经济的快速发展，社会财富分配状况也愈加不均。

中国农村相对贫困类型在空间上呈现出明显的集中连片分布特征，意味着临近地区的农村相对贫困存在一定的空间关联。2000 年中部地区（豫、鄂、晋、皖、湘、赣）、东南沿海地区（粤、闽）形成较低程度相对贫困的连片分布区，西北地区（新、清）形成中等程度的相对贫困的连片分布区，东北地区（黑、内蒙古）形成高程度相对贫困的集中分布区。2009 年，东北地区（黑、内蒙古）为相对贫困程度较高的连片区域，长江中游地区（鄂、皖、湘、赣）形成中等程度相对贫困的区域，西部地区（甘、青、川、黔、桂）、华中地区（晋、豫）则为较低程度相对贫困区域。2018 年，东北地区（黑、内蒙古）、长江中游（湘、赣、鄂）形成较高程度相对贫困的集中分布区，西部地区（新、甘、川）则形成更高程度的相对贫困集中分布区。

表 6-6　中国省域农村相对贫困水平

省区市	2000	排名	2009	排名	2018	排名	变化状况
北京	8.46435	15	6.31868	4	8.82334	2	上升
河北	10.1557	20	10.5103	19	12.3641	13	上升
山西	8.63326	16	7.34182	7	15.02182	22	上升
辽宁	8.74419	17	16.7068	26	16.8501	23	上升
内蒙古	15.2505	26	12.1995	23	12.86588	16	下降
黑龙江	15.0418	25	14.2954	25	13.3886	19	下降
上海	7.12977	11	6.03824	3	4.580575	1	下降
江苏	7.44126	13	9.33169	14	11.232	10	上升
浙江	10.3334	21	11.4241	22	12.48848	14	上升
安徽	2.04978	1	9.35891	15	8.871968	3	上升
福建	5.44079	8	9.96882	18	10.2185	9	上升
江西	4.43583	6	9.08584	12	12.0725	12	上升

续表

省区市	2000	排名	2009	排名	2018	排名	变化状况
河南	5.0963	7	8.2167	8	10.1835	8	上升
湖北	4.21023	5	10.547	20	13.3467	18	上升
湖南	6.07748	10	9.06033	11	12.5531	15	上升
广东	3.75922	4	5.92066	2	14.3501	21	上升
广西	7.66248	14	6.37495	5	9.169999	5	上升
海南	10.709	22	11.0474	21	11.5748	11	上升
重庆	2.85355	2	9.48776	16	9.069153	4	上升
四川	3.11657	3	3.70468	1	23.1434	25	上升
贵州	7.20267	12	8.37735	10	14.1275	20	上升
云南	9.28028	19	9.659338	17	13.14884	17	上升
陕西	8.81194	18	9.3168	13	9.857097	7	上升
甘肃	5.968967	9	8.27202	9	21.1275	24	上升
青海	10.9448	23	6.58218	6	9.541854	6	下降
新疆	11.296	24	12.672	24	27.1389	26	上升

（三）空间相关性分析

上面的分析表明，农村相对贫困在空间分布上具有连片特征，存在一定的空间关联。为深入探究我国农村相对贫困空间的依赖性，利用 STATA15.0 软件计算出在邻接权重下 2000—2018 年中国省域农村相对贫困的全局 Moran'I 指数，见表 6-7。根据表 6-7 显示，2000—2018 年我国农村相对贫困的全局 Moran'I 指数在 10%水平显著为正，表明我国的农村相对贫困呈现出较强的空间依赖性。进一步可以看出，全局 Moran'I 指数呈现出升高—下降—升高—下降的周期性演变趋势，由 2000 年的 0.184 升高到 2003 年的 0.400，然后再下降到 2008 年的 0.016，随后又上升到 2015 年的 0.255，接着下降到 2018 年的 0.077，表明农村相对贫困在空间上表现出集聚—分散—集聚—分散的演化模式。

表 6-7　2000—2018 年中国农村相对贫困的 Moran's I 指数

年份	Moran'I 值	Z 值	年份	Moran'I 值	Z 值
2000	0. 184	1. 624	2010	0. 131	1. 286
2001	0. 277	2. 263	2011	0. 087	1. 929
2002	0. 266	2. 200	2012	0. 061	1. 723
2003	0. 400	3. 202	2013	0. 232	2. 005
2004	0. 229	1. 944	2014	0. 006	2. 364
2005	0. 178	1. 562	2015	0. 225	1. 964
2006	0. 102	1. 648	2016	0. 054	1. 712
2007	0. 112	1. 799	2017	0. 009	2. 241
2008	0. 016	2. 413	2018	0. 077	1. 893
2009	0. 222	1. 944			

第七章

土地流转影响农村相对贫困的实证检验

第一节　土地流转影响农村相对贫困的线性效应检验

一、理论分析与研究假说

土地流转是将土地的经营权在农户之间进行转让交易的一种市场行为，土地流转将土地这一生产要素重新进行调整和分配，改变着农户在资本、人力等要素在农业生产中的配置格局，从而影响到农户的收入格局。从理论上讲，无论是土地转入方还是土地转出方，都能够在土地流转过程中获取较多的收益。然而受到多种因素的限制，并非所有农户都能按照自己的意愿去完成土地交易（金松青、Deininger，2004；田传浩、贾生华，2008）。下面就分别对土地转入和转出两种情况进行详细分析。

第一，从土地转入角度分析。农业经营性收入是农民的重要收入来源，土地转入的面积和质量都是影响农业收入的重要因素，当土地经营面积增加时，有利于土地、人力、财力等资源的整合，实现土地的规模化、集约化生产经营，提高农业生产率，获取更高的农业经营性收入（李成明等，2019）。但土地流转的市场选择效应使土地流向于具有较强支付能力的高收入农户。与低收入农户相比，高收入农户由于具有雄厚的资金基础，愿意支付更多的租金租到土地，而且高收入农户也往往具备较高的知识水平和市场信息获取能力，在经营管理方面也更容易采用新技术、新理念，提升管理的能力和效率，从而获取更高的经营效益。低收入农户由于资金的限制则很难从土地流转市场中获得土地，或者是获得的土地数量不足以达到土地规模经营的门槛，致使从土地流转中获取的收益较小。因此，从土地流入角度看，高收入农户要比低收入农户获得更高的土地流转收益(史常亮等，2017)。

第二，从土地转出角度分析。土地作为农业生产的重要生产要素，也是农民生活的基础保障(冷智花等，2015)。农户将土地流转出去，不仅能够获得一定的财产性收入，也能够使他们从农业生产中解放出来，从事一些生产效率较高的非农行业，如个体经营、进厂打工或者进行家庭创业，增加工资性收入等非农收入。因此，从这一角度讲，农户通过土地转出能够同时增加财产性收入和工资性收入，有利于提升其收入水平。但是这是以充足的就业岗位提供以及足以与岗位相匹配的劳动力提供为前提的。随着农村社会的不断分化，高收入农户往往具有较高的人力资本水平和较强的市场信息能力，能够在劳动力市场获取较好的工作岗位，而且高收入农户的资金充足，也更可能实现创业，从而能够获取较高的非农收入。但低收入农户不具备这些优势，实现创业或者自行就业的可能性要低于高收入农户，即便能在劳务市场找到工作，收入水平也相对较低(肖龙铎、张兵，2017)。

由此可以看出，无论是低收入农户还是高收入农户，都能够从土地流转中获取收益，有助于农村绝对贫困的减少。但是相对于低收入农户，高收入农户从土地流转中获得的收益更大，从而加剧了土地流转的收入分配不公平。基于此，我们提出以下假说：

假说 H1：土地流转能够增加农民的收入，有利于农村绝对贫困的减缓。

假说 H2：土地流转收益在农户间的分配不均，对高收入农户带来的收益更高，加剧了农村相对贫困。

二、模型设定与变量选取

(一) 模型设定

为考察土地流转对农村相对贫困的影响，结合已有研究并根据本文的研究目的，设置如下计量模型：

$$poverty_{i,t}=\beta_0+\beta_1 poverty_{i,t-1}+\beta_2 land_{i,t}+\beta_3 X_{i,t}+\varepsilon_{i,t}$$

其中，$poverty_{i,t}$为农村相对贫困，$poverty_{i,t-1}$为滞后一期的农村相对贫困，$land_{i,t}$为土地流转，$X_{i,t}$为控制变量，包括基础设施(infrastructure)、可支配收入(disposable)、产业结构升级(industry)、社会保障(security)，β_0、β_1、β_2、β_3 为待估参数，$\varepsilon_{i,t}$为随机扰动项。

（二）变量选取

考虑到微观数据的可获性比较弱，而且数据也不能涵盖全部省区市，进行分区研究有所限制，本部分采用可获性比较高、数据量比较全的省级面板数据研究土地流转对农村相对贫困的影响。选取的被解释变量为农村相对贫困（前文已详细介绍，这里不再重复），主要解释变量为土地流转，控制变量有基础设施、产业结构升级、居民可支配收入、社会保障。此外，本文还选取了绝对贫困作为对照变量。变量选取具体如下。

1. 对照变量

绝对贫困（abpoverty）：本文借鉴崔万田、何春（2018）的做法，以中央公布的2300元（2011年）为贫困标准，依据农村居民收入分组数据，利用世界银行网站提供的PovcalNet软件进行贫困测量。

2. 主要解释变量

土地流转（land）：现有的统计资料中并没有专门针对各省区市的统计数据，考虑到土地流转是实现土地规模化、集约化经营的重要途径，本文借鉴游和远等（2010），张笑寒、岳启凡（2019）的做法，采用反映土地经营规模的农户户均播种面积衡量土地流转。

3. 控制变量

基础设施（infrastructure）：基础设施是经济发展的基础保障，特别是水电基础设施的建设能够改善农业条件，提升农业生产效率。本文采用农村水电站个数反映农村基础设施建设状况。

产业结构升级（industry）：根据产业的发展规律，农业产业比重不断降低，非农化和服务化将是产业未来的发展方向，尤其是第三产业的发展是产业结构升级的重要标志，产业结构升级影响着劳动力的就业结构和收入结构。本文采用第三产业比重反映产业结构升级。

居民可支配收入（disposable）：可支配收入的提升意味着居民生活水平的上升和生活条件的改善，对贫困发生率有着重要影响。本文采用消除物价指数的农村居民人均可支配收入进行衡量。

社会保障（security）：社会保障是政府对陷入经济困难的群体给予的物质帮助，是维护社会稳定的最后防线。农村贫困群体中的老弱病残人员因劳动能力的丧失不能参与工作、获取收入，需要社会保障的兜底来维持这部分贫困群体的基本生活。本文采用消除物价指数的农村社会保障支出进行衡量。

上述指标数据主要来源于《中国农村贫困监测报告》《中国人口和就业年鉴》《中国农村统计年鉴》以及各省的《统计年鉴》等，样本量为 26 个省区市（天津、吉林、山东、西藏、宁夏数据缺失），时间跨度为 2000—2018 年。各变量的统计性描述见表 7-1。

表 7-1 各变量的统计性描述

变量	观测值	平均值	标准差	最小值	最大值
相对贫困	494	9.503	3.260	0.991	27.14
相对贫困 1	494	15.05	3.779	3.551	37.35
相对贫困 2	494	21.18	3.554	13.39	47.08
绝对贫困	494	18.40	17.76	0.0597	88.23
土地流转	494	0.789	0.452	0.0861	2.957
基础设施	494	1455	2049	2	9847
居民可支配收入	494	5370	3348	1374	20253
产业结构升级	494	0.430	0.0896	0.283	0.831
社会保障	494	113700	132453	8	537094

三、实证检验与分析结果

（一）土地流转对农村绝对贫困的检验分析

对经济问题的分析中，内生性问题是考虑的重点。为此，本部分采用系统 GMM 法进行估计，原因是包含了被解释变量的滞后项，能在一定程度上缓解内生性问题。为了与绝对贫困进行比较分析，首先检验了土地流转对农村绝对贫困的影响，检验结果见表 7-2。根据回归结果显示，AR(2) 的检验结果表明扰动项的差分不存在二阶自相关，Sargan 检验的结果表明工具变量的有效性。方程(1)~(5)的基本方程和扩展方程都说明土地流转对农村绝对贫困的作用为负，表明土地流转有助于农村绝对贫困的减少，验证了假设 H1。原因可从以下两个方面解释：①对土地转入方而言，土地经营面积的增加实现了土地规模化的经营，并且可以使劳动力资源、农业生产性资源得到充分利用，有助于农业生产率的提高，促进农户经营性收入的增加。②对土地转出方而言，通过土地转出不仅能够获得持续稳定的租金收入，还能够释放出更多的劳动力投入到非农生产中，从而获取一定的工资性收入，增加了农户家庭收入。此外，还有部分地方政府会对进行土地流转的农户给予补贴，增加了农户的转移性收入。可见，无论是土地转入方还是土地转出方，都能够享受到土地流转带来的收入增加，有利于农户收入水平的提升和绝对贫困的减少。

表 7-2　土地流转对农村绝对贫困的检验结果

解释变量	基本方程	扩展方程			
	(1)	(2)	(3)	(4)	(5)
滞后期绝对贫困	0.9436*** (0.0015)	1.0236*** (0.0055)	1.0336*** (0.0056)	0.9817*** (0.0113)	0.9921*** (0.0107)
土地流转	0.3340*** (0.1080)	-2.3759*** (0.6767)	-2.3285*** (0.5125)	-3.3377*** (0.5737)	-3.0641*** (0.6388)
社会保障		0.0001*** (0.0000)	0.0001*** (0.0000)	0.0001*** (0.0000)	0.0001*** (0.0000)
产业结构升级			8.0582*** (1.2697)	18.5070*** (2.8043)	17.7218*** (2.8539)
居民可支配收入				-0.0005*** (0.0001)	-0.0004*** (0.0001)
基础设施					0.0004** (0.0002)
常数项	-0.9911*** (0.2386)	-2.1789*** (0.4594)	-5.9160*** (0.4842)	-5.9561*** (0.8018)	-6.8661*** (0.9664)
AR(1)	0.0025	0.0019	0.0018	0.0016	0.0017
AR(2)	0.1657	0.1334	0.1373	0.1227	0.1335
Sargan	1.0000	0.8916	0.8736	0.9056	0.9997
N	468	468	468	468	468

注：括号中为标准差，其中 * $p<0.1$，** $p<0.05$，*** $p<0.01$。下同。

（二）土地流转对农村相对贫困的检验分析

1. 基本回归结果

表 7-3 为土地流转对农村相对贫困的检验结果。所有方程的结果显示土地流转对农村相对贫困的影响显著为正，表明土地流转加剧农村相对贫困。具体而言，土地流转增加 1 个单位，农村相对贫困增加 0.88 个单位。土地流转虽然增加农户收入来源渠道，使参与土地流转的农户收入水平都得到提升，有助于农村绝对贫困的减少。但土地流转作为一种交易，交易成本的存在限

制了所有的农户都能够如愿进行土地交易(金松青、Deininger，2004)。特别是那些低收入农户，由于资金、技术等的限制，很难从土地流转市场中转入土地，即便能够转入土地，也会因为人力资本、资金资源的约束难以实现土地规模化的经营。从土地转出角度看，低收入农户由于自身人力资本有限，很难在劳务市场中找到一份合适的工作，有的农户甚至可能不会选择转出土地，更多的是将土地作为生活基础的保障，继续从事以家庭为单位的农业生产。而对于高收入农户，由于具备资金、信息、技术等多方面的优势，不仅能够较为容易地从土地流转市场中转入大量土地，从事规模化的农业经营，获取较高的经营性收入，也能够通过土地流转对资源进行优化配置，提升收入水平。可见，无论是土地转入还是土地转出，低收入农户在土地流转过程中都不具备优势，获得的收益也最小。正是土地流转在不同收入农户间产生的收益不同，加剧了农村的相对贫困，验证了假设 H2。

表 7-3 土地流转对农村相对贫困的检验结果

解释变量	基本方程	扩展方程			
	(1)	(2)	(3)	(4)	(5)
滞后期相对贫困	0.6501*** (0.0275)	0.5531*** (0.0287)	0.5044*** (0.0733)	0.3154*** (0.0688)	0.3271** (0.1301)
土地流转	2.4005*** (0.1560)	1.4739*** (0.1897)	1.3448*** (0.1842)	0.5987* (0.3237)	0.8824** (0.3570)
社会保障		0.0001*** (0.0000)	0.0001*** (0.0000)	0.0002** (0.0001)	0.0001*** (0.0000)
基础设施			-0.0003*** (0.0001)	-0.0002** (0.0001)	-0.0003*** (0.0001)
居民可支配收入				0.0002*** (0.0001)	0.0001 (0.0001)
产业结构升级					4.8262*** (1.2947)
常数项	1.6174*** (0.2919)	2.5873*** (0.3055)	3.4562*** (0.7180)	5.0247*** (0.6650)	3.1038*** (0.6469)
AR(1)	0.0003	0.0002	0.0008	0.0045	0.0332
AR(2)	0.2750	0.3064	0.2997	0.3314	0.5175
Sargan	0.8309	0.8824	0.9091	1.0000	1.0000
N	468	468	468	468	468

此外，其他控制变量对农村相对贫困的影响也基本和预期一致。具体包括：滞后一期相对贫困系数显著为正，表明相对贫困并不是一个暂时性问题，具有一定的延续性；社会保障对农村相对贫困的影响为正，原因在于我国的社会保障程度比较低，保障资金和覆盖面比较少，不能真正改善贫困居民的生活状态，加上社会保障制度的不完善，不能有效识别并帮助困难群体，导致这部分困难群体的收入和其他居民的收入差距拉大，相对贫困加剧。基础设施建设能够改善农村的相对贫困。基础设施建设是一项惠民工程，特别是对低收入农户，更能够通过水电基础设施的建设和完善增加可支配收入，从而有利于农村相对贫困的减少。产业结构升级能够加剧农村相对贫困。众所周知，第三产业由于门类多、行业全，成为吸纳劳动力人数最多的产业。但是第三产业的就业层次差距较大，既有金融、医疗等现代服务业，也有低附加值的初级服务业。而农村中高收入农户和低收入农户的人力资本水平存在明显差别，导致他们在从事第三产业中所获得的收入水平也存在较大差异，从而加剧了农村居民的相对贫困。居民可支配收入的系数显著为正，意味着经济越发达，不平等程度越高，原因在于我国的收入分配制度还不健全。伴随着城镇化和工业化的快速发展，高收入农户在生产资源上的垄断地位能够帮助他们在短期内获得高收入，而低收入农户则因资源的匮乏处于较低收入水平，加剧了农村社会的财富分化，由此加大了相对贫困。

2. 内生性检验

虽然使用系统 GMM 法能够缓解一定程度的内生性问题，但是仍然不能排除存在内生性的可能。①由于相对贫困的内涵比较丰富，目前没有十分准确的衡量相对贫困的方法，本文利用农村居民收入分组数据测算的相对贫困可能存在一定的偏差；②受到数据资料的限制，本文不可能将所有影响相对贫困的因素都考虑在内，可能会存在遗漏部分变量问题；③土地流转和农村相对贫困之间可能存在双向因果关系，这些原因都会导致内生性问题的存在，内生性的存在可能会导致估计结果的偏误。为此，本文进一步采用常用的工具变量法，进行内生性检验。根据部分学者的做法，采用滞后一期的土地流转作为工具变量，原因主要是：一方面，滞后一期的土地流转和当期的土地流转高度相关，与误差项不相关，满足与内生变量相关的前提。另一方面，土地流转的滞后期不能直接影响被解释变量，满足工具变量外生性的要求。因此，本文将滞后一期的土地流转作为工具变量加入分析当中，采用 IV-2SLS 进行回归，结果见表 7-4。结果表明，土地流转对农村相对贫困的影响依然显著为正，表明土地流转能够加剧农村相对贫困(何春、刘荣增，2020)。

表 7-4　IV 估计结果

解释变量	基本方程	扩展方程			
	(1)	(2)	(3)	(4)	(5)
土地流转	6.2147*** (0.5951)	2.7986*** (0.7338)	2.7281*** (0.7411)	2.7599*** (0.7558)	2.7681*** (0.7959)
社会保障		0.0001*** (0.0000)	0.0001*** (0.0000)	0.0001*** (0.0000)	0.0001*** (0.0000)
产业结构升级			4.1748** (1.8133)	6.0925** (2.3990)	6.2418** (2.4402)
居民可支配收入				-0.0001 (0.0001)	-0.0001 (0.0001)
基础设施					0.0001 (0.0001)
常数项	4.6524*** (0.5802)	6.2251*** (0.6168)	4.5554*** (0.9627)	4.0085*** (1.0812)	3.9155*** (1.1684)
R2	0.3136	0.3346	0.3414	0.3298	0.3246
sigma_ u	1.6511	1.6542	1.6830	1.7249	1.7671
sigma_ e	2.2002	1.8082	1.7938	1.7926	1.7927
rho	0.3602	0.4556	0.4682	0.4807	0.4928
N	468	468	468	468	468

3. 稳健性检验

(1)方法替换。目前常用的动态面板回归方法主要有系统 GMM 和差分 GMM 两种。上文使用了系统 GMM 估计方法对模型进行回归，为此，本部分使用差分 GMM 方法重新进行了回归，检验结果见表 7-5。其中列(1)为土地流转对农村相对贫困的基本方程回归结果，列(2)~(5)为土地流转对农村相对贫困扩展方程的回归结果，土地流转的系数显著为正，表明本文的结论具有稳健性。

表 7-5 方法替换后的稳健性检验结果

解释变量	基本方程	扩展方程			
	(1)	(2)	(3)	(4)	(5)
滞后期相对贫困	1.2786*** (0.1664)	0.6069*** (0.0908)	0.2549*** (0.0611)	0.1156 (0.1258)	0.1951* (0.1153)
土地流转	1.9591*** (0.4189)	1.1662*** (0.2825)	1.1880*** (0.3075)	0.4227*** (0.1631)	0.3304** (0.1516)
社会保障		0.0001*** (0.0000)	0.0001*** (0.0000)	0.0001*** (0.0000)	0.0001*** (0.0000)
基础设施			-0.0005*** (0.0001)	0.0001 (0.0002)	-0.0001 (0.0001)
产业结构				5.7320*** (1.9108)	7.5075*** (2.7192)
居民可支配收入					0.0001 (0.0001)
常数项	-3.7170*** (1.2496)	2.4839*** (0.8228)	6.0254*** (0.6129)	4.5962*** (1.4695)	3.6722*** (1.1774)
AR(1)	0.0011	0.0018	0.0010	0.0138	0.0105
AR(2)	0.2721	0.2639	0.5179	0.9377	0.6875
Sargan	0.3102	0.3271	0.8729	0.6725	1.0000
N	442	442	442	442	442

(2)敏感性检验。在分析土地流转对农村相对贫困影响的同时，还应该注意由于贫困标准的不同而导致的检验结果的差异。为此，本文分别采用农村居民收入中位数的50%和60%作为相对贫困标准，对模型重新进行回归。检验结果见表7-6。其中，方程(1)(2)是以农村居民收入中位数的50%为贫困标准的检验结果，方程(3)(4)是以农村居民收入中位数的60%为贫困标准的检验结果。表7-6所示，所有方程中土地流转的系数均显著为正，表明土地流转加剧农村相对贫困的结论依然成立。同时可以看出，在使用不同的贫困标准时，土地流转影响农村相对贫困的效应是存在差异的。使用农村居民收入中位数的40%作为相对贫困标准时，土地流转对其影响效应最小，平均土地流转每增加1个单位，会使相对贫困程度增加0.88个单位，而使用农村居民收入中位数的50%和60%作为相对贫困标准时，平均土地流转每增加1个单位，会使相对贫困程度分别增加0.97个单位和1.45个单位。由此可见，

较高的相对贫困标准设定会增加土地流转对相对贫困的影响效应。

表 7-6　敏感性检验结果

解释变量	相对贫困 1		相对贫困 2	
	(1)	(2)	(3)	(4)
滞后期相对贫困 1	0.7724*** (0.0371)	0.6338*** (0.0695)		
滞后期相对贫困 2			0.7074*** (0.0200)	0.5723*** (0.0396)
土地流转	2.2768*** (0.1594)	0.9732*** (0.2246)	3.2446*** (0.3991)	1.4545*** (0.4184)
社会保障		-0.0001 (0.0001)		0.0001*** (0.0000)
基础设施		-0.0006*** (0.0001)		-0.0005*** (0.0001)
产业结构升级		5.4181*** (1.9833)		9.9363*** (1.8122)
居民可支配收入		0.0001*** (0.0001)		-0.0001 (0.0001)
常数项	1.8481*** (0.5674)	2.7348** (1.2914)	3.9285*** (0.3995)	4.2359*** (1.0193)
AR(1)	0.0006	0.0016	0.0003	0.0006
AR(2)	0.1169	0.1168	0.1153	0.1180
Sargan	0.8834	0.9884	0.8975	1.0000
N	468	468	468	468

注：表中(1)(2)是一个被解释变量，(3)(4)是一个被解释变量。

第二节　土地流转影响农村相对贫困的空间效应检验

一、研究方法及模型设定

（一）空间权重矩阵选择

不同的空间权重能够体现出不同的空间关联关系。本文将采用邻接权重矩阵、地理距离权重矩阵、经济权重矩阵作为空间权重矩阵。

1. 邻接权重矩阵

邻接权重矩阵有一阶邻接权重矩阵和高阶邻接权重矩阵之分，本文采用一阶邻接权重矩阵，即区域 i 和区域 j 有共同的边界时，$W_{ij}=1$，否则 $W_{ij}=0$。

$$W_{ij}=\begin{cases}1, & \text{当区域 } i \text{ 与区域 } j \text{ 相邻时}\\ 0, & \text{当区域 } i \text{ 与区域 } j \text{ 不相邻时}\end{cases}$$

2. 地理距离权重矩阵

两区域间距离的远近也会对相对贫困的空间效应产生影响，使得利用地理距离权重考察空间相关性成为可能。本文使用的地理距离权重矩阵形式如下：

$$W_{ij}=\begin{cases}1/d_{ij}, & i\neq j\\ 0, & i=j\end{cases}$$

3. 经济权重矩阵

空间区域的经济状况、生活水平、文化习惯等方面的影响，使得相对贫困在经济方面产生一定的空间相关性。本文采用的经济权重矩阵形式如下：

$$W_{ij}=\begin{cases}1/\left|GDP_i-GDP_j\right|, & i\neq j\\ 0, & i=j\end{cases}$$

（二）空间相关指数

空间相关指数是空间相关性的反映，通常采用 Moran's I 指数衡量，Moran's I 指数的取值范围在 $-1\sim1$ 范围内，值为正，表明存在空间正相关性，值为负，则表明存在空间负相关性。Moran's I 指数定义如下：

$$\text{Moran's I}=\frac{\sum_{i=1}^{n}\sum_{j=1}^{n}W_{ij}(Y_i-\bar{Y})(Y_j-\bar{Y})}{S^2\sum_{i=1}^{n}\sum_{j=1}^{n}W_{ij}}$$

其中，$S^2=\frac{1}{n}\sum_{i=1}^{n}(Y_i-\bar{Y})^2$，$\bar{Y}=\frac{1}{n}\sum_{i=1}^{n}Y_i$，$W_{ij}$ 为空间权重矩阵。

（三）空间回归分析

传统的计量模型并未考虑空间的相互依赖关系，会导致估计结果的精度下降，因此本文选择空间计量模型分析环境规制对相对贫困的影响。在常用的空间计量模型中，空间误差模型(SEM)主要考察误差项对被解释变量的空间影响，空间滞后模型(SLM)侧重考察被解释变量的空间相关性，而空间杜宾模型(SDM)不仅考察误差项对被解释变量的空间形式，也考察了被解释变量的空间相关性，更具全面性，为此，本文采用空间杜宾模型(Durbin)分析环境规制对相对贫困的影响。模型设定如下：

$$poverty_{it}=\alpha+\rho Wpoverty_{it}+\beta X_{it}+\theta WX_{it}+\varepsilon_{it} \tag{7.1}$$

其中，$poverty_{it}$为被解释变量，表示相对贫困程度，X_{it}为影响相对贫困的解释变量，$Wpoverty_{it}$和WX_{it}分别表示被解释变量和解释变量的空间滞后项。W为空间权重矩阵，α为常数项，ε_{it}为随机扰动项。

（四）空间溢出效应

在含有空间滞后项的情况下，回归系数变得比较复杂，同时反映了解释变量对被解释变量总效应、直接效应与间接效应。其中，总效应刻画了解释变量对所有地区产生的平均影响程度，直接效应反映的是解释变量对本地区产生的影响，间接效应反映解释变量对周边地区产生的影响。具体可用如下公式进行表示：

将一般形式的空间杜宾模型$y=\alpha+\rho Wy+X\beta+WX\theta+\varepsilon$改写为：

$$(I_n-\rho W)y=X\beta+WX\theta+\alpha+\varepsilon$$

$$y=\sum_{r=1}^{k}S_r(W)x_r+V(W)\alpha+V(W)\varepsilon$$

其中，$S_r(W)=V(W)(I_n\beta_r+W\theta_r)$

$$V(W)=(I_n-\rho W)^{-1}=I_n+\rho W+\rho^2W^2+\rho^3W^3+\cdots\rho^nW^n$$

将上式展开：

$$\begin{vmatrix} y_1 \\ y_2 \\ \vdots \\ y_n \end{vmatrix}=\sum_{r=1}^{k}\begin{bmatrix} S_r(W)_{11} & S_r(W)_{12} & \cdots & S_r(W)_{1n} \\ S_r(W)_{21} & S_r(W)_{22} & \cdots & S_r(W)_{2n} \\ \cdots & \cdots & \cdots & \cdots \\ S_r(W)_{n1} & S_r(W)_{n2} & \cdots & S_r(W)_{nn} \end{bmatrix}\begin{bmatrix} x_{1r} \\ x_{2r} \\ \vdots \\ x_{nr} \end{bmatrix}+V(W)\alpha+V(W)\varepsilon$$

$\frac{\partial y_i}{\partial x_{ir}}=S_r(W)_{ii}$为直接效应，数值为矩阵$S_r(W)$中对角线上的元素值。

$\frac{\partial y_i}{\partial x_{jr}}=S_r(W)_{ij}$为间接效应，是一种溢出效应，数值为矩阵$S_r(W)$中非对角

线上的元素值。

总效应为矩阵 $S_r(W)$ 中所有元素的平均值。

二、变量选取及空间相关检验

（一）变量选取

采用可获性比较高、数据量比较全的省级面板数据研究土地流转对农村相对贫困的影响。选取的被解释变量为农村相对贫困，主要解释变量为土地流转，控制变量有人力资本、农业生产率、城镇化水平、社会救助水平。变量的选取具体如下。

1. 被解释变量

相对贫困(poverty)：由于相对贫困具有相对丰富的内涵，因此学术界也并未有测度相对贫困的统一标准。根据已有研究，学者们主要采用了以下方法进行相对贫困测度：蔡兴冉、梁彦庆(2019)选取人均 GDP、人均地方公共财政预算收入和农村人均居民纯收入三个指标综合成一个指标衡量地区的相对贫困程度；杨帆、庄天慧(2018)利用中国劳动力动态调查数据(CLDS)测度了农民工多维相对贫困；李永友、沈坤荣(2007)用相对贫困发生率和相对贫困深度的乘积构建了相对贫困指数，反映农村的相对贫困水平；杨舸(2017)利用流动人口调查数据和统计年鉴中城镇居民数据分析城镇流动人口相对贫困；汪晨、万广华和吴万宗(2020)采用分组数据还原的方法和设定的相对贫困标准计算相对贫困发生率。

基于研究目的，本文采用各省区市统计年鉴中的收入分组数据，借鉴的 Garroway(2012)的研究，利用 Datt(1998)开发的计算工具和世界银行提供的 PovcalNet 软件计算相对贫困。

2. 主要解释变量

土地流转(land)：现有的统计资料中并没有专门针对各省区市的统计数据，考虑到土地流转是实现土地的规模化、集约化经营的重要途径。为此，本文借鉴游和远、吴次芳(2010)，张笑寒、岳启凡(2019)的做法，采用反映土地经营规模的农户户均播种面积衡量土地流转。

3. 控制变量

人力资本(human)：人力资本是个人通过提升健康素质和受教育程度增

强自身的劳动能力，而且个人受教育程度更为重要。考虑到劳动者的健康素质不易衡量，本文仅从劳动者的受教育程度考察人力资本水平，借鉴安超(2014)，柳光强、杨芷晴(2019)的做法，采用平均受教育年限衡量人力资本，计算公式为：

$$\text{human} = \sum_{k=1}^{n} p_k L_k 。$$

其中，human 为平均受教育年限，p_k 为受 k 级教育水平的人口比例，L_k 为 k 级教育水平的教育年限。根据《中国人口统计年鉴》，将居民受教育水平划分为未上学文化程度、小学文化程度、初中文化程度、高中文化程度、大专及以上文化程度五类，对应的受教育年限分别为 0 年、6 年、9 年、12 年、16 年。

城镇化(urban)：城镇化不仅是劳动力由农村地区转移到城镇地区的过程，更是转移劳动力生产方式和生活方式发生改变的过程，影响着劳动者的收入和支出结构。本文采用城镇人口占总人口的比重衡量城镇化水平。

农业生产率(efficiency)：随着科技的进步和发展，机器被广泛地应用到农业生产过程中，提高了农业生产效率和农村居民收入水平。本文采用消除物价的农业第一产业产值与农村人口的比值衡量农业生产率。

社会救助(assistance)：社会救助是国家对生活困难的群体提供物质帮助，使其能够满足基本的生活需求，较高的社会救助水平有助于缓解农村贫困。本文采用农村社会救济支出占第一产业的比重来衡量社会救助水平。

（二）变量统计性特征

上述变量中，被解释变量农村相对贫困所用到的各省区市的农村居民收入分组数据来源于各省区市的统计年鉴，主要解释变量土地流转所用到的指标主要来源于《中国农村统计年鉴》，控制变量人均受教育年限所用的数据来源于《中国教育统计年鉴》，城镇化、农业生产率和社会救助指标主要来源于《中国统计年鉴》，选取的时间跨度为 2000—2018 年，个别缺失的变量采用趋势法进行补充，变量的统计性描述见表 7-7。

表 7-7 变量的统计性描述

变量名称	观察个数	均值	标准差	最小值	最大值
相对贫困 1	494	9.503	3.260	0.991	27.14
相对贫困 2	494	15.05	3.779	3.551	37.35
土地流转	494	10.68	8.888	1.365	49.85
人力资本	494	8.892	1.403	3.030	13.39
城镇化	494	0.469	0.176	0.131	0.896
农业生产率	494	0.471	0.302	0.0731	1.721
社会救助	494	0.0132	0.0140	0.000173	0.0798

为进一步全面系统考察土地流转与农村相对贫困的统计相关性，我们绘制了土地流转与农村相对贫困的散点图和线性拟合曲线，如图 7-1 所示。图 7-1 分别展示了以人均可支配收入中位数的 40%（相对贫困 1）和人均可支配收入中位数的 50%（相对贫困 2）为贫困标准时土地流转与农村相对贫困的关系拟合图。从图中不难看出，土地流转与农村相对贫困呈现出正相关关系，即随着土地流转强度的增加，农村相对贫困的程度也在不断加剧。

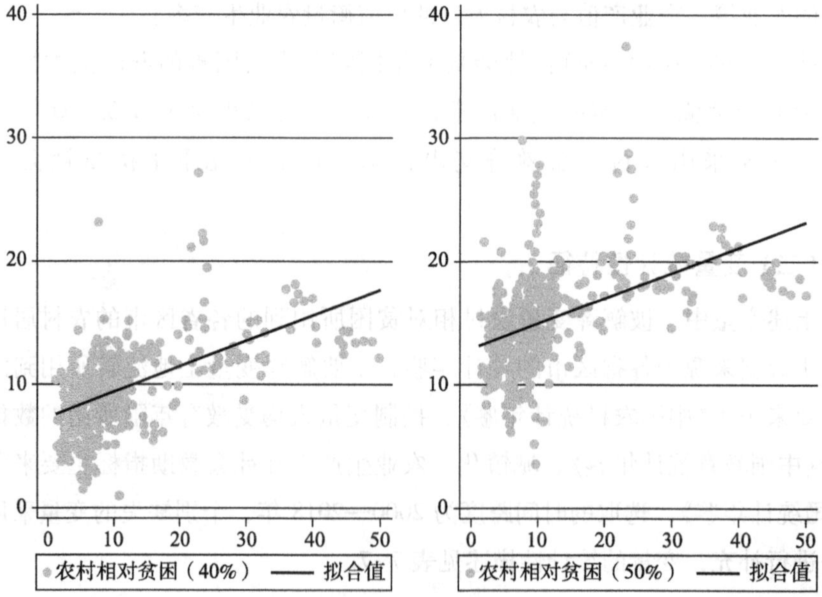

图 7-1 土地流转与农村相对贫困散点图和线性拟合曲线

（三）空间相关性检验

为深入探究我国农村相对贫困的时空格局，本文利用 STATA15.0 软件计算出三种不同权重矩阵下 2000—2018 年中国省域农村相对贫困的全局 Moran'I 指数，见表 7-8。可以看出，采用邻接权重矩阵时，相对贫困呈现出较强的正相关性，18 年间的 Moran's I 指数均值为 0.1509。采用地理距离权重矩阵和经济权重矩阵时，Moran's I 指数相对较低，而且主要以空间负相关为主，说明相对贫困在距离方面和经济方面的空间依赖性相对较弱。

表 7-8　2000—2018 年中国农村相对贫困的 Moran's I 指数

年份	邻接权重距阵	地理距离权重距阵	经济权重距阵
2000 年	0.184	0.149	-0.116
2001 年	0.277	0.151	0.056
2002 年	0.266	0.07	0.023
2003 年	0.4	0.187	-0.061
2004 年	0.229	0.012	0.182
2005 年	0.178	0.074	0.02
2006 年	0.102	0.031	-0.158
2007 年	0.112	-0.01	-0.122
2008 年	0.016	-0.083	-0.102
2009 年	0.222	-0.091	-0.092
2010 年	0.131	-0.15	-0.12
2011 年	0.087	-0.062	-0.034
2012 年	0.061	-0.208	0.031
2013 年	0.232	-0.036	0.086
2014 年	0.006	-0.014	0.002
2015 年	0.225	-0.01	-0.119
2016 年	0.054	-0.112	-0.159
2017 年	0.009	-0.116	-0.108
2018 年	0.077	-0.02	-0.052

（四）实证检验及结果分析

1. 面板回归分析

为与空间面板模型进行对比分析，本节首先给出了经典的面板回归模型，一般而言，面板回归模型主要包括静态面板回归模型和动态面板回归模型，其中静态面板回归模型包含固定效应模型和随机效应模型，动态面板回归模型包含系统 GMM 回归模型和差分 GMM 回归模型，具体回归结果见表 7-9。结果表明，无论采用哪种回归模型，土地流转对农村相对贫困的影响显著为正，这与前面的理论分析结论一致。但从表中也不难看出，静态面板回归模型的 R^2 值较低，说明其拟合程度较差，动态面板回归模型的 Sargan 检验值也偏低，这可能与忽视了空间依赖性有关。下面我们将用空间计量模型进行回归，并将其结果进行对比。LM 的检验结果表明空间杜宾模型(SDM)模型更为合适。

表 7-9　面板数据模型回归检验结果

解释变量	静态面板模型		动态面板模型	
	固定效应	随机效应	系统 GMM	差分 GMM
滞后期相对贫困			0.6513*** (0.0633)	0.1792** (0.0704)
土地流转	0.0127*** (0.0046)	0.1153*** (0.0283)	0.0394* (0.0210)	0.0692*** (0.0199)
人力资本	0.0981 (0.1020)	0.0261 (0.0963)	0.2284*** (0.0797)	0.1961*** (0.0638)
城镇化	5.5048*** (1.3843)	3.6740*** (1.1803)	2.3931*** (0.8527)	-0.5204 (0.8438)
农业生产率	2.0441*** (0.6836)	2.3185*** (0.5918)	2.7573*** (0.5843)	4.8895*** (0.5441)
社会救助	-22.8912** (-9.5102)	21.4039** (9.0857)	-28.4774*** (10.0082)	-44.8047*** (8.7298)
常数项	4.6496*** (1.0939)	4.9437*** (0.9797)	-0.9894 (0.9697)	3.8663*** (0.9253)
N	494	494	468	442
R^2	0.3140	0.3018	—	—
AR(1)	—	—	0.0001	0.0032
AR(2)	—	—	0.2607	0.3798
Sargan	—	—	0.4632	04715

注：括号中为标准差，其中 * $p<0.1$，** $p<0.05$，*** $p<0.01$。下同。

2. 空间杜宾模型回归分析

进行估计前，要进行模型的选择，根据 Hausman 的检验结果，随机效应模型更为合理，为此，本文选取随机效应模型进行估计。同时考虑到变量之间的相关性问题，使 OLS 估计方法将导致估计结果有效性降低，鉴于此，本文采用极大似然估计法(MLE)进行估计，具体回归结果见表 7-10。

表 7-10 空间杜宾模型回归检验结果

解释变量	邻接权重矩阵		地理距离权重矩阵		经济权重矩阵	
	基本方程	扩展方程	基本方程	扩展方程	基本方程	扩展方程
土地流转	0.0790* (0.0455)	0.0283* (0.0146)	0.2157*** (0.0349)	0.0629* (0.0365)	0.2292*** (0.0289)	0.1077*** (0.0345)
人力资本		0.0440*** (0.0047)		0.0829*** (0.0058)		0.0289*** (0.0070)
城镇化		1.4851*** (0.5380)		2.5988* (1.4921)		2.4012** (1.2037)
农业生产率		2.4093*** (0.7554)		1.0940* (0.6398)		0.5674 (0.6588)
社会救助		-0.003*** (0.0001)		-0.005*** (0.0013)		-0.004*** (0.0012)
空间权重*土地流转	0.1474** (0.0645)	0.0943** (0.0386)	1.3342*** (0.1223)	2.5551*** (0.7912)	0.3104 (1.8439)	1.9491 (2.1469)
空间权重*人力资本		-0.1236* (0.0653)		-3.815*** (0.5433)		-17.15*** (5.5050)
空间权重*城镇化		2.8968 (2.0394)		-25.5369 (37.682)		26.392*** (9.32363)
空间权重*农业生产率		-1.8131 (1.3504)		5.33917* (3.0864)		-8.13543 (6.23939)
空间权重*社会救助		-0.001*** (0.0000)		-0.128*** (0.0417)		-0.0002 (0.0001)
常数项	4.0459*** (0.5964)	4.6975*** (1.7085)	3.2884*** (0.8317)	6.0660*** (1.1897)	6.5486*** (0.5098)	6.5919*** (1.1464)
ρ	0.3231*** (0.0456)	0.1741*** (0.0533)	1.9833* (1.1702)	4.5844 (12.3547)	3.1032 (2.5680)	3.7582 (2.9211)
θ	-1.098*** (0.2092)	-1.229*** (0.2090)	-1.507*** (0.2306)	-1.284*** (0.2201)	-0.802*** (0.2308)	-1.212*** (0.2175)
R^2	0.2865	0.3937	0.0888	0.3389	0.3008	0.3789

表7-10列出了在三种空间权重矩阵下，土地流转影响相对贫困的基本方程和扩展方程。从回归结果可以看出，无论在哪种空间权重矩阵下，空间相关系数ρ都显著为正，表明相对贫困具有正的空间溢出效应，当地的相对贫困能够加剧周边地区的相对贫困。此外，土地流转的系数值为正，且通过了5%水平的显著性检验，表明土地流转能够加剧农村相对贫困。原因可以从以下两方面解释：一方面，土地流转作为一种交易，存在一定的交易成本，限制了所有农户参与土地交易的可能。特别是低收入农户，受制于资本、技术的限制，很难从土地流转中转入土地，即便能够转入土地，也难以实现土地规模化经营，不利于其收入水平的提升。另一方面，若是将土地转租出去，低收入农户也会因自身人力资本的限制，难以找到一份收入较高的工作。而对于高收入农户来说，由于具备资金、信息、技术等多方面的优势，不仅能够较为容易地从土地流转市场中转入大量土地，从事规模化的农业经营，获取较高的经营性收入，也能够通过土地流转对资源进行优化配置，提升收入水平。可见，无论是土地转入还是土地转出，低收入农户在土地流转过程中都不具备优势，获得的收益也最小。正是土地流转在不同收入农户间产生的收益不同，加剧了农村相对贫困，验证了前面的假设。

从各控制变量的结果看，人力资本的系数显著为正，表明农村人力资本水平的提升能够加剧农村相对贫困，这主要是因为农村人力资本水平提升主要是由高收入农户带动的，而低收农户的人力资本水平仍相对较低，这样就进一步扩大了农村不同收入农户间的收入差距，加剧了农村相对贫困。城镇化的系数也为正，且均通过了10%水平下的显著性检验，意味着城镇化也不利于农村相对贫困的减缓。伴随着工业化进程的加快，大型机器设备被广泛应用到农业生产中，解放了大量的农村剩余劳动力，这部分劳动力会转移到城镇地区，从事生产效率较高的非农生产，获得较高的收入报酬，同样加大了农民在不同行业就业的收入差距。农业生产率的提高同样加剧了农村相对贫困，主要原因在于农业生产率虽然能够增加农村居民的收入，但增加的主要是那些能够进行规模化生产的高收入农户的收入水平，而低收入农户由于土地数量有限，难以实现机械化、规模化生产，农业生产率比较低，导致其仍然处于比较低的收入水平，和高收入农户的差距比较大。因而农业生产率的提高不仅没有减缓农村相对贫困，反而加剧了农村相对贫困。社会救助的系数显著为负，表明农村社会救助水平的提升有助于农村相对贫困的减少，可能的解释是社会救助的对象主要是低收入群体，通过对这部分低收入群体以物质帮扶的形式满足他们维持日常基本生活的需求，也有助于其增加健康人力资本，更好地参与到社会工作中，缩小与其他群体的差距。

从空间滞后项的回归结果看，在邻接权重矩阵和地理距离权重矩阵中，土地流转的系数显著为正，而在经济权重矩阵下，土地流转的系数不显著，表明省域相邻和空间距离是土地流转影响农村相对贫困空间溢出效应的重要因素。在三种空间权重矩阵下，农村人力资本变量均存在显著空间相关性，意味着邻近省域的人力资本水平提升能够减缓本省的农村相对贫困。在邻接权重矩阵和地理距离权重矩阵下，农村社会救助水平系数显著为负，表明邻近省域的农村社会救助能够减缓本省的农村相对贫困。

3. 稳健性检验

在分析土地流转对相对贫困影响的同时，还应该注意由于贫困标准的不同而导致的检验结果的差异。为此，分别采用居民可支配收入中位数的50%作为相对贫困标准，对模型重新进行回归。估计结果见表7-11。在三种空间权重矩阵下所有方程中土地流转的系数均显著为正，表明土地流转加剧农村相对贫困的结论依然成立。同时可以看出，在使用不同的贫困标准时，土地流转影响农村相对贫困的效应是存在差异的，使用人均可支配收入中位数的50%作为相对贫困标准时，土地流转对农村相对贫困的影响效应要大于使用居民可支配收入中位数的40%作为相对贫困标准的效应。由此可见，较高的相对贫困标准设定会增加土地流转对相对贫困的影响效应。

表 7-11 稳健性检验结果

解释变量	邻接权重矩阵		地理距离权重矩阵		经济权重矩阵	
	基本方程	扩展方程	基本方程	扩展方程	基本方程	扩展方程
土地流转	0.0671*** (0.0044)	0.0257*** (0.0035)	0.1801*** (0.0401)	0.0932** (0.0422)	0.2154*** (0.0349)	0.1477*** (0.0416)
人力资本		0.0441 (0.1096)		0.1249 (0.1127)		0.0213 (0.1145)
城镇化		3.7069* (1.9342)		4.6789** (1.8345)		3.9193*** (1.4661)
农业生产率		-0.7867 (0.8961)		2.831*** (0.7729)		3.451*** (0.7883)
社会救助		-0.001*** (0.0001)		-0.003*** (0.0001)		-0.004*** (0.0011)
空间权重*土地流转	0.1453* (0.0742)	0.1113 (0.0733)	7.5211*** (1.9520)	4.9091** (2.5016)	0.8599 (2.1313)	0.1669 (2.7974)
空间权重*人力资本		-0.103*** (0.0130)		-5.9826** (2.5874)		-28.94*** (7.1549)
空间权重*城镇化		0.4898 (2.4785)		3.4974 (4.4222)		2.1929* (1.1586)
空间权重*农业生产率		-0.5485 (1.5561)		-4.5007 (3.5881)		5.1443 (73.1750)
空间权重*社会救助		-0.002*** (0.0001)		-0.0203** (0.0085)		-0.0003** (0.0001)
常数项	8.7833*** (0.8789)	8.6449*** (2.0806)	9.8352*** (1.0567)	11.392*** (1.5569)	12.812*** (0.6580)	13.450*** (1.4943)
ρ	0.2699*** (0.0511)	0.2541*** (0.0546)	66.7005 (1257.26)	1.10514 (1.2333)	-0.9793 (2.3300)	5.8339** (2.7730)
θ	-1.280*** (0.1940)	-1.684*** (0.1821)	-1.503*** (0.2324)	-1.596*** (0.1895)	-1.019*** (0.2017)	-1.631*** (0.1924)
R^2	0.1843	0.1213	0.0497	0.1306	0.2417	0.1277

（五）空间溢出效应分析

当存在空间溢出效应时，解释变量的变化不仅能够引起本地相对贫困的变化，也会对周边地区的农村贫困产生影响。根据 Lesage(2010)的研究，解释变量的回归系数并不能够反映空间溢出效应，而需要将其进一步分解为直接效应、间接效应来解释。本文利用 STATA 15.0 软件，根据上文提出的空间效应方法，以相对贫困为被解释变量，得到表 7-12 所示的空间溢出效应估计结果。

表 7-12 空间溢出效应估计结果

变量名称	邻接权重矩阵		地理距离权重矩阵		经济权重矩阵	
	直接效应	间接效应	直接效应	间接效应	直接效应	间接效应
土地流转	0.0342*** (0.0045)	-0.1144* (0.0631)	0.0647* (0.0373)	0.1308 (0.1038)	0.1102*** (0.0353)	0.0379 (0.0344)
人力资本	0.0345*** (0.0130)	-0.1467 (0.2034)	0.0771** (0.0323)	-0.1967** (0.0927)	-0.0435 (0.0945)	-0.2830*** (0.0863)
城镇化	1.7868*** (0.4309)	3.7351* (2.2199)	2.7511* (1.4279)	-1.1708 (1.9211)	2.6851** (1.1595)	4.5020*** (1.4394)
农业生产率	2.3226*** (0.7306)	1.6435*** (0.5991)	1.0724* (0.6183)	2.7304* (1.6427)	0.4800 (0.6330)	-1.3005 (1.0210)
社会救助	-0.005*** (0.0013)	-0.007*** (0.0025)	-0.004*** (0.0012)	-0.003*** (0.0011)	-0.001*** (0.0001)	-0.003*** (0.0001)

由表 7-12 可知，土地流转对农村相对贫困有显著的正向直接作用，表明土地流转能够加剧本地区的农村相对贫困。这是因为无论是从土地流出角度还是从土地流入角度来讲，土地流转都只更利于高收入农户的收入水平的提升，低收入农户虽然也能够从土地流转市场获取一定的收益，但其获取的收益要远低于高收入农户获取的收益，这样就加大了不同农户间的收入差距，进一步恶化了本地区的农村相对贫困。在邻接权重矩阵下，土地流转能够减缓周边地区的农村相对贫困，可能的原因是随着本地区土地流转强度的增加，土地实现规模化经营的可能就越大，会有更多的农业劳动力得到解放，这部分被释放出来的劳动力会转移到城镇地区或周边相邻地区从事非农生产，从而加大了周边地区非农劳动力市场的竞争，根据供需定理，周边地区的非农收入会相对下降，从而减缓了周边地区农户在不同行业就业的收入差距，减缓了相对贫困。但在地理距离权重矩阵和经济权重矩阵下，土地流转对周边地区的农村相对贫困作用不显著。

控制变量方面，在邻接权重矩阵和地理距离权重矩阵下，人力资本对本地区的农村相对贫困影响显著为正，但在经济权重矩阵下，其对本地区的农村相对贫困影响不显著。在地理距离权重矩阵和经济权重矩阵下，人力资本对周边地区的农村相对贫困具有显著减缓作用，但在邻接权重矩阵下，其效果不显著。在三种空间权重矩阵下，城镇化对本地区的农村相对贫困具有正向加剧作用，在邻接权重矩阵和经济权重矩阵下，对周边地区的农村相对贫困也具有正向加剧作用，但在地理距离权重矩阵下，对周边地区农村相对贫困作用不显著。在邻接权重矩阵和地理距离权重矩阵下，农业生产率能够加剧本地区和周边地区的农村相对贫困水平，但在经济权重矩阵下，农业生产率对本地区和周边地区的农村相对贫困影响均不显著。在三种空间权重矩阵下，社会救助水平对本地区的相对贫困具有减缓作用，同样对周边地区的农村相对贫困也具有减缓作用。

第八章

研究结论与政策启示

第一节 研究结论

土地流转是实现我国农业现代化和乡村振兴的重要举措，土地流转改变着农户家庭资源的配置状况，影响着农户家庭的收入。本文首先分析了土地流转影响农村相对贫困的理论假设，然后采用中国 2000—2018 年省级面板数据，利用面板数据模型实证检验了土地流转与农村相对贫困的关系，得到如下的研究结论。

第一，时间序列方面，2000—2018 年我国省域农村相对贫困水平上升的有 22 个，下降的仅有 4 个，整体上呈现加剧趋势。从贫困程度类型上看，2000 年我国省域中相对贫困程度较低的省区市有 18 个，相对贫困程度高的省区市有 2 个，到 2018 年，我国农村相对贫困程度较低的省区市下降到 3 个，相对贫困程度高的省区市上升到 5 个。空间格局方面，中国农村相对贫困在空间上呈现出一定的空间关联性。2000 年，中国的中部地区以及东南沿海地区呈现较低程度相对贫困的连片分布区，东北地区则是高程度相对贫困的集中分布区。2018 年东北地区和长江中游地区是较高程度相对贫困集中区，西部地区则为高程度相对贫困的连片区。空间依赖方面，各省域农村相对贫困具有较强的空间依赖特征，2000—2018 年我国农村相对贫困全局 Moran'I 指数呈现出升高—下降—升高—下降的周期性演变趋势，表明农村相对贫困在空间上表现出集聚—分散—集聚—分散的演化模式；空间分布上，2000—2018 年低—低集聚具有较强的显著性，主要集中在长江中游地区和东部沿海地区，直接呈现缩小趋势。

第二，土地流转实现了农业规模化、集约化的生产，提升了农业生产率和农户家庭的经营性收入，有利于农村绝对贫困的减少，但土地流转所产生的收益在不同农户间的分配是不均等的，高收入农户从中获取的收益更多，加大农村地区的相对贫困程度，并且这一结论具有稳健性，较高的相对贫困标准设定会增加土地转对相对贫困的影响效应。

第三，在三种空间权重下，土地流转能够加剧农村相对贫困，在更换相对贫困标准后的稳健性检验也验证了这一结论；土地流转对农村相对贫困存在空间溢出效应，在邻接权重矩阵下，土地流转能够加剧本地区的农村相对贫困，但对周边地区的相对贫困却有减缓作用；就其他影响农村相对贫困的控制变量而言，农村人力资本水平、城镇化水平和农业生产率的提高也能够加剧农村相对贫困，而农村社会救助水平的提升却能够有效减缓农村相对贫困。

第二节　政策启示

在土地流转成为不可逆转的趋势下，缓解农村相对贫困问题是我们需要思考的。基于本文的研究，土地流转过程中不同收入水平的农户享受到的土地流转带来的收益差距加剧了农村相对贫困，为此，本文提出以下几点启示。

第一，对不同规模的农地转出，应采取不同的引导政策。在充分认识家庭资源的基础上，综合考虑区域经济发展、自然差异等外部条件，合理配置土地和劳动力资源，实现农民利益的最大化。鼓励规模较大的农村土地流转户积极参与非农就业，提高自身的可操作性，避免因能力被剥夺而陷入贫困；对规模较小的农村土地流转户，鼓励其积极参与非农就业，在增加非农收入的基础上，就近就业，提高生存能力，避免陷入贫困。

第二，完善土地流转制度。完善的土地流转制度是实现土地流转公平高效进行的基础保障。对地方政府来说，农村土地“三权分立”只是一项宏观政策，具体实施程序和规章制度还有待进一步落实和完善。针对不同时期、不同群体，制订相应的解决方案和规范化程序。在实地调查中发现，多数农户以私下流转和口头协议的形式流转土地，且没有签订规范的农地流转合同，给政府协调解决农地流转纠纷带来了困难。此外，政府登记的农用地流转面积主要是新型农业经营主体（合作社、家庭农场、农业企业）的流转面积，农民的私人流转面积很少在地方政府备案。因此，今后要针对不同的对象，重点加强和完善农地“三权分立”的方案设计和制度规定，规范农地流转程序，减少农地流转矛盾纠纷，确保土地纠纷案件有法可依。首先，完善土地流转网络平台。借助于互联网技术，将参与土地流转的农户信息以及土地信息进行详细登记，方便土地流转双方进行洽谈。其次，创新土地流转方式。目前我国的土地流转主要以出租、转包、转让为主，这三种土地流转方式虽然简单快捷，但也存在容易产生土地纠纷、农户收益低等弊端，为此，要借助于互联网，鼓励农户以入股、抵押、信托等新形式进行土地流转，切实保护农户的相关权益。最后，加强土地流转管理。政府相关部门要明确土地流转双方的权利和义务，并成立土地流转纠纷解决平台，保证土地流转的顺利进行。

第三，合理引导农户土地转出行为。要充分利用各种媒体，加强农地流转政策的引导性宣传，增强农民的农地流转意识，使贫困地区农民充分认识到农地流转的社会经济效益和承载的理论和现实意义，转出耕地。选取典型的农地流转案例进行宣传，鼓励典型农户分享农地流转的成功经验，提高农民对流转行为的认知，改变农民对农地流转行为的认识偏差，改变农民农地流转行为的盲目性，提高农民的法律意识，合理引导贫困地区农民积极参与农地流转。在推进农地流转过程中，要稳定承包关系，坚持“依法、自愿、有偿”的原则，从根本上实现促进农民增收、农业生产和农村发展的主要目的。

在三权分置的政策背景下，要积极引导高分化农户参与农地市场化流转，释放束缚在农地上的低效劳动力和土地。具体来说，不同类型的农民要根据自身特点进行转移。对长期从事非农就业、非农收入相对稳定、较高的农民，鼓励他们选择农用地中长期转出期。对季节性流动农民，要鼓励他们通过租赁、代耕等方式在短时间内转出农用地。一方面，合理有效的农地流转行为可以保证家庭的农业经营收入（地租收入），防止农地抛荒现象的发生。另一方面，减少了农用地对流动农民非农就业的约束，保证了农民能够全身心投入到非农就业中来。

第四，提升低收入农户参与土地流转的能力。土地流转市场准入“门槛”

的存在，增加了低收入农户参与土地流转的难度，为此，政府要降低低收入农户进行土地交易的成本和费用，促使他们能够参与到土地流转中，更充分地分享土地流转的收益。然后，为低收入农户提供土地流转信贷支持，增强土地转入的能力，同时为低收入农户提供技术指导，促进农业生产的规模化经营，提升农业经营性收入。最后，加大非农劳动市场的发展，对农村劳动力进行非农就业培训，增强其在非农劳务市场的竞争力，提升工资性收入。

3

第三部分

环境规制与城镇相对贫困

第九章

绪论

第一节 研究背景及研究意义

一、研究背景

改革开放40年以来，在经济快速发展过程中，中国的减贫工作取得了显著成效，贫困发生率由1978年的97.5%下降到2019年的0.6%，年均下降约2.4个百分点，并到2020年实现全部贫困人口脱贫的目标。但这并不意味着中国贫困治理的终结，消除绝对贫困的同时也不能忽视相对贫困问题的存在。党的十九届四中全会提出“坚决打赢脱贫攻坚战，建立解决相对贫困的长效机制”，由此可见，解决相对贫困问题将成为未来中国减贫工作的重心（邢成举、李小云，2019）。然而对相对贫困的关注并不是中国目前唯一关注的问题，中国还面临着粗放型经济增长方式带来的资源能源枯竭、环境污染日益严重、产业结构失调等问题，党的十九大报告指出“我国经济已由高速增长阶段转向高质量发展阶段”，高质量的经济发展要求必须转变经济发展方式，扭转高污染、高耗能、高成本的现阶段发展格局。治理环境污染、实现经济高质量发展成为中国现阶段一项迫切任务。然而环境污染的负外部效应使市场在解决环境问题时导致失灵，这时政府的行政管制就显得尤为重要。环境规制就是政府运用行政的手段对企业的生产行为进行调控，使企业通过对生产方式的改进减少污染物的排放。环境规制是解决环境污染、提升经济增长质量的重要政策工具（何春、刘荣增，2020）。环境规制在调控企业生产行为的过程中影响着企业的经济效益和劳动者的工资收入，重新调整着社会财富的分配。

那么环境规制是否能够显著影响相对贫困？又是通过何种机制影响相对贫困的？这是本部分研究的重点内容。需要说明的是，环境规制影响的主要是城镇地区企业和居民的生产和生活行为，因此本部分重点考察环境规制对城镇居民相对贫困的影响。

二、研究意义

综合选题背景和现有研究的发展趋势，本研究的理论和实践意义主要体现在以下两个方面。

（一）理论意义

环境保护和减缓贫困一直是经济学领域研究的热点问题，但是很少有学者从环境规制角度研究相对贫困。本研究首先从发展经济学视角对相对贫困的内涵、类型、贫困线的测定进行了归纳和总结，建立一套适合中国国情，科学、合理、可行的相对贫困线标准和相对贫困测量方法，形成了一个较为完整的相对贫困理论体系。然后，从可持续发展视角分析了环境规制影响相对贫困的作用机制，形成比较系统的环境规制影响相对贫困的理论认知，在一定程度上丰富了相关领域的研究。

（二）实践意义

研究环境规制与相对贫困的关系具有重要的实际应用价值。①对于政府而言，可根据环境规制对相对贫困的影响效应制定下一步的环境规制政策。同时，对政府在未来如何通过制定环境政策促进就业，最终减缓相对贫困也具有重要的指导意义。②对于企业而言，有助于企业深入理解环境规制对相对贫困的作用机制，通过环境政策及时调整企业的劳动力需求，从而更好地调整企业的生产规划，保障高效生产。③对于贫困居民而言，一方面，严格的环境规制政策可以有效控制污染物的排放，对贫困居民的身体健康起到积极作用，减少医疗支出；另一方面，环境规制政策可引导企业采用先进技术进行生产，对人才也提出了较高的要求，可激励贫困居民提升人力资本水平，促进其收入增加。

第二节 文献综述

一、相对贫困

在发展中国家和发达国家，贫困通常有不同的衡量方式。大多数发展中国家以绝对值衡量贫困，采用由一篮子预先确定的商品货币成本确定贫困线。相比之下，包括大多数经合组织国家和欧盟统计局在内的发达国家，贫困分析都是以相对的方式衡量的，将贫困线定为一个国家平均或中等生活水平的一部分。随着各国绝对贫困的减少，以相对贫困衡量贫困程度，能够更好地体现社会的包容性。

（一）相对贫困的概念

从贫困的研究史看，早期的研究多集中在对绝对贫困的关注上，并定义绝对贫困是低于维持身体有效活动的最低生存标准，因此绝对贫困又被称为生存贫困，即在一定的社会经济条件下，个人或家庭的收入不能满足基本的生存需求(Rowntree，1899)。这种界定贫困的方法有其局限性，一是仅关注于维持基本的生理需求，二是需要将这基本的需求品列成清单并换算成收入，但是基本的生理需求没有科学的固定标准，很难对其进行准确衡量(杨立雄、谢丹丹，2007)。为此，有学者开始重新定义贫困，汤森(1971)认为，贫困是个人、家庭、社会组织缺乏获得食物、住房和参与社会活动等方面的资源，使其不足以达到社会的平均生活水平，从而被排斥在社会正常生活状态之外。汤森的相对贫困理论强调了社会成员间生活水平的比较，是一个主观标准，丰富了贫困的内涵。国内学者在20世纪末也开始了对相对贫困的关注。关信平(1999)认为贫困是在特定社会背景下，部分社会成员由于缺乏获得一定社会资源的能力，导致其生活状态持续性低于社会平均生活标准。陆小华(2000)，魏津生、童星、林闽纲(2001)认为，相对贫困是一种生存状态，是指群体所需的物质供给、技能保障及意识引导低于社会平均水平，缺乏扩大社会再生产的能力。朱登兴(2001)认为，相对贫困是一个社会道德范畴，属于社会公平问题。邢成举、李小云(2019)认为相对贫困是指在特定经济社会条件下，个人或家庭的收入虽然能够维持基本的生存需求，但无法满足当时条件下的其他生活需求的状态。因此，从实质上看，相对贫困体现为人群之间的比较，具有一定的社会结构性(左停、李世雄，2020)。

（二）相对贫困的标准

贫困标准的设定是开展反贫困工作的前提，科学合理的贫困标准能够为准确识别贫困对象、制定贫困策略提供科学依据。学术界关于相对贫困标准的设定并没有一个统一的定论，现有的研究在设定相对贫困线时是以平均收入或者中位数收入的某一比例为标准。如 Fuchs(1969)建议使用收入中位数的50%作为相对贫困标准，汤森(1971)提出将平均收入作为相对收入标准。O'Higgins and Jenkins(1990)则建议使用平均收入的 50%作为相对贫困标准。后期的学者认为中位数比平均值更具有稳健性，因此多采用收入中位数的50%或 60%作为相对贫困标准(Preston，1995；Madden，2000)。特别地，Gottlieb 和 Fruman(2011)通过评估不同的相对贫困标准后，认为收入中位数的60%是最佳的相对贫困标准。欧盟在 2010 年将欧洲国家的相对贫困标准设定为收入中位数的 60%，并将收入中位数的 40%和 50%作为参考指标(Van Vliet & Wang，2015)。中国学者张琦(2016)提出相对贫困线可设定为平均收入的某一比例。也有学者提出将相对贫困标准设定为收入中位数的比例(程蹊、陈全功，2019)。汪晨、万广华、吴万宗(2020)采用收入中位数的 60%作为相对贫困基准标准，采用收入中位数的 40%和 50%作为相对贫困的参考标准对中国区域的相对贫困进行了测算比较。还有学者采用动态的相对贫困标准，如孙久文、夏添(2019)推荐使用的相对贫困标准，以 5 年为调整期，即 2021 年的相对贫困标准为 2020 年农村居民收入中位数的 40%，2021—2025 年的相对贫困线为 2020 年农村居民收入中位数的 40%，2026—2030 年的相对贫困线可设置为 2025 年农村居民收入中位数的 45%，2031—2035 年为 50%，以后逐步趋向于 60%。叶兴庆、殷浩栋(2019)也同样指出要借鉴国际经验，并基于我国国情，采用收入中位数的一定比例确定相对贫困线，并随着经济发展水平的提高相应地提高这一比例。

（三）相对贫困的测算

陈宗胜、沈扬扬、周云波(2013)根据农村收入分组数据，利用非参数核密度方法分析了 20 世纪 80 年代以来中国农村贫困变动状况，得出中国农村相对贫困日益恶化的结论。岳明阳(2018)采用一个复合指标即相对贫困发生率和相对贫困深度的乘积构建了相对贫困指数，反映农村的相对贫困水平。秦建军、戎爱萍(2012)不仅测算出中国农村相对贫困水平，还试图分析影响农村相对贫困的因素，得出农村的相对贫困持续走高，劳动力价格差异是决定性因素的结论。杨舸(2017)利用流动人口调查数据和统计年鉴中城镇居民数据，从收入贫困、消费贫困、公共资源贫困等角度分析了流动人口陷入"城市相对贫困"的风险和对策。蔡兴冉(2019)等对河北省县域相对贫困的研究表明，河北省相对贫困呈现出空间差异，相对贫困度较高的地方主要集中在冀西北、冀中和冀中南地区，相对贫困度较低的地方主要集中在冀东和冀中部分地区，并且地区生产总值、公共财政预算收入等7个因子是影响相对贫困的重要因素。汪晨、万广华、吴万宗(2020)基于Shorrocks和Wan(2009)对收入分组数据进行还原，测算出在不同贫困标准下中国的贫困发生率，结果表明，中国的绝对贫困发生率不断降低，但是相对贫困发生率却在不断提高，并且与城镇相对贫困相反，农村相对贫困在近些年有收敛趋势。

（四）相对贫困的治理

和绝对贫困属于生存性贫困相比，相对贫困属于发展性贫困，重点解决人类的可持续发展问题，具有长期性和复杂性，因此，对相对贫困的治理也提出了更高的要求。2020年后，中国的扶贫工作仍然是以开发式扶贫和保障性扶贫为主，但这两种扶贫方式具有了更为丰富的内涵。开发式扶贫除了农业生产力和人力资源的开发，更为重要的是社会包容环境的开发；保障性扶贫则包含了基本公共服务和社会保护路径(左停、李世雄，2020)。向德平、向凯(2020)认为相对贫困的治理要具有更高的整合性，并从区域城乡整合、贫困治理主体整合、政府部门整合、外部动力与内生力量整合四个方面提出了对策建议。吴振磊、王莉(2020)认为和绝对贫困相比，相对贫困具有致贫因素复杂性、治理对象多样性、治理任务多重性等特点，因此相对贫困的治理要以科学的制度安排为基础，以生产水平提升为关键，以提升贫困治理的内在动能为根本。也有学者认为在消除绝对贫困后，农村的减贫战略要由"扶贫战略"转向"防贫为主"，建立起目标明确、互相衔接的减贫政策体系，主要包含两个方面：①建立和完善预防性政策体系，防止低收入群体重返贫困；

②完善普惠性的教育、医疗等政策，防止新贫困的产生（李小云、苑军军、于乐荣，2020）。

二、环境和贫困

环境和贫困问题一直是发展中国家关注的重点问题。1992 年的世界发展报告阐述了贫困、经济增长和可持续发展的问题，引发了学者关于环境与贫困问题的思考。Grossman（1991）提出的环境库兹涅茨曲线（EKC）为环境与贫困的关系提供了理论支撑。该曲线表明人均收入与环境污染之间呈现出“倒U”形关系，即在曲线的上升阶段，经济的发展是以环境污染为代价的，在曲线的下降阶段，经济的发展能够有效改善环境质量，并且这种关系得到了诸多学者的验证。但多数发展中国家处于 EKC 曲线的左边，意味着经济的发展会加剧环境污染，进而会威胁居民的健康，更加诱发贫困的发生。Ekbom（1999）认为环境与贫困是相互作用的，环境恶化会加剧贫困，贫困加剧会进一步破坏环境。李琳（2003）、李建新（2002）通过对中国西部贫困地区的研究也得出了类似的结论。赵跃龙、刘燕华（1996）的研究表明，脆弱生态环境与贫困具有一定相关性，其相关程度要受到经济发展水平、地理区位和交通条件的影响。有的学者则从耦合角度研究了环境与贫困之间的关系。李静怡、王艳慧（2014）对连片特困地区的经济贫困与环境质量的研究表明，人均可支配收入与生态环境质量空间上具有较强的相关性，但两者之间存在非良性的耦合。曹诗颂、赵文吉、段福洲（2015）从自然、社会、经济三方面构建了经济贫困指标体系，并研究了经济贫困与生态资产的耦合性，结果表明秦巴特困地区生态资产低的地方，其经济贫困程度较高，两者呈现出较强的共生关系。

上述研究表明环境与贫困有着密切的关系，环境的污染会加剧贫困，贫困的加剧会进一步恶化环境。为此有学者从环境保护角度提出了减贫的方案。张义丰、王又丰、程志刚、周礼（2000）对西部地区的研究表明，生态环境恶化是造成西部地区农村贫困的重要原因，改善西部地区的生态环境、振兴西部地区农业发展是减少西部地区农村贫困的路径选择。李仙娥、李倩（2013）对秦巴集中连片特困地区的研究表明，生态环境恶化与贫困共生共存，并提出了生态扶贫模式。生态扶贫更侧重于事前预防贫困，而不是事后治理贫困。为实现全面建成小康社会的目标，中国开启了多元化的扶贫模式，并且扶贫也由救济式扶贫为主向开发式扶贫为主转变。Song(2014)认为生态环境的改善能够为贫困家庭提供一张安全网。Gopal(2014)的研究表明，环境绿化对于改善贫困地区被剥夺的环境具有积极作用，进一步佐证了环境的改善有利于贫困的减缓。

三、环境规制和就业

环境规制作为一种行政命令型政策工具，虽然能够有效改善环境质量，但同时也会影响城镇居民生活状况。现有的关于环境规制与城镇贫困的直接研究并不多，由于就业收入是城镇居民收入的主要来源，所以多数相关研究主要集中在环境规制对就业的影响方面(李志平，2007)。早期的学者关注环境规制的成本效应，认为环境规制会增加企业的生产成本，导致对劳动力需求的减少。Henderson(1997)的研究表明，环境规制会增加企业成本削弱企业竞争力，为减少支出，企业会减少雇佣劳动力的数量。Kahn(2013)和Sun(2013)的研究也得出了类似的结论，即碳税政策的实施能够减少就业人数，增加失业。国内学者蒋勇、杨巧(2019)利用杜宾模型研究环境规制与就业的关系，表明环境规制不利于就业。孙文远、杨琴(2017)对"两控地区"的研究也表明两控政策的实施不利于就业水平的提升。也有部分研究认为环境规制不仅没有减少就业，反而增加了就业。Morgenstern(2002)、陈媛媛(2011)分别对美国和中国的工业行业的数据进行了验证，得出了环境规制的就业增长效应的结论。赵连阁(2014)认为，伴随着高污染地区环境治理投资额的不断增加，治理污染所需的就业人数也是在不断增长的。张先锋、王瑞、张庆彩(2015)的研究表明，环境规制所产生的产业升级和产业转移能够增加就业。也有部分学者认为环境规制对就业的影响方向不确定，要受到产业结构、行业技能、劳动技能等多种因素的影响。王勇、施美程(2013)认为环境规制带来就业是由一定临界值作为前提的。李梦洁、杜威剑(2014)的研究表明，在不同的阶段，环境规制对就业的影响是不一样的，超过一定临界值能够实现双重红利。仲伟周、陈玉洁(2019)认为环境规制与国有企业的就业呈现出"U"形关系，对私人企业就业呈现出"倒U"形关系。

四、环境规制和收入不平等

目前学术界鲜有学者从环境规制视角研究相对贫困，大多是围绕环境规制与收入分配的关系展开的。杨振兵、张诚(2015)研究发现，样本区间内环境规制致使几乎所有工业出现了实际工资低于劳动生产率的扭曲现象，并且扭曲指数呈现“倒U”形演化趋势。余东华、孙婷(2017)基于2003—2014年28个制造业行业面板数据的研究表明，趋紧的环境规制能够显著提升技能溢价，意味着环境规制能够扩大高技能工人和低技能工人的工资差距。闫文娟、郭树龙(2018)对“两控地区”的研究表明，环境规制政策显著降低了“两控地区”及二氧化硫高排硫区企业员工工资水平。范庆泉(2018)的研究表明，恰当的环境政策组合能够实现经济增长、环境保护和收入差距缩小的三重红利。近期的学者研究表明，环境规制对居民收入的影响具有异质性特征。如环境规制会降低高污染、高能耗行业劳动者的工资水平，但会增加高科技、低能耗行业劳动者的工资水平(刘奥龙，2019)。不同的环境规制工具对城镇居民收入的影响也存在差别，命令控制型环境规制加剧了城镇居民收入不平等，而市场激励型环境规制对城镇居民收入分配影响不显著(何兴邦，2019)。还有秦明、齐晔(2019)对2002—2007年城镇住户调查数据的研究表明，环境规制对工资增长呈现异质性特征，对污染严重的城市，环境规制抑制工资上涨的作用更明显，对低技能劳动者的工资也具有抑制作用。

国内外学者关于相对贫困、环境规制与就业、环境规制与收入分配等研究为本研究的展开提供了宝贵的学术文献资源。但已有研究仍存在以下不足：①关于相对贫困测度与识别的研究不完善。测度与识别相对贫困是反贫困的首要任务，只有按照科学的方法，准确识别区域的贫困类型与贫困程度，才能制定合理的反贫困政策，减缓相对贫困。本研究将构建符合我国国情的相对贫困标准以及相对贫困测评方法，全面、系统、动态地分析我国相对贫困的现状。②现有研究大多集中在环境规制的就业效应和收入分配效应方面，鲜有学者研究环境规制对相对贫困的影响，尤其是关于环境规制影响相对贫困的作用机制的研究甚为缺乏。本研究的理论研究重点就是要研究环境规制与相对贫困之间的作用机制。③研究的动态性不足。已有相关研究主要采用静态的单向关系研究，忽视了环境政策的滞后效应以及相对贫困的动态变化。为克服研究方法上的局限，本研究主要采用非线性面板门槛模型、动态面板系统GMM等方法对研究内容进行严谨的科学分析。

第三节 相关理论

理论作为文章的重要基石，能够为增加文章的逻辑性。目前关于环境规制影响城镇相对贫困的理论还没有被完整地阐述，一些相关的理论如环境库兹涅茨曲线、波特假说、市场失灵理论、环境规制理论对解释环境规制和相对贫困的关系具有积极作用。

一、环境库兹涅茨曲线

库兹涅茨曲线是美国经济学家西蒙·史密斯·库兹涅茨于 1955 年提出来的反映收入分配和人均收入水平关系的一种曲线。该曲线表明随着人均收入水平的上升，收入分配先趋于恶化，但随着经济的不断发展，收入分配又趋于改善，最后达到比较公平的分配状态，呈现出“倒 U”形。随着研究的不断深入，学者将库兹涅茨曲线应用到环境领域，从而将环境问题与经济发展联系到一起。美国环境学家 Grossman 和 Krueger 于 1991 年将环境纳入库兹涅茨曲线中，提出环境库兹涅茨曲线(简称 EKC 曲线)，如图 9-1 所示。EKC 曲线反映了经济发展与环境保护之间的关系，即在经济发展初期，对环境的污染和破坏程度较小，但到了经济加速发展时期，产生了较大的资源、能源浪费和环境污染。随着经济的继续发展，人们的生活水平不断提高，对环境也有了较高的要求，环保意识开始增强，进而开始加强对环境的监测和治理，促进环境治理的改善。

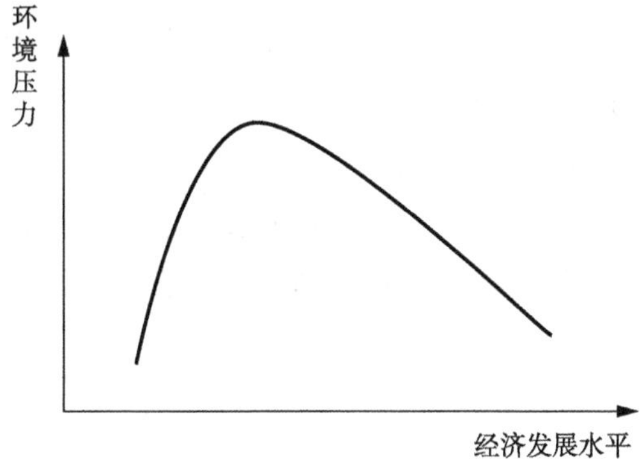

图 9-1 环境库兹涅茨曲线

后来学者又进一步深入研究了环境库兹涅茨曲线，深层次揭示了环境保护与经济发展的关系，在一定程度上丰富和完善了环境库兹涅茨的理论体系。主要体现在以下两个方面：①从三种效应分析经济增长与环境保护的关系。首先是规模效应。经济快速发展，会增加对生产要素的投入量，导致资源、能源的大量浪费，从而造成了环境污染和生态破坏，因此，从这个角度讲，经济的发展与环境污染具有正向关系。其次是技术效应。经济的发展能够产生巨大的经济效益，人们可以投入大量的资金进行科技研发，从而使科技水平和生产效率提升，而生产效率的提高又会进一步促进经济的发展。可以看出，较高的科技水平能够提高资源、能源的使用效率，减少污染物的排放，同时先进的排污治污设备对污染的治理效果也是十分明显的，环境质量明显改善。最后是结构效应。经济的发展过程也是产业结构不断变迁的过程。经济发展初期，产业结构以第一产业为主，对环境污染较少；伴随着经济的发展，产业结构逐渐转变为以第二产业为主，由于第二产业是产生污染物较多的工业，因此随着第二产业的不断发展，所带来的资源能源的浪费以及对环境产生的污染都是难以减免的；随着经济的进一步发展，产业结构转变为以第三产业为主，对环境的破坏程度有所减轻，而且环保行业的发展对于改善环境质量也具有积极作用。由此可以看出，规模效应对环境的破坏程度较大，而后期的技术效应和结构效应有利于环境质量的改善，这三种效应的强弱程度决定了环境质量的好坏。在经济发展前期，规模效应的作用相对较强，因此经济的发展会带来严重的环境污染，而在经济发展的中后期，技术效应和结构效应发挥更大的作用，此时资源能源得到了科学合理的利用，环境质量有所改善。②人们对环境质量要求的转变。在经济水平比较低的时候，人们并不十分关注环境质量的好坏，此时在经济利益的驱使下，人们开始大量进行资源能源开发，以促进经济的增长，加快了资源能源的消耗，带来了严重的环境问题。但随着经济发展水平的提高，人们的物质生活水平逐渐提高，开始注重对精神生活的追求，以及注重环境质量和身体健康，随之制定一系列环境政策、法律法规以治理环境，改善环境质量。

二、波特假说

经济的快速发展加剧了环境问题的恶化，各国纷纷出台了一系列的环境政策和制度，展开了对环境污染的治理活动。环境规制是政府运用行政手段调节企业生产行为、治理环境的有效政策工具。在环境政策实施初期，学者们一致认为政府通过设置排污标准、征收环境税费等会增加企业的治污成本，虽然能够改善环境，但是由于企业的成本增加，市场竞争力会下降。这种观点一直持续到1995年，哈佛大学商学院教师波特提出的“波特假说”。该假说认为，较高强度的环境规制会激励企业进行技术创新，甚至能够抵消因环境规制带来的成本增加，提高生产效率和产品质量，增强企业在市场中的竞争力。环境规制可以实现环境保护和企业技术创新的双赢局面，这一观点的提出为我们重新认识环境规制与企业创新，以及经济发展提供了新的视角。

波特假说包含了“创新补偿”和“先动优势”两大理论基础。①“创新补偿”理论。创新是企业不断发展的力量源泉，也是企业在市场保持竞争优势的有力支撑。而环境政策的实施会使企业为满足排污要求重新配置资源。企业可通过购置治污设备来减少污染物的排放，这挤占了企业的技术创新资金，不利于企业的长远发展。因此，企业会进行技术创新，寻求生产率较高的技术，以减少污染物排放，达到排污要求。同时新技术具有较高的生产率，能够减少劳动力的需求和成本，产生“创新补偿”效应。②“先动优势”理论。伴随着经济的发展和人们生活水平的提高，人们对环境质量的要求也在不断提高，需求产品的结构也发生转变，增加了对绿色产品的需求。这为企业提供了新的商机，很多企业为适应消费者的需求，生产销售绿色产品，由此带动了新的产业发展，促进了劳动力就业。当技术创新带来的就业增加大于就业损失时，社会的总就业量就会提高。

图9-2中纵轴代表产品产量，横轴为环境质量，在未进行技术创新时，产出集为OPM，当环境规制处于较低的 X_1 水平时，对应的产出集为 OX_1DM 区域，当生产者在 A 点生产时，表明在环境质量为 X_1 水平下，产品产量为 Q_1，此时的生产是缺乏效率的，企业可以在保持环境投入不变和生产投入不变的前提下，通过生产效率的改进实现产品产量的增加，到达 D 点。随着国家环境规制强度的增加，环境质量水平将会从 X_1 提高到 X_2，在产出集 OPM 区域，企业将生产效率由 A 点转移到 B 点，B 点为该区域范围生产效率最高的点，此时产品的产量为 Q_2，而由于环境规制强度的增加，企业会进行技术创新，采取先进的技术进行生产，从而会使产出集由原来的 OPM 变为 OPN，

当在环境质量 X_2 保持不变的前提下，企业能够生产的最大产品量为 Q_3，对应的点为 C 点，由此可以看出，环境规制能够从两部分提高产品的产量，由生产效率增加的（Q_2-Q_1）或由技术革新增加的产量（Q_3-Q_2）（张欢欢，2018）。

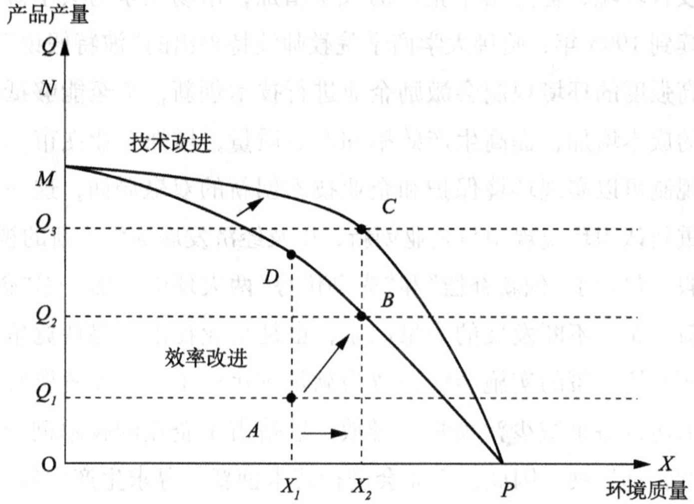

图 9-2　波特提出假说解读图

三、市场失灵理论

市场作为商品和劳务交易的重要场所，是进行资源配置的重要途径。但在很多情况下，市场竞争是不完全的，对资源配置失去效率，这就是市场失灵。当存在市场失灵时，就需要政府采用行政调控手段去实现资源的优化配置，用“看得见的手”弥补“看不见的手”的不足。环境市场也存在失灵状况，主要原因是环境污染的负外部性、环境资源的公共物品属性、环境产权的模糊性。

第一，环境污染的负外部性。外部性也被称为外部效应或外部成本，是由剑桥大学的马歇尔在19世纪末提出的，认为外部性是指个人或企业的生活生产行为对外界产生了影响，并且这种影响并没有按照市场价格进行交易。后来庇古继承并发扬了这一理论，他从资源配置效率最大化角度出发，进一步深入研究了外部性，认为个人或社会的边际收益存在差别，经济体在追求利润过程中，会以环境为媒介形成外部性。根据外部性的影响不同，可分为正外部性和负外部性，正外部性是指个人或企业的经济行为对外界产生有益的影响但并不从中收取费用，而负外部性则是个人或企业的经济行为对外界产生有害的影响也不承担任何成本。环境问题产生的根源就是环境污染的负外部性。经济体在追求利益过程中，会想尽办法使得利益能够达到最大化，很少会考虑其经济行为对环境带来的负面影响，更不愿意花费精力对污染的环境进行治理和改善。由此可见，经济行为产生的利益由经济体独享，带来的环境污染则由社会成员来承担，这种负外部性会造成整个社会福利的损失（时乐乐，2017）。

第二，环境资源的公共物品属性。根据产权属性，可将产品分为私人物品和公共物品，公共物品是供公众所使用的物品，具有非排他性和非竞争性特点。非排他性是指公共物品一旦被提供，便会有很多人对其进行消费和使用；非竞争性是指个人在享用公共物品的同时不影响他人对公共物品的享用。环境资源就有公共物品的特点，环境资源很难确定明晰的产权，具有非排他性，而且环境具有一定的自我净化能力，环境污染在一定限度内，环境系统能够通过自身净化不影响他人对环境资源的使用。正是因为环境资源公共物品的属性，导致经济体过度利用环境资源，忽视环境污染带来的负面影响，这种“搭便车”的行为会使环境资源日趋紧张，环境污染日趋严重。

第三，环境产权的模糊性。科斯的产权理论为政府治理环境污染问题提供了理论基础，如排污权交易这一规制工具的运用。由于环境资源的公共物品特点，决定了环境资源产权的不确定性，因而不能对其进行有效监管，导致了市场失灵。如果环境排污权力是明晰的，并且可以进行市场交易，那么依靠市场就可以解决这一外部性问题，政府只需要对产权进行保护和监管即可。科斯定理的两个观点：①如果产权明晰并具有较低的交易费用，那么很多外部性问题依靠市场机制就能解决；②无论初始将产权分配到环境污染受益方还是环境污染受害方，最终都能够形成相同的市场产出。因此，很多环境问题都是由于产权模糊和交易性差造成的，设定明显的产权及交易制度能够解决环境市场失灵，实现资源的有效配置。但在现实中，很多问题要远复杂于科斯定理的两个限定性条件，主要包括：环境资源产权难以确定，环境产品的交易成本较高，如何设置有效的交易机制等，这些问题都会影响市场机制作用的发挥（胡建辉，2017）。

四、环境规制理论

环境污染的负外部性、环境资源的公共物品属性以及环境产权的模糊性导致了市场机制在解决环境问题时会出现失灵状况，这时就需要政府以行政的手段进行调控。环境规制是政府解决环境问题的有效工具之一，通过行政方式如界定环境资源产权、征收排污费等约束企业的生产行为，进而提高资源配置效率，改善环境质量（傅京燕，2008；张红凤、张细松，2012）。环境规制的范畴包括政府制定的环境法律法规，也包括人们对环境质量要求提升所带来的环境约束，以及科技进步所带来的环境效率的提升（Ma et al. 2019）。

环境规制的手段通常包括命令控制型、市场激励型以及公众参与型三种。命令控制型环境规制是常见的环境规制类型，是指政府制定相应的环境政策、法律法规，要求企业按照规定安装治污设备，减少污染物排放（赵玉民等，2009），如我国的目前的《中华人民共和国环境保护法》《大气污染防治行动计划》《土壤污染防治行动计划》等都属于命令控制型环境规制。市场激励型环境规制是以市场机制为主导，引导企业在追求经济利润时注重环境的保护，如我国实施的排污权许可证、排污交易权规定等都属于市场激励型环境规制。公众参与型环境规制主要是由行业协会等社会组织自发提出的，不具有强制约束效力，但也在保护环境中发挥着越来越重要的作用。如ISO4000环保认证、国家重点监控企业污染源监督性监测及信息公开、企事业单位信息公开等（范洪敏，2018）。

近年来，学者越来越关注环境规制的竞争问题，环境规制竞争主要分为以下两种：①环境规制竞争效应理论，最早是由Cumberland（1981）提出的，认为环境规制竞争主要存在于地区间的税收竞争，地方政府可以通过制定宽松的环境标准，如设定较低的资源税率吸引企业在当地的投资，从而促进本地的经济发展。②环境规制溢出效应理论，该理论认为，虽然环境污染具有负的外部性，但环境治理却有正的外部性，这样就容易导致“搭便车”现象，从而引发环境治理的“公地悲剧”现象。周黎安（2007）的研究认为，目前的政府绩效考核设置不合理，环境保护与官员激励的目标存在矛盾，在经济导向为主的晋升机制下，政府之间为争夺市场资源，低门槛地设置环境保护政策，进而导致短期经济工程与长期环境保护之间的矛盾，环境问题也变得愈发复杂。

五、贫困理论

贫困是一个历史问题，具有丰富的含义，不同的学者对贫困的理解也各不相同，尤其是不同历史条件下，人们对贫困的认识也是存在差别的(崔湛钜，2017)。根据贫困的内容，将贫困划分为以下几种类型。

第一，“生存意义”上的贫困。这种贫困是最早对贫困的认识，是从生理需求角度出发对贫困进行界定的。贫困是指在一定的经济社会条件下，个人的收入低于维持基本生理需求的收入水平，无法满足基本生活的一种状态(何晓琦，2004)。个人或家庭的收入无法维持最基本的生存需求，就被认定为贫困者(刘一，2016)。生理贫困是最低层次的贫困，是低收入造成的基本生活物质和服务的缺乏。

第二，“匮乏意义”上的贫困。该种类型的贫困是指由于资源的匮乏导致个人或家庭生活低于正常生活标准的一种状态，既包括物质方面的匮乏，也包括精神方面的匮乏。物质和精神的匮乏导致个人或家庭的收入低于社会的平均收入，生活状态也无法达到社会能够接受的最低生活标准。

第三，“发展意义”上贫困。这种贫困更注重人的长期发展，是指在发展过程中，因发展机会的缺乏，导致个人被排斥在正常社会活动之外的贫困，是经济、文化、社会落后的总称。由于较低的收入水平，导致个人发展机会的缺乏，因而从某种意义上说，贫困是某种因素限制造成的生存危机。该种贫困所反映的是一种社会状态，如果这种状态得不到有效缓解，会以恶性循环的方式一直持续下去(丁建军，2014)。

第四，“公平意义”上的贫困。这种贫困的原因是因为社会的不平等造成的，不仅包括分配的不公平，也包括社会结构的不公平，同时也受到其他因素的影响。贫困不仅表现为较低的收入无法获得满足生活的基本物质，还表现为文化素质低下，健康状况差等(许启发，2017)。世界银行发展报告指出，贫困主要表现为食物匮乏，病时无法进行有效医治，住房也没有保障等(王荣党，2014)。阿玛蒂亚·森对其进行了补充，认为贫困是因收入低下，标准不完善造成的对可行能力的剥夺，可行能力的剥夺会导致疾病的增加，文盲人数的上升等(张丽新，2015)。

可见，贫困是一个复杂的问题，随着社会发展的变化，贫困的内涵也在不断改变。人们在对贫困进行界定和分析时，要从实际情况出发，通过对规律的把握对贫困概念进行揭示，界定内涵。

第四节 研究方法

第三部分主要采用文献研究法、比较分析法、定性分析与定量分析相结合的方式，对中国环境规制与相对贫困的作用机制与应对策略进行较为系统深入的研究。

第一，文献研究法。拟通过查阅、搜集相关文献和著作，梳理已有研究理论、研究方法和主要结论，丰富研究理论基础，不断完善研究方案和研究技术路线。

第二，比较分析法。在对中国城镇贫困现状方面，对比中国城镇绝对贫困变化状况与相对贫困变化状况；在对中国城镇相对贫困水平测算部分，本部分拟采用不同的相对贫困线标准，比较分析在不同的相对贫困线标准下相对贫困人口比率；在各省区市城镇相对贫困变化程度分析方面，通过对相对变化程度进行等级划分，比较分析不同省区市相对贫困变化程度。

第三，定性分析与定量分析相结合。第三部分在对国内外相关文献总结基础上，对环境规制、相对贫困等相关理论进行分析，提出研究假说，进一步采用计量模型包括固定效应模型、动态 GMM 模型、面板门槛模型、空间杜宾模型等对相关理论假说进行实证检验。通过定性分析与定量分析相结合，对环境规制影响相对贫困的作用机制及应对策略进行全面评估与判断。

第五节 研究内容及创新点

一、研究内容

第三部分在吸收借鉴国内外学者关于环境保护和贫困已有研究成果的基础上，立足于构建社会主义和谐社会，努力实现减缓相对贫困的目标，运用规制经济学、发展经济学、区域经济学相关理论，分析了环境规制与相对贫困的现状，阐述了环境规制影响相对贫困的作用机制，并构建计量模型对环境规制影响相对贫困的效应进行实证检验，最后提出了环境规制影响相对贫困的应对策略。具体安排如下。

第三部分共分为四章，各章节的主要内容如下。

第九章是绪论，首先介绍了研究背景和研究意义，以此引出文章所要研究的内容；其次，梳理了国内外环境规制和相对贫困的相关文献资料，主要从相对贫困、环境和贫困、环境规制和收入不平等等方面综述了环境规制影响相对贫困的理论和实证研究；再次，对环境规制与城镇相对贫困的相关理论进行了阐述，就环境库兹涅茨曲线、波特假说、市场失灵理论、环境规制理论、贫困理论等进行了较为详细的阐述。通过对这些理论的梳理和总结，为分析环境规制影响城镇相对贫困的机制奠定理论基础。最后，从研究方法、研究内容和技术路线对文章作一个总体规划，并从选题角度、数据选取、统计方法等方面阐述了文章的创新点及不足之处。

第十章是中国环境规制和城镇相对贫困的现状分析。从环境规制的发展历程和环境规制的投入、产出现状方面介绍了环境规制的发展状况，将城镇绝对贫困和相对贫困的变化状况进行对比分析，并比较了不同相对贫困标准下各省区市城镇相对贫困变化状况，进一步分析了城镇贫困的原因和影响。

第十一章是环境规制影响城镇相对贫困的实证分析。以研究假设为支撑，探索环境规制影响城镇相对贫困的直接效应、间接效应及门槛效应，具体包括：①环境规制影响城镇相对贫困的直接效应。利用动态面板系统 GMM 估计方法实证检验环境规制作用于城镇相对贫困的线性影响。②环境规制影响城镇相对贫困的中介效应。从技术创新、污染行业就业角度入手，分别采用专利申请授权量、污染行业从业人员(制造业和电力、燃气及水的生产和供应业占第二产业就业人数比重)为中介变量，利用中介效应模型实证检验环境规制影响城镇相对贫困的中介效应。③环境规制影响城镇相对贫困的门槛效应，考虑到城镇居民本身存在人力资本的差异，且不同地区间的劳动力市场分割程度不同，本部分将采用门槛回归模型，将从人力资本水平和劳动力市场分割程度两个角度研究环境规制与城镇相对贫困之间的关系。④环境规制影响城镇相对贫困的空间溢出效应。立足于相对贫困和环境政策执行方面存在一定的空间相关性，基于空间视角，运用空间杜宾计量模型对环境规制政策下城镇相对贫困的溢出效应进行分析，并进一步分析了空间溢出的总效应、直接效应和间接效应。

第十二章为结论与对策建议。在前文理论分析与实证检验的基础上，总结本文的研究结论并提出相关对策建议。

根据以上内容，本文设计了技术路线，如图 9-3 所示。

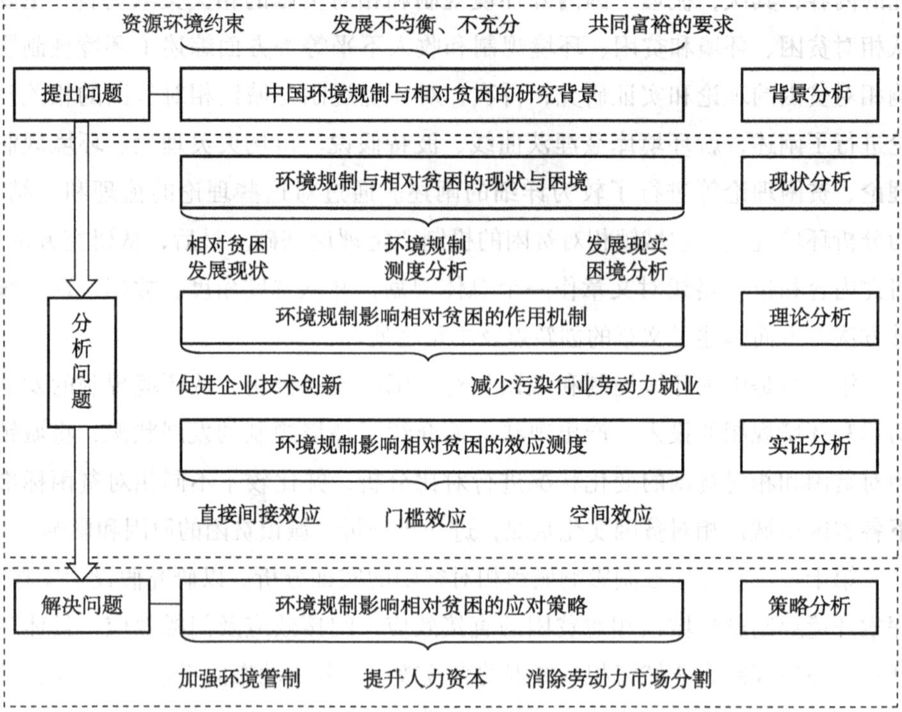

图 9-3　研究思路和技术路线

二、主要创新点

第三部分的创新之处主要体现在以下几个方面。

第一，研究视角的创新。将环境规制的影响纳入相对贫困的研究当中，为考察相对贫困提供了一个新的视角，是对现有研究的有益补充；立足环境规制和相对贫困的内涵和理论基础，从技术创新、污染行业就业两个角度对环境规制影响城镇相对贫困的作用机制进行系统分析，并对环境规制影响城镇相对贫困的直接效应、间接效应、门槛效应和空间效应进行实证检验。

第二，学术观点突破。通过对马克思主义生态观、习近平绿色发展理论以及可持续发展理论的梳理及实践效果分析，对环境规制的内涵和外延进行系统阐释，并结合环境规制工具的类型构建环境规制指标；基于相对贫困的基本概念及内涵，系统地从理论层面对如何在实施环境规制政策背景下减缓城镇相对贫困进行细致讨论。

第三，研究方法创新。突破已有研究仅从静态角度研究的局限性，综合利用了包括动态面板系统 GMM 估计、动态面板门槛、空间杜宾模型估计等在内的诸多研究方法，以更为系统、全面、动态的方式探究环境规制影响城镇相对贫困的作用机制和应对策略。

第十章

环境规制与城镇相对贫困的现状分析

科学地衡量中国环境规制和城镇相对贫困现状是新时期做好扶贫工作，全面建成小康社会的基础。本章首先从环境规制的历史演进和现状对环境规制的发展状况进行分析，然后从城镇相对贫困的发展水平、各省区市城镇相对贫困的比较、城镇相对贫困的原因、城镇相对贫困的影响方面对我国城镇相对贫困现状进行分析，为下文的实证分析奠定基础。

第一节　环境规制历史演进与现状

一、环境规制的历史演进

改革开放后，我国的经济得到了快速发展，但粗放型的经济增长方式对资源环境带来了严重的影响。面临日益严重的环境问题，政府开始加强对环境问题的关注，并将环境质量纳入经济社会发展的重要战略内容中，制定并出台了一系列环境政策措施。根据环境治理的强度的不同，可将我国的环境规制划分为以下四个阶段。

（一）改革开放前期：环境规制相对匮乏

此阶段我国处于计划经济时期，经济基础薄弱，人们发展经济主要是为满足生计需求，产生的环境污染物也相对较少。虽然在 20 世纪 50 年代，国家将经济发展的重心放在重工业上，促进了工业化进程，但此时工业发展产生的污染程度较低，而且范围也相对较小，再加上政府关注的重点是解决人民的基本生活问题，因此并没有过多关注环境问题，没有专门的环境保护机构对环境污染进行监管，也未出台任何有关环境方面的法律法规对污染进行规范和管理。

（二）改革开放初期：环境规制逐步加强

计划经济的弊端不断凸显，经济发展水平持续低下，人民生活得不到改善。1978 年召开了十一届三中全会，确立了改革开放的战略方针，激发了经济发展的活力。但随着经济的不断发展，环境问题也开始日渐严重，为此在 1979 年出台了《中华人民共和国环境保护法》。这是我国第一部正式的关于环境保护的法律，该部法律的出台为我国的环境保护提供了法律保障，同时意味着我国的环境保护已经引起国家的重视，环境治理上升到国家层面。

（三）改革开放中期：环境规制快速发展

在经济结构转型过程中，私有企业迅速发展，随着企业数量的增多和规模的扩大，环境污染问题也变得愈发严峻。为治理环境污染，1984 年国务院出台了《关于环境保护工作的决定》，并成立了专门的部门负责环境保护问题。国家环保局以及一系列环保机构的成立，标志着我国的环境治理法制化，特别是在 1992 年确立了社会主义市场经济体制后，经济的发展需要市场这只有形的手和政府这只无形的手同时配合，政府规制的作用在不断加强，环境规制也不断完善。

（四）改革开放近期：环境规制日趋完善

在经济得到发展的同时，我国的环境规制也日趋完善。伴随着环境污染程度的加剧，人们对环境污染的认识也有了更深刻的了解，环境污染已经不仅仅是资源的开采和浪费，还包括水污染、土壤污染、大气污染等。面对种类繁多的污染问题，国家出台了更为严格的环境政策，以加强环境治理。环保局也不断加强治污力度，从监管基础性的环保工作到全面监管环保工作，促进了我国环境规制的强化升级（原芮，2018）。

二、环境规制现状

环境规制强度的提升，不仅需要环境相关政策的完善，也需要政府治理环境力度的加大。对环境治理资金的投入能够直接反映出政府治理环境的力度。环境污染产生的重要原因之一就是工业的发展，工业发展过程中产生的废水、废气等污染物的排放对我国的环境带来了严重的威胁。若这些环境污染问题得不到解决，将会影响到经济社会的可持续发展。21 世纪以来，政府开始重视环境保护，加强环境治理，民众的环保意识也在不断增加(张伟佳，2018)。

(一) 环境规制投入现状

表 10-1 和图 10-1 为 2001—2018 年中国环境污染治理投资完成情况表和趋势图。2001—2018 年中国环境污染治理投资额一直在不断增加，并在 2014 年达到峰值，2015 年有所下降后又开始稳步增加，表明我国对环境治理的重视。其中城镇环境基础设施建设投资也基本呈现出上升趋势，在 2018 年达到最大值，为 6093.2 亿元；工业污染源治理投资额在 2014 年达到峰值，为 997.7 亿元，随后开始有所下降；当年完成环保验收项目环保投资在 2014 年投资为 3113.9 亿元，达到最大值，随后也在开始不断下降。环境污染投资占 GDP 的比重呈现出先上升后下降的趋势，在 2010 年达到峰值，随后逐年减少。

表 10-1　2001—2018 年中国环境污染治理投资完成情况

年份	环境污染治理投资（亿元）	城镇环境基础设施建设投资(亿元)	工业污染源治理投资（亿元）	当年完成环保验收项目环保投资(亿元)	环境污染投资占 GDP 比重(%)
2001	1166.7	655.8	174.5	336.4	1.05
2002	1456.5	878.4	188.4	389.7	1.2
2003	1750.1	1194.8	221.8	333.5	1.27
2004	2057.5	1288.9	308.1	460.5	1.27
2005	2565.2	1466.9	458.2	640.1	1.37
2006	2779.5	1528.4	483.9	767.2	1.27
2007	3668.8	1749	552.4	1367.4	1.36
2008	4937	2247.7	542.6	2146.7	1.55
2009	5258.4	3245.1	442.6	1570.7	1.51
2010	7612.2	5182.2	397	2033	1.84

续表

年份	环境污染治理投资（亿元）	城镇环境基础设施建设投资（亿元）	工业污染源治理投资（亿元）	当年完成环保验收项目环保投资（亿元）	环境污染投资占 GDP 比重（%）
2011	7114	4557.2	444.4	2112.4	1.45
2012	8253.5	5062.7	500.5	2690.4	1.53
2013	9037.2	5223	849.7	2964.5	1.52
2014	9575.5	5463.9	997.7	3113.9	1.49
2015	8806.4	4946.8	773.7	3085.8	1.28
2016	9219.8	5412	819	2988.8	1.24
2017	9539	6085.7	681.5	2771.7	1.15
2018	9637.4	6093.2	621.3	2843.4	1.21

资料来源：中国环境统计年鉴。

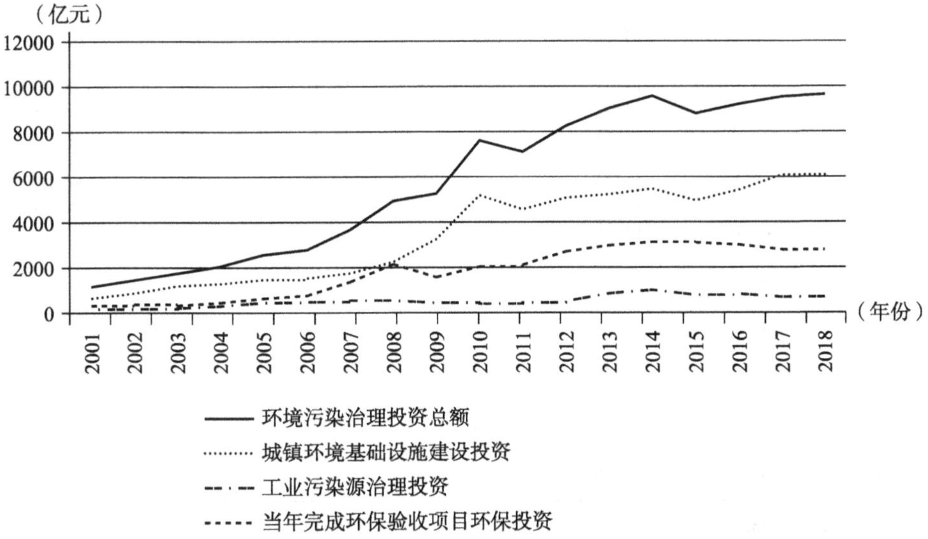

图 10-1　2001—2018 年中国环境污染治理投资完成情况趋势图

表 10-2 和图 10-2 为 2001—2018 年中国工业污染源治理投资情况表和趋势图。2001 年到 2018 年工业污染源治理投资呈现出先上升后下降的趋势，在 2014 年达到峰值，表明我国的工业污染状况在 2014 年后有所缓解。工业污染源治理投资由 2001 年的 174.5 亿元增加到 2018 年的 621.7 亿元，增长了约

256.2%。治理废水投资额也呈现出先增加后减少趋势，并在2007年达到峰值。治理废水投资额由2001年的72.9亿元减少到2018年64.8亿元，减少了11.11%。治理废气投资额在2013、2014年相对较高，然后开始有所下降。治理固体废物投资额、治理噪声投资额在2001—2018年的波动相对较小，治理其他的投资额由2001年的16.5亿元增加到2018年的144.2亿元，增加了773.9%。

表10-2 2001—2018年中国工业污染源治理投资情况 单位：（亿元）

年份	工业污染源治理投资	治理废水投资	治理废气投资	治理固体废物投资	治理噪声投资	治理其他投资
2001	174.5	72.9	65.8	18.7	0.6	16.5
2002	188.4	71.5	69.8	16.1	1	29.9
2003	221.8	87.4	92.1	16.2	1	25.1
2004	308.1	105.6	142.8	22.6	1.3	35.7
2005	458.2	133.7	213	27.4	3.1	81
2006	483.9	151.1	233.3	18.3	3	78.3
2007	552.4	196.1	275.3	18.3	1.8	60.7
2008	542.6	194.6	265.7	19.7	2.8	59.8
2009	442.6	149.5	232.5	21.9	1.4	37.4
2010	397	129.6	188.2	14.3	1.4	62
2011	444.4	157.7	211.7	31.4	2.2	41.4
2012	500.5	140.3	257.7	24.7	1.2	76.5
2013	849.7	124.9	640.9	14	1.8	68.1
2014	997.7	115.2	789.4	15.1	1.1	76.9
2015	773.7	118.4	521.8	16.1	2.8	114.5
2016	819	108.2	561.5	46.7	0.6	102
2017	681.5	76.4	446.3	12.7	1.3	144.9
2018	621.7	64.8	393.1	18.4	1.5	144.2

资料来源：中国环境统计年鉴。

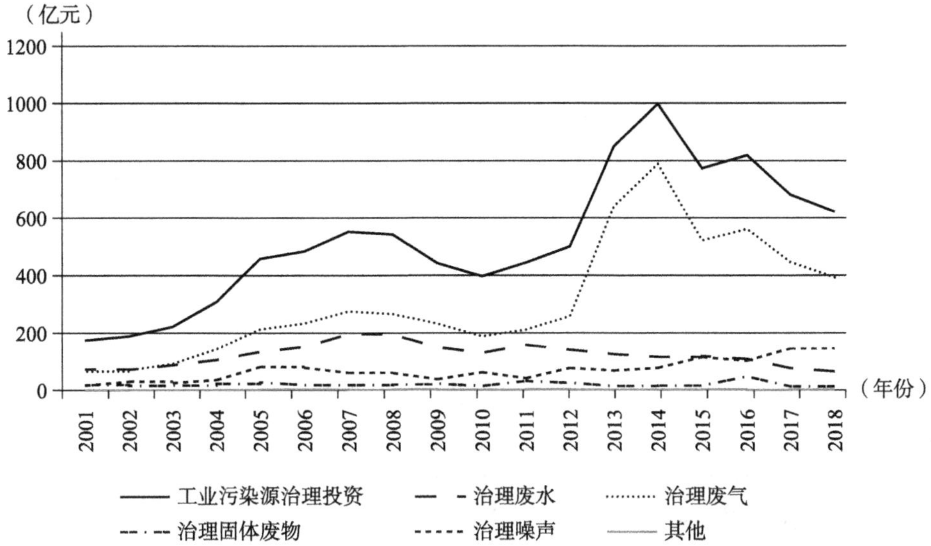

图 10-2　2001—2018 年中国工业污染源治理投资趋势图

（二）环境规制效果现状

工业在国民经济发展中占有重要地位，然而工业的发展离不开对资源与能源的消耗，产生了污染物排放，破坏了环境。工业污染物的排放主要包括废水、废气和固体废弃物，为此，本部分从这三方面考察环境规制的效果。

1. 工业废水排放情况

图 10-3 是我国 2001—2017 年工业废水排放量的变化趋势图。从图中不难看出，我国的工业废水排放量总量较大，2001—2007 年工业废水排放量一直在增加，到 2007 年达到最大值，为 246.6 万吨，但在 2007 年以后，工业废水排放量有下降，到 2017 年工业废水排放量为 187.9 万吨。直观地可以看出，2007 年以后我国在治理工业废水方面加大力度，治理结果也已经初见成效。

2. 工业废气排放量

废气治理问题一直是环境治理的重点，长期以来，我国的工业废气排放量一直居高不下，并且具有不断上升趋势，如图 10-4。2017 年，我国工业废气排放量为 667190 亿立方米，比 2001 年的 160863 亿立方米增加了 506327 亿立方米，说明我国在治理工业废气排放方面并没有成效。为此，我国在 2016

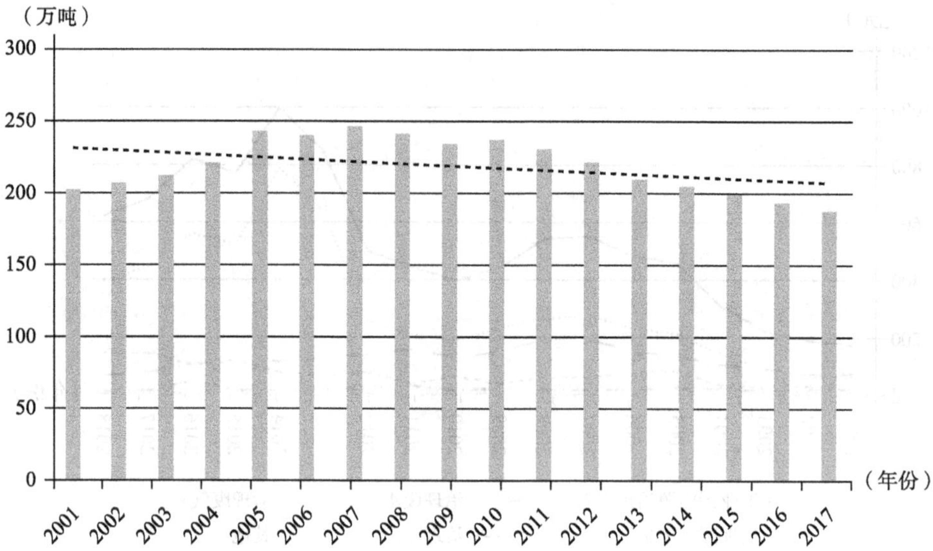

图 10-3　2001—2017 年中国工业废水排放量趋势图

年又出台了新的废气排放标准，严格控制工业生产废气的排放，同时也在不断进行产业结构优化，限制对环境污染严重的火电、水泥等行业的发展，重点发展新科技、新能源产业。虽然我国对废气排放已出台多种相关政策措施，可对重度污染气体排放仍需加以强控。

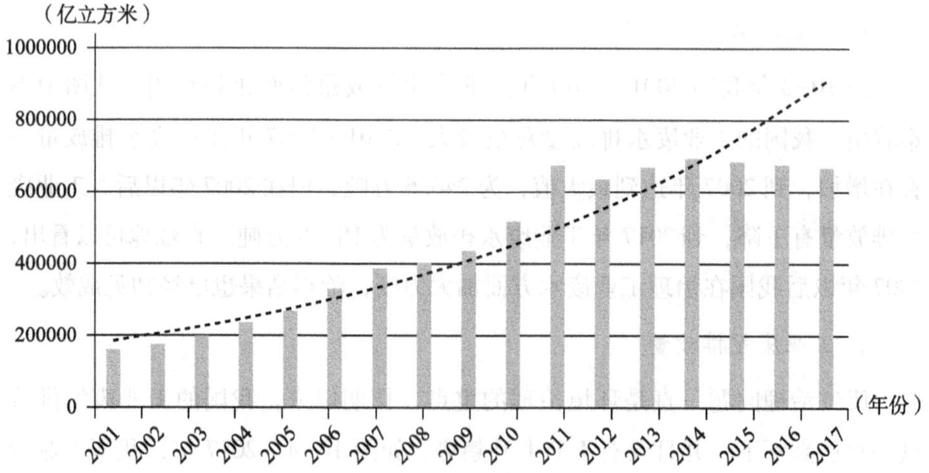

图 10-4　2001—2017 年中国工业废气排放量趋势图

3. 工业固定废物排放情况

图 10-5 为 2001—2017 年中国工业废物排放量变化趋势图，从图中直观地看出，我国的工业废物排放量一直呈现出下降趋势，2001 年我国的工业废物排放量为 2893. 8 万吨，到 2017 年仅为 48. 6 万吨，共减少 2845. 2 万吨，减排效果十分显著。这与我国实施的产业结构调整优化升级密切相关，重点发展新能源、新材料、生物科技等产业，逐步淘汰重污染行业。2015 年发布的《中国制造 2025》指出，到 2025 年我国的工业固体废弃物利用率要达到 79%，如果按照目前的工业固体废物治理情况发展下去，有望提前完成该目标。

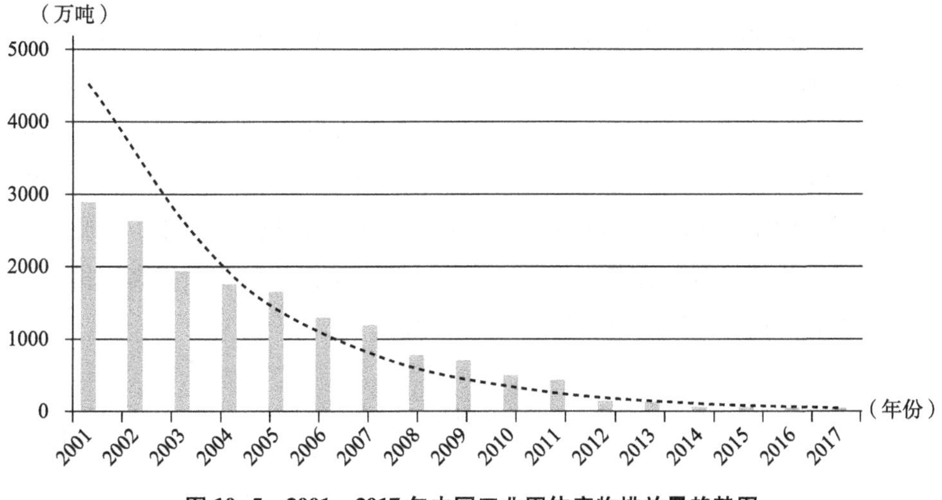

图 10-5　2001—2017 年中国工业固体废物排放量趋势图

通过上述分析，我们可以看出，在环境规制的约束下，工业废水、工业固体废物的排放量都有所下降，而工业废气的排放量还有待控制，说明环境规制的成果已经初见成效，但在工业废气治理方面还需待加强。

第二节　中国城镇贫困的现状

一、绝对贫困与相对贫困

图 10-6a 给出了 2001 年以来在不同贫困标准下中国城镇的绝对贫困发生率。其中 2300 元的贫困标准是中国扶贫办在 2011 年提出的最新贫困标准，

同时选取了世界银行最新调整的每人每天 1.9 美元的极度贫困标准和每人每天 3.2 美元的中度贫困标准进行对比分析。从图中不难发现：①从减贫规模上看，不同贫困标准下城镇地区的贫困发生率差异较大，但整体上中国贫困发生率都呈现下降状态；②从减贫的速度看，中国城镇绝对贫困发生率下降的速度越来越慢，到 2009 年后，三条曲线几乎都呈现出扁平状态，意味着中国城镇绝对贫困几乎全部消除。

图 10-6b 给出了 2001 年以来在不同贫困标准下中国城镇的相对贫困发生率，分别采用了城镇居民人均可支配收入的 40%、50%和 60%作为贫困线，从图中可以看出，中国城镇的相对贫困发生率呈现出不断上升的趋势。在人均可支配收入 40%的贫困标准下，相对贫困发生率由 2001 年的上升到 3.46%上升到 2018 年的 12.44%，在人均可支配收入 50%的贫困标准下，相对贫困发生率由 2001 年的上升到 9.97%上升到 2018 年的 19.41%，在人均可支配收入 60%的贫困标准下，相对贫困发生率由 2001 年的 18.99%上升到 2018 年的 27.66%。图中还显示，中国城镇相对贫困水平在 21 世纪初期较低，反映了较低的收入不均等，但随着经济的不断发展，相对贫困线的不断提高，相对贫困持续恶化，这与汪晨(2020)的研究是一致的。

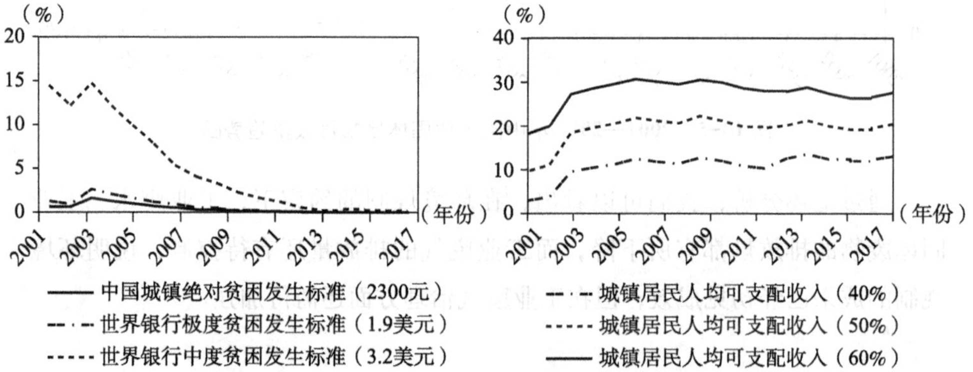

图 10-6　2001—2018 年中国城镇绝对贫困变化

二、各省区市城镇相对贫困变化状况

上述分析表明了中国城镇绝对贫困发生率不断下降直至为零，而相对贫困却呈现出上升趋势。为进一步分析各省区市城镇相对贫困变化状况，本部分采用年均相对贫困变化率测度不同贫困标准下各省区市相对贫困的变化。其中，年均相对贫困变化率=（期末相对贫困率-期初相对贫困率）/跨越的年份。表 10-3 分别显示在人均可支配收入的 40%、50%、60%下的中国各省区市城镇的年均相对贫困变化率。

在人均可支配收入 40%的贫困标准下，相对贫困变化率上升最多的是湖南，上升了约 100%，其次是青海和宁夏，分别上升了 91.3%和 79.1%。相对贫困变化率上升较多的为重庆、贵州、山东、湖北。相对贫困变化率上升最低的是天津，天津的相对贫困变化率为-4.6%，意味着天津的相对贫困程度是下降的，位于第二、第三位的河南和山西，相对贫困变化率分别上升了 13.5%和 13.7%。

在人均可支配收入 50%的贫困标准下，相对贫困变化率上升最多的是青海，上升了 96.3%，其次是宁夏和云南，分别上升了 79.7%和 66.8%。湖北、湖南、上海的相对贫困变化率上升也较高。相对贫困减缓的依然为天津，相对贫困变化率为 -7.7%，相对贫困变化率上升最低的是海南和江西，分别上升了 11.9%和 13.8%。

在人均可支配收入 60%的贫困标准下，除天津的相对贫困减缓外，其余的相对贫困都是上升的，其中相对贫困变化率上升最多的是青海省，上升了 92.6%，其次是重庆和上海，分别上升了 88.8%和 87.4%。相对贫困变化率上升较多的为云南、宁夏、贵州、吉林，较低的是河北和辽宁，分别上升了 5.5%和 6.3%。

表 10-3　2001—2018 年中国城镇年均相对贫困变化率

省区市	收入平均值 40%	排名	收入平均值 50%	排名	收入平均值 60%	排名
北京	0.351	16	0.545	22	0.539	23
天津	-0.046	1	-0.077	1	-0.218	1
河北	0.249	6	0.292	12	0.055	2
山西	0.137	3	0.127	3	0.097	5
内蒙古	0.373	19	0.364	14	0.329	16
辽宁	0.304	10	0.196	6	0.063	3
吉林	0.355	17	0.442	19	0.567	24

续表

省区市	收入平均值 40%	排名	收入平均值 50%	排名	收入平均值 60%	排名
黑龙江	0.238	5	0.289	11	0.088	4
上海	0.279	9	0.552	25	0.874	28
江苏	0.405	21	0.374	15	0.312	15
浙江	0.337	14	0.467	21	0.257	14
安徽	0.469	22	0.409	17	0.372	17
福建	0.344	15	0.455	20	0.467	18
江西	0.249	7	0.138	4	0.099	6
河南	0.135	2	0.176	5	0.214	13
湖北	0.516	25	0.571	27	0.508	20
湖南	1.003	30	0.553	26	0.508	21
广东	0.329	13	0.293	13	0.173	10
广西	0.512	23	0.55	24	0.492	19
海南	0.139	4	0.119	2	0.102	7
重庆	0.554	27	0.394	16	0.888	29
四川	0.359	18	0.266	9	0.156	9
贵州	0.553	26	0.546	23	0.574	25
云南	0.514	24	0.668	28	0.696	27
西藏	0.31	11	0.421	18	0.521	22
陕西	0.31	12	0.278	10	0.15	8
甘肃	0.384	20	0.253	8	0.189	12
青海	0.913	29	0.964	30	0.926	30
宁夏	0.792	28	0.797	29	0.695	26
新疆	0.257	8	0.234	7	0.187	11

为进一步考察城镇相对贫困状况，我们将收入平均值 60%为相对贫困线的城镇相对贫困变动划分为四个等级，分别为相对贫困变化程度较低（$Poverty<0.15$）、相对贫困变化程度一般（$0.15\leq Poverty<0.35$）、相对贫困变化程度较高（$0.30\leq Poverty<0.55$）、相对贫困变化程度高（$0.5\leq Poverty$），并将不同区域的省区市按照等级进行统计，如表 10-4 所示。

①中国城镇居民相对贫困变动整体偏高。在30个省区市中，相对贫困变化程度较高和高的有14个，占样本总数的46.7%，相对贫困变化程度一般的有9个，占样本总数的30%，相对贫困变化程度较低的占样本总数的23.3%。②不同区域间的城镇居民相对贫困变动情况差距明显。具体而言，西部地区的相对贫困变化程度整体较高，相对贫困变化程度较高水平以上的占样本总数的23.3%，中部地区的相对贫困变化程度也比较高，相对贫困变化程度较高水平以上的有4个，占样本总数的13.3%，东部地区的相对贫困程度变化程度相对较低，有7省的相对贫困变化程度一般或较低，占样本总数的23.3%。③同一区域内部的相对贫困变化程度也参差不齐。东部地区中，天津的相对贫困变化程度为-0.218，上海的相对贫困变化程度为0.874，两者相差1.092，中部地区的相对贫困程度变动最低的为黑龙江，变化率为0.088，相对贫困变化程度变动最高的省为吉林，变化率为0.567，两者相差0.479，西部地区相对贫困程度变动最低的省份为陕西，变化率为0.15，相对贫困变化程度最高的省为青海，变化率为0.926，两者相差0.776。

表10-4　不同区域城镇居民相对贫困变化程度等级划分

地区	较低（Poverty<0.15）	一般（0.15≤Poverty<0.35）	较高（0.30≤Poverty<0.55）	高（0.5≤Poverty）
东部	天津、河北、辽宁、海南（4个）	广东、浙江、江苏（3个）	福建、北京（2个）	上海（1个）
中部	黑龙江、山西、江西（3个）	河南（1个）	安徽、湖北、湖南（3个）	吉林（1个）
西部		陕西、四川、新疆、甘肃、内蒙古（5个）	广西、西藏（2个）	贵州、宁夏、云南、重庆、青海（5个）

三、城镇相对贫困原因

（一）结构性失业

改革开放的深入和社会主义市场经济体制的建立，促进了我国经济的快速发展，也提升了居民的社会生活水平。居民生活条件的改善改变着产品的需求结构，对应的产业结构和就业结构也随之进行相应调整。当产业结构由传统部门向现代部门转换时，对劳动者的技能水平和专业素养的要求也相应提高。但是城镇中多数劳动力的知识技能结构水平较低，不适应现代产业部门结构要求。如今企业需要的是掌握先进技术的科技人才，而原有的劳动力年龄偏大，文化水平也低，不适合信息化的现代产业部门，加上社会为体力劳动者提供的工作岗位有限，这就造成了城镇结构性失业，引发了城镇贫困。特别是在20世纪90年代，在经济全球化浪潮的推动下，我国的国有企业开始进行改革，为提升国企的经营效率，对劳动人员进行精减，造成了大批国企员工下岗失业，再加上有些国企经营管理模式老化，导致高层次人才流失严重，企业在竞争中处于劣势地位，经济效益低下，加重了城镇国企员工的生活贫困。此外，伴随着城镇化的推进，大量农村剩余劳动力转移到城镇地区，加剧了城镇地区的就业竞争，转移到城镇地区的农村劳动力有相当多的处于失业或半失业的状态，成为城镇贫困人口。

（二）收入分配不平等

经济的快速发展促进了居民收入水平的提高，但同时加剧了收入分配不公平。不同行业、不同群体居民的收入存在差距，增加了城镇居民的相对贫困。目前，我国城镇居民收入分配不平等主要集中在行业间分配不公平和影响收入分配的生产要素分配不公平。①行业间的分配不公平。这主要体现在垄断行业和非垄断行业的收入分配上，特别是金融保险、石油等垄断行业的员工一直都有较高的收入水平。一方面，政府为保护这些垄断行业，对其进行监管的力度不够，导致垄断行业的劳动力市场缺乏竞争，劳动力难以实现自由合理的流动。另一方面，政府对垄断行业的收益监管也显乏力，造成了垄断行业员工的高工资、高福利，成为社会中收入水平较高的群体。而其他的非垄断行业由于收益低，员工福利待遇较差，很容易成为社会中的低收入人群，根据马太效应，富者越来越富，穷者越来越穷，容易加剧社会的相对贫困。②影响收入分配的生产要素的不公平。市场经济条件下，生产要素也有其相应的收益，当技术、资本、管理等新的要素进入到分配领域中，拥有这些要素的人能够获取大量的财富，而仅依靠劳动苦力获取收入的人收入水平相对较低，势必加大社会的贫富差距，加大相对贫困发生率。

（三）社会保障不足

社会保障作为社会安全的最后一道防线，能够保障失业和贫困群体的基本生活，有效减缓他们的痛苦。然而，我国现有的社会保障制度还不完善，受益者主要是城镇中产阶级，而真正的城镇贫困群体受益的范围和程度都十分有限。完善的社会保障制度能够保障贫困群体的生活不受影响，是反贫困强有力的武器，直接影响贫困广度的大小。在我国经济转型过程中，会因为利益格局调整产生新的贫困问题，这是由于很多居民已经习惯了长期均衡分配利益的格局，一旦出现了市场竞争，就会使一些劣势劳动者在就业中处于不利地位，甚至造成失业，这是所有国家普遍出现的现象。但经济发达的国家社会保障制度比较完善，能够保护低收入群体，而我国的社会保障制度建立相对较晚，而且其发展速度滞后于市场经济发展速度，难以满足市场经济发展要求。现有的社会保障制度对城镇困难群体的保障作用也是十分有限的，也可以认为社会保障不足是城镇贫困群体形成的重要原因。社会保障不足主要体现在以下几个方面：①就失业保险而言，虽然覆盖面较广，但缴纳比例低，筹集的资金总额少，发放对象也只是针对特殊类型失业人员。②就医疗保险而言，没有实现全民医疗。而且随着医疗费用的上涨，很多人仍然舍不得花钱看病，即便有医疗保险，也可能会因为高额的医疗费用而陷入贫困。③就养老保险而言，社会团体、企业等单位的养老金待遇与机关事业单位的养老金待遇差异较大，这样双轨制的退休制度容易激化社会矛盾。④就城市居民最低生活保障而言，由于其制度设计的缺陷，导致不能真正识别并帮助贫困群体，社会保障的兜底作用不明显(韩丹，2014；郭晓萱，2017)。

四、城镇相对贫困影响

（一）阻碍经济增长，损害公平与效率

我国是一个人口大国，具有非常大的消费潜力，因此国家十分重视消费对经济增长的作用，尤其是进入新常态时期以来，以往依靠投资和进出口方式带动经济增长的动力不足，扩大内需成为新时期促进经济增长的主要动力。同时，伴随着城镇化进程的加快，城镇人口的数量日渐增多，并且已经超过农村人口，城镇居民消费对于促进经济增长具有重要推动作用。但城镇中大量贫困人口的存在会抑制消费需求，这是因为城镇贫困人口收入水平较低，其收入几乎都用于满足日常必需品的消费，无力进行其他消费，很难带动经济增长。而且，贫困群体的收入几乎都用于消费，也没有多余的收入进行储

蓄或投资，限制了其进一步的发展。城镇贫困群体不仅影响自身的发展，对周边地区的发展也产生了负面影响。一般而言，城镇作为区域的核心，能够向周边地区输送技术、资金、人才等资源，带动周边地区的发展，然而城镇本身就有大量贫困人口的话，自身经济发展水平低，不仅不能辐射带动周边地区，反而需要周边地区的支援。

社会发展成果应该由全社会成员共同享有，而城镇贫困群体不能够享受到合理的社会发展成果，有损社会公平与效率。在现代社会中，由于人的天赋、能力、受教育程度的差异，导致了社会财富分配也是存在差异的，这属于正常的社会现象，只要这种差异存在的前提是全社会成员都能享受到经济社会发展的成果，否则就是不公平的。但是我国城镇存在了大量的贫困群体，违背了普遍受益的原则。特别是我国还处于社会主义初级阶段，各种法律法规制度还不完善，导致部分人员利用职务权力之便谋取私利，严重破坏了公平、公正市场环境的形成。如果对这种不合法致富手段不加以严惩，会让社会成员丧失劳动的积极性，丧失勤劳致富的信念。而那些依靠不正当手段谋取社会财富的人严重影响了社会公平、公正的市场环境，加剧社会收入分配的不公平，恶化了收入分配成果，使社会凝聚力降低，社会成员的信任感降低，从而抑制了消费需求。

（二）积累社会动荡因素，威胁社会稳定

一个和谐稳定的社会，其结构一定是一个“橄榄型”的社会，即中间中产阶级人数占比较大，两头富有和贫穷人数占比较少。当一个社会中贫困人口占多数时，这个社会必然是不稳定的。要实现稳定，就必须减少社会的贫困人口。城镇贫困群体作为一个弱势群体，不仅面临着巨大的经济压力，还面临心理压力。因为贫困群体很容易受到其他人的排挤和嘲弄，从而产生焦虑不安和敌对情绪，增加社会的不稳定因素。调查显示，城镇贫困群体居住比较集中，而且具有相同的风俗观念和群体意识，容易产生贫困文化，引发社会问题，一旦形成群体行动，后果难以想象。这些贫困群体的收入仅能满足最基本的生存需求，还有很多连生活都没法保障，即便得到社会救助，也并不会心存感恩，甚至还会增加不满情绪。还有小部分贫困者甚至因此走上了违法犯罪的道路，严重扰乱了社会的正常秩序，抑制了经济社会的稳定发展。换句话说，越是贫困的人，越容易增加社会不动荡因素，威胁社会稳定（韩丹，2014）。

第十一章

环境规制影响城镇相对贫困的实证检验

我国进入了经济高质量发展的新时期，保护环境、普惠民生成为社会各界关注的重点问题(郭进，2019)。鉴于环境的公共物品属性，环境污染具有负外部性特征，政府治理成为防治污染、保护环境的重要手段，而环境规制是政府运用行政的手段约束企业生产行为，以此控制污染物排放，成为政府治理环境、实现经济高质量发展的重要工具(秦明、齐晔，2019)。环境规制在调控企业生产行为的过程中影响着企业的经济效益和劳动者的工资收入，重新调整着社会财富的分配(何春、刘荣增，2020)。多数学者的研究表明，我国的环境规制强度在不断加强(张成、陆旸等，2011；余东华、胡亚男，2016)，而我国的相对贫困程度也在加剧(汪晨、万广华、吴万宗，2020)，那么两者之间存在怎样的关系？为深入探究环境规制与城镇相对贫困的关系，本章将采用中国省级面板数据进行实证检验。

第一节　理论假设

由于环境污染具有负的外部效应，在追求利润目标的动机驱使下，企业很难有进行技术创新的动力，只有外在的环境政策约束，企业才可能进行技术升级改造。进行环境规制，可通过制定企业污染物排放标准限制污染物的排放，以及通过影响资源在生产过程中的比重约束企业的生产行为来实施。环境规制一旦实施，企业就需要通过技术创新，使用先进、高效的生产技术减少污染物的排放，满足排污标准要求。此外，技术创新带来的生产效率提升还可以弥补企业因环境规制实施带来的成本上升，对提升企业的竞争力具有重要作用。根据“波特假说”，环境规制是政府为保护环境而实施的对企业污染物排放进行限制的一种政策措施，会倒逼企业为达到排污要求进行技术创新，因此从这一角度看，环境规制有利于技术创新（Cole，2010）。Rubashkina 等（2018）对欧洲制造业的研究也表明环境规制有利于技术创新。余伟等（2017）对我国 37 个工业行业的研究表明，目前我国的环境保护政策对于工业企业的技术创新具有促进作用。随着研究的深入，学者又发现波特假说的成立存在时间条件约束，即环境规制对当期的技术创新作用不明显，而对滞后期的技术创新存在明显的促进作用（叶琴等，2018）。而且，政府在强调保护环境的同时，也会给予企业一定的资金支持，帮助企业进行技术创新。另外，还通过绿色补贴的方式解决企业技术创新资金困难的问题，还可调整相关配套政策促进企业进行技术创新，如调整能源的价格，对使用清洁能源的企业给予优惠等。因此，从企业长期发展角度而言，环境规制的实施会倒逼企业进行技术创新，提升企业生产效率，实现环境保护和经济效益提升的双赢局面。

技术创新能够改变不同劳动技能群体的劳动需求和工资水平。技术变革理论认为，技术创新会“侵蚀”部分低技能劳动力，减少对低技能劳动力的需求和工资水平，增加对高技能劳动者的需求和工资水平。按照受教育程度划分，高技能劳动者是指受过高等教育的劳动者，而未受过高等教育的劳动者划分到低技能劳动者一类（杨飞，2017）。技术创新能够取代生产过程中的部分半技术工作，但对于一些非技术类工作（清洁）则很难通过技术创新来替代，因此，技术创新可将劳动力市场划分为高技能劳动者就业和低技能劳动者的就业。Auto 和 Dorn（2013）对美国的研究发现，采用信息技术后，从事日常工作的劳动者将被重新分配到服务业中从事一些非技术、工资水平较低的工作。因此，技术创新水平的提高，尤其是技能偏向型的技术进步会增加企业对高技能劳动者的需求，提升了技能溢价，进而加剧了相对贫困（Acemoglu D，1988）。徐舒（2010）的研究发现，教育扩展能够减缓收入不平等，但技能偏向型技术进步能够促使劳动者的教育边际回报率增加，加大不同劳动者间的收入差距。陈勇、柏喆（2018）利用 CHIP 数据进行实证研究，发现我国地区间的工资差距扩大的原因是因为技能偏向型技术进步和集聚效应，技能偏向型技术进步提升了高技能劳动者的收入，集聚效应则是通过劳动力的地区流动促进了地区工资差距形成，也加剧了城镇相对贫困。基于此，本文提出如下假设：

假设1：环境规制通过提升技术创新加剧相对贫困。

环境污染的负外部性给人们的生活和经济的发展带来了不良影响，引发了国家对环境保护的高度重视，并出台了一系列环境规制政策治理环境。环境规制被认为是解决环境问题最有效的政策措施。环境规制政策会约束企业的生产行为，企业会购买治污设备或进行技术创新来达到排污要求，这无疑增加了企业的生产成本，同时会改变对劳动要素的投入，影响着劳动力的就业。环境规制的就业效应是社会各界关注的重点内容。早期的学者认为环境规制会因成本增加而减少劳动力需求，造成"棕色"就业损失（Henderson V.，2017）。Morgenstern（2002）的民意调查发现，有1/3的被调查者认为他们的工作受到环境规制影响。有学者从征收碳税角度模拟了环境规制对就业的影响，得出了短期内环境规制并不会带来就业增加的结论。Kahn（2013）的研究也证实了碳税政策的实施减少了就业。但随着研究的深入，学者们发现环境规制对就业的影响较为复杂，在不同的企业或行业表现出差异化特征（Waller，2011）。根据遵循成本假说，环境规制会增加企业的生产成本，由此促进产业结构的优化升级，附加值高、污染程度低的第三产业会快速发展，而附加值低的、污染程度严重的第二产业将会发展缓慢。由配第—克拉克定理可知，产业结构的变迁将会导致劳动力结构的变迁，因此环境规制会促进第三产业就业的增加，而减少第二产业的就业需求。从企业规模而言，大企业受环境规制影响较小，中小企业受环境规制影响较大（Heyes，2009）；从生产产品种类而言，生产清洁品的企业受环境规制影响较小，生产污染品的企业受环境规制影响较大；从企业性质而言，资本密集型企业受环境规制影响较大，而劳动密集型企业受环境规制影响较小（Berman，2001）。此外，污染程度不同的行业受环境规制影响也不一样。具体而言，环境规制对轻度污染行业影响较小，这些行业或企业的就业结构和就业需求变动有限。而环境规制对重度污染行业的就业影响较大，两者呈现出"U"形关系。目前中国的重度污染行业的环境规制在"U"形拐点左侧，意味着环境规制实施会降低重度污染行业的劳动力需求，造成失业率增加。换句话说，那些对环境影响较大的污染行业如加工制造业、能源化工等行业是环境规制的重点行业。规制者通过标准制定、严格督查等方式对这些污染行业施加严厉的外部环境约束，造成这些行业的成本增加，劳动就业岗位减少。这部分劳动力往往学历较低，技能有限，不具备较强的竞争力，一旦失业，很容易陷入相对贫困中。基于此，本文提出如下假设：

假设 2. 环境规制通过减少污染行业就业加剧相对贫困。

第二节　模型设定和数据选取

一、模型设定

第三部分搜集整理了中国 30 个省区市 2001—2018 年的面板数据，考察环境规制对城镇相对贫困的影响，结合已有研究并根据研究目的，设置如下计量模型：

$$poverty_{i,t}=\beta_0+\beta_1 poverty_{i,t-1}+\beta_2 regulation_{i,t}+\beta_3 X_{i,t}+\varepsilon_{i,t}$$

其中，$poverty_{i,t}$为城镇相对贫困，$poverty_{i,t-1}$为滞后一期的城镇相对贫困，$regulation_{i,t}$为环境规制，$X_{i,t}$为控制变量，包括经济发展水平(pgdp)、产业高级化(advanced)、城镇化(urban)、城镇登记失业率(unemployment)，β_0，β_1，β_2，β_3 为待估参数，$\varepsilon_{i,t}$为随机扰动项。

二、变量选取

(一) 主要变量

城镇相对贫困(poverty)：蔡兴冉、梁彦庆(2019)选取人均 GDP、人均地方公共财政预算收入和农村人均居民纯收入三个指标综合成一个指标衡量地区的相对贫困程度。杨帆、庄天慧(2018)利用中国劳动力动态调查数据(CLDS)测度了农民工多维相对贫困。李永友、沈坤荣(2007)用相对贫困发生率和相对贫困深度的乘积构建了相对贫困指数，反映农村的相对贫困水平。杨舸(2017)利用流动人口调查数据和统计年鉴中城镇居民数据分析城镇流动人口相对贫困。汪晨、万广华、吴万宗(2020)采用分组数据还原的方法和设定的相对贫困标准，计算相对贫困发生率。

基于研究目的，本文参考 Shorrocks(2009)，汪晨、万广华、吴万宗(2020)的做法，采用分组数据还原方法将这些收入分组数据还原为个体层面的数据，然后根据设定的相对贫困标准进行相对贫困的测量。为进行分析和比较，本文设定城镇居民人均可支配收入的 60%为基准贫困线(相对贫困 1)，并以人均可支配收入的 40%(相对贫困 2)和 50%(相对贫困 3)作为参考贫困线。

环境规制(regulation)：环境规制是政府运用行政命令的手段调节企业的生产行为，以此减少企业污染物排放，达到保护环境的目的。学术界关于环境规制的度量并不统一，整体来看环境规制的衡量主要是从以下角度：①环境规制强度。环境规制强度越大，意味着企业的治污成本就越高。范洪敏、穆怀中(2017)和 Morgenstern(2002)分别采用工业污染治理投资总额占工业增加值比重和行业污染减排投资作为环境规制的衡量标准。娄昌龙(2016)则从企业规模角度出发，采用单位产值企业的治污成本来衡量环境规制强度。此外，排污费征收额也是衡量环境规制的重要指标(雷明、虞晓雯，2013；范洪敏，2017)。②环境规制效果。环境规制的实施可以减少污染物的排放，为此有学者采用工业废水排放达标率等单项指标衡量环境规制效果(盛斌、吕越，2012；闫文娟、郭树龙、史亚东，2012；张华、魏晓平，2014)。③综合环境规制投入产生指数法。将多个指标综合成一个指标衡量环境规制水平(梦洁、杜威剑，2014)。考虑到环境规制是通过调节企业行为影响相对贫困，环境规制强度是调节企业行为的重要因素，因此，从环境规制强度方面设定环境规制指标，采用工业污染治理投资完成额环境规制 1 和排污费征收额环境规制 2 衡量环境规制。

(二) 中介变量

技术创新(technology)：环境规制能够倒逼企业进行技术升级，增加了对高技能劳动者的需求，影响着不同技能劳动者的收入水平。本文采用专利申请授权量衡量技术创新。

污染行业人员就业(pollute)：污染性行业就业受环境规制的影响较大，本文采用污染性行业就业人员占第二产业就业人员比例衡量污染行业人员就业，其中污染性行业主要包括制造业、电力、燃气及水的生产和供应业。

(三) 控制变量

经济发展水平(pgdp)：较高的经济发展水平有利于改善居民的生活状况，减缓绝对贫困，但也会造成贫富的两极分化，增加相对贫困。本文采用人均 GDP 反映经济发展水平。

城镇登记失业率(unemployment)：工资收入是城镇居民获得收入的主要来源渠道，城镇居民一旦失业，会增加陷入相对贫困的风险。本文采用城镇失业率反映城镇失业状况。

城镇化(urban)：城镇化是农村居民转移到城镇地区的过程，城镇化增加了居民的消费需求，是新时期经济增长的主要动力。但城镇化过程也加剧了城镇居民与农村转移劳动力在劳动市场的就业竞争，进而又影响着城镇地区的相对贫困。本文采用城镇人口占总人口的比例衡量城镇化。

产业高级化(advanced)：产业结构高级化的衡量方式有结构层次系数法、夹角余弦法、第三产业增加值与第二产业增加值比值等。根据产业的发展规律，农业产业比重不断降低，非农化和服务化将是产业未来的发展方向，因此本文用第三、第二产业增加值之比衡量产业结构，比值越大，表明产业高级化水平越高。

本部分的数据来源于《中国统计年鉴》《中国环境统计年鉴》等，个别缺失的数据采用趋势法进行补充。各变量的描述性统计见表 11-1。

表 11-1　变量的统计性描述

变量	观察个数	均值	标准差	最小值	最大值
相对贫困 2	540	9.607	3.881	1.576	24.40
相对贫困 3	540	16.62	4.136	5.237	28.58
相对贫困 1	540	25.10	4.341	6.115	46.88
环境规制 1	540	13.00	13.19	0.0119	100.1
环境规制 2	540	3.744	3.466	0.0132	24.34
技术创新	540	39647	79057	15	627834
污染行业人员就业	540	0.278	0.163	0.0383	1.164
经济发展	540	23842	16982	2662	87790
失业状况	540	3.564	0.716	0.800	6.500
产业高级化	540	0.991	0.511	0.494	4.276
城镇化	540	0.464	0.179	0.117	0.896

三、环境规制与城镇相对贫困的统计分析

为更好观察环境规制与城镇相对贫困等关键变量的变化状态，本文将样本数据以每 6 年一个间隔，划分为 2001—2006 年、2007—2012 年、2013—2018 年三个时间段进行描述性分析，结果见表 11-2(环境规制采用环境规制 1 的数据，城镇相对贫困采用相对贫困 1 的数据)。从平均值来看，2001—2006 年的环境规制强度为 85515，2007—2012 年的环境规制强度为 153965，2013—2018 年的环境规制强度为 249400。城镇相对贫困程度在 2001—2006 年为 23.74，2007—2012

年为 26.14，2013—2018 年均为 25.39，呈现出先上升后下降的变化趋势。从分布均衡程度看，环境规制的分布均衡状态从大到小依次为 2001—2006 年，2007—2012 年，2013—2018 年，城镇相对贫困程度在 2007—2012 年分布最为均衡，其次是 2013—2018 年，最后是在 2001—2006 年。

表 11-2　时间分组下变量的描述性统计

变量名称	2001—2006 年		2007—2012 年		2013—2018 年	
	环境规制	城镇相对贫困	环境规制	城镇相对贫困	环境规制	城镇相对贫困
观测值	180	180	180	180	180	180
平均值	85515	23.74	153965	26.14	249400	25.399
标准差	91697	5.09	136454	3.6326	230959	3.8163
最小值	373	6.115	129	17.567	694	17.845
最大值	605100	46.88	844159	36.871	1400000	37.147

为进一步全面系统考察环境规制与城镇相对贫困的统计相关性，我们绘制了环境规制与城镇相对贫困的散点图和线性拟合曲线，如图 11-1 所示。图 11-1中表明环境规制与城镇相对贫困呈现出正相关性，表明环境规制水平越高，城镇相对贫困程度就越高。

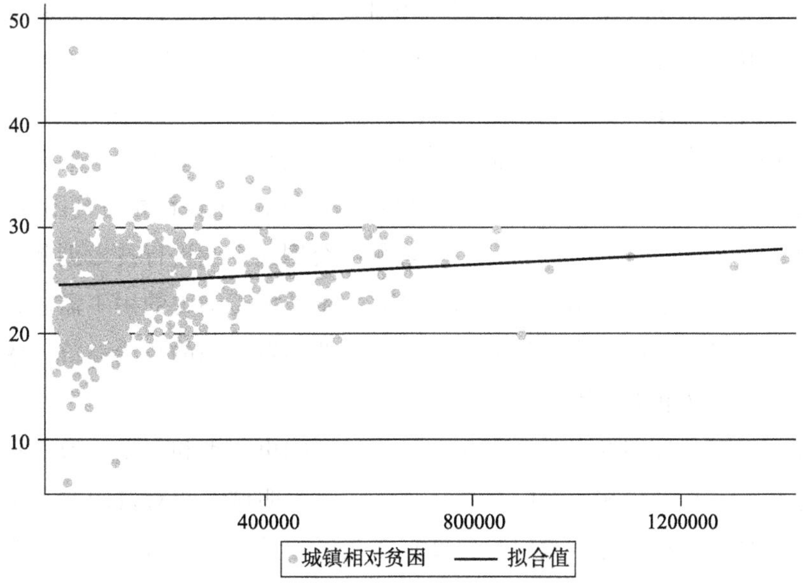

图 11-1　环境规制和城镇相对贫困的散点图和线性拟合

第三节 环境规制影响城镇相对贫困的线性效应

对经济问题的分析中，内生性问题是考虑的重点问题。文章存在内生性的原因有：①由于相对贫困的内涵比较丰富，目前没有十分准确的衡量相对贫困的方法，本文利用城镇居民收入分组数据测算的城镇相对贫困可能存在一定的偏差；②受到数据资料的限制，本文不可能将所有影响城镇相对贫困的因素都考虑在内，可能会存在遗漏部分变量问题；③环境规制和城镇相对贫困之间可能存在双向因果关系，这些原因都会导致内生性问题的存在。为此，第三部分采用系统 GMM 方法进行估计，由于包含了被解释变量的滞后项，能在一定程度上缓解内生性问题。

一、基本回归分析

表 11-3 报告了环境规制对城镇相对贫困的回归结果。回归结果显示，AR(2)的检验结果表明扰动项的差分不存在二阶自相关，Sargan 检验的结果表明工具变量的有效性。所有方程的结果显示环境规制对城镇相对贫困的影响显著为正，表明环境规制加剧城镇相对贫困，具体而言，环境规制强度增加 1 个单位，城镇相对贫困增加 0.03 个单位。环境规制加剧了城镇相对贫困，可以从以下角度来解释：一方面，环境规制政策约束了企业的生产行为，企业为满足环保要求，需进行清洁排污设备的购买，增加了生产成本，企业收益也相应受损，进一步降低了劳动者的收入，加大了城镇相对贫困的风险。另一方面，根据“波特假说”理论，环境规制会倒逼企业进行技术创新，改变了企业对劳动力的需求结构，增加了具有一定技能劳动力的用工需求，减少了对低技能劳动者的需求，加剧了不同技能劳动者之间的技能溢价，致使低技能劳动者陷入相对贫困中。

此外，其他控制变量对城镇相对贫困的影响也基本和预期一致。具体包括：①滞后一期城镇相对贫困系数显著为正，表明城镇相对贫困并不是一个暂时性问题，具有一定的延续性；②城镇失业率的系数显著为正，表明城镇登记失业率的提高会加剧城镇相对贫困，对于城镇居民尤其是低收入群体而言，就业是其获取收入的重要来源渠道，一旦遭遇失业，城镇居民的收入就会降低，增加陷入相对贫困的可能性。③产业高级化发展能够减缓城镇相对贫困。众所周知，第三产业由于门类多，行业全，成为吸纳劳动力人数最多的产业，尤其是第三产业中的生活性服务业就业门槛低，适合城市中的低收入群体，低收入群体就业的增加有利于减缓相对贫困。④城镇化对城镇相对贫困的作用并不明确。一方面，城镇化建设所需要的公共服务设施建设，能够为城镇低收入群体提供大量的就业岗位，有利于提升他们的收入水平，另一方面，城镇化加速了农村劳动力在城镇地区的集聚，加剧了城镇地区的就业竞争。⑤经济发展水平的系数为正，且通过了显著性检验，意味着经济越发达，相对贫困程度越高，在市场经济条件下，经济的发展虽能整体提高居民的生活水平，但也会造成社会财富的两极分化，从而加剧了城镇相对贫困。

表 11-3　基本检验结果

解释变量	基本方程	扩展方程			
	(1)	(2)	(3)	(4)	(5)
滞后期城镇相对贫困 1	0.337*** (0.003)	0.303*** (0.006)	0.294*** (0.007)	0.243*** (0.019)	0.274*** (0.010)
环境规制 1	0.021*** (0.003)	0.040*** (0.005)	0.037*** (0.006)	0.035*** (0.006)	0.028*** (0.005)
失业状况		1.047*** (0.140)	0.711*** (0.172)	1.326*** (0.288)	2.512*** (0.390)
产业高级化			-0.903*** (0.198)	-1.074*** (0.256)	-1.737*** (0.415)
城镇化				2.462*** (0.777)	-6.185*** (1.729)
经济发展					0.0001*** (0.00001)
常数项	16.664*** (0.111)	13.522*** (0.479)	15.830*** (0.518)	13.904*** (1.251)	10.867*** (2.022)
AR(1)	0.0352	0.0369	0.0344	0.0374	0.0243
AR(2)	0.2881	0.2861	0.2838	0.2845	0.2697
Sargan	0.4846	0.4956	0.5568	0.9853	0.7418
N	510	510	510	510	510

注：括号中为标准差，其中 * $p<0.1$，** $p<0.05$，*** $p<0.01$。下同。

二、稳健性检验

（一）替换变量

以上用工业治污投资完成额作为环境规制的代理变量考察了环境规制对城镇相对贫困的影响。为进一步考察结果的稳健性，本部分采用排污费征收额作为衡量环境规制的指标，检验环境规制对城镇相对贫困的影响。表 11-4 的方程(1)为环境规制对城镇相对贫困的基本方程回归结果，方程(2)~(5)是依次加入控制变量的环境规制对城镇相对贫困的扩展方程结果。据表 11-4 显示，环境规制对城镇相对贫困的影响显著为正，表明环境规制能够加剧城镇相对贫困，与前文的结论一致，因此检验结果具有稳健性。

表 11-4　替换变量的稳健性检验结果

解释变量	基本方程	扩展方程			
	(1)	(2)	(3)	(4)	(5)
滞后期城镇相对贫困 1	0.331*** (0.008)	0.299*** (0.007)	0.267*** (0.016)	0.206*** (0.013)	0.269*** (0.013)
环境规制 2	0.173*** (0.020)	0.206*** (0.035)	0.230*** (0.040)	0.158*** (0.046)	0.161*** (0.037)
失业状况		0.935*** (0.121)	0.787*** (0.144)	1.234*** (0.396)	2.447*** (0.414)
产业高级化			-0.453* (0.264)	-0.890** (0.447)	-1.657*** (0.321)
城镇化				2.518** (1.026)	-8.251*** (1.746)
经济发展					0.0001*** (0.0001)
常数项	16.429*** (0.275)	13.777*** (0.373)	15.391*** (0.515)	14.843*** (1.790)	11.326*** (1.908)
AR(1)	0.0353	0.0373	0.0370	0.0461	0.0362
AR(2)	0.2856	0.2821	0.2773	0.2711	0.2508
sargan	0.4820	0.4912	0.9719	1.000	0.6568
N	510	510	510	510	510

（二）敏感性检验

在分析环境规制对城镇相对贫困影响的同时，还应该注意由于贫困标准的不同而导致的检验结果的差异。为此，本文分别采用城镇居民人均可支配收入的40%和50%作为相对贫困标准对模型进行重新进行回归。估计结果见表11-5。其中，方程(1)(2)是以人均可支配收入的40%作为贫困标准的检验结果，方程(3)(4)是以人均可支配收入的50%作为贫困标准的检验结果。表11-5所示，所有方程中环境规制的系数均显著为正，表明环境规制加剧城镇相对贫困的结论依然成立。同时可以看出，在使用不同的贫困标准时，环境规制影响城镇相对贫困的效应是存在差异的，使用人均可支配收入的60%作为相对贫困标准时，环境规制对其影响效应最大，平均环境规制每增加1个单位，会使相对贫困程度增加0.03个单位，而使用人均可支配收入的40%和50%作为相对贫困标准时，平均环境规制每增加1个单位，会使相对贫困程度增加0.02个单位。由此可见，较高的相对贫困标准设定会增加环境规制对城镇相对贫困的影响效应。

表11-5　敏感性检验结果

解释变量	相对贫困2		相对贫困3	
	(1)	(2)	(3)	(4)
滞后期相对贫困2	0.360*** (0.013)	0.326*** (0.015)		
滞后期相对贫困3			0.397*** (0.014)	0.386*** (0.031)
环境规制1	0.024*** (0.004)	0.020*** (0.005)	0.018*** (0.002)	0.023*** (0.005)
经济发展		0.001*** (0.0001)		0.001*** (0.0001)
失业状况		0.918*** (0.355)		1.235*** (0.249)
产业高级化		0.561 (0.351)		0.664* (0.368)
城镇化		-4.399*** (1.111)		-1.368 (1.164)

续表

解释变量	相对贫困 2		相对贫困 3	
	(1)	(2)	(3)	(4)
常数项	6.117*** (0.115)	2.895** (1.428)	10.114*** (0.206)	4.660*** (0.969)
AR(1)	0.0005	0.0007	0.0000	0.0000
AR(2)	0.1349	0.1596	0.7889	0.8742
Sargan	0.5635	0.6434	0.5262	0.5940
N	510	510	510	510

三、机制检验

上述分析表明，环境规制会加剧城镇相对贫困程度，那么中间的作用机制是什么呢？为了回答该问题，本部分将考察此影响的间接渠道。我们采用中介效应模型分析环境规制影响相对贫困的作用机制。借鉴温忠麟、叶宝娟(2014)的做法，设置中介效应模型如下：

$$poverty_{i,t}=\beta_0+\beta_1 poverty_{i,t-1}+\beta_2 regulation_{i,t}+\beta_3 X_{i,t}+\varepsilon_{i,t} \quad (11.1)$$

$$M_{i,t}=\alpha_0+\alpha_1 M_{i,t-1}+\alpha_2 regulation_{i,t}+\alpha_3 X_{i,t}+\varepsilon_{i,t} \quad (11.2)$$

$$poverty_{i,t}=\eta_0+\eta_1 poverty_{i,t-1}+\eta_2 M_{i,t}+\eta_3 regulation_{i,t}+\eta_4 X_{i,t}+\varepsilon_{i,t} \quad (11.3)$$

其中，$poverty_{i,t}$为被解释变量，$regulation_{i,t}$为解释变量，$M_{i,t}$为中介变量，分别是技术创新(technology)、污染行业人员就业(pollute)，$X_{i,t}$为控制变量，β_i，α_i，η_i(i=1，2，3，4)为待估参数，$\varepsilon_{i,t}$为随机扰动项。

中介效应检验步骤如下：

第一步，对方程(11.1)进行回归，检验β_2是否显著，若显著，表明环境规制对相对贫困具有显著影响，继续进行检验，若不显著则停止检验。第二步，对方程(11.2)进行回归，检验中介变量系数α_2是否显著，若显著，表明环境规制显著影响中介变量。第三步，对方程(11.3)进行回归，若系数η_2，η_3均显著为正，且η_2小于β_2，表明存在部分中介效应，若η_2不显著，η_3显著，则说明存在完全中介作用。

表 11-6 中介效应检验结果

解释变量	第一步	第二步		第三步
	相对贫困 1	技术创新	污染行业人员就业	相对贫困
滞后期相对贫困 1	0.274*** (0.010)			0.181*** (0.018)
滞后期技术创新		0.995*** (0.001)		
滞后期污染行业人员就业			0.656*** (0.006)	
技术创新				0.00001*** (0.000)
污染行业人员就业				-3.472** (0.661)
环境规制 1	0.028*** (0.05)	314.3*** (11.37)	-0.001*** (0.0002)	0.020*** (0.007)
经济发展	0.0001*** (0.00001)	0.8225*** (0.011)	-0.0001*** (0.00001)	0.0001*** (0.00001)
失业状况	2.512*** (0.390)	-835.7*** (84.38)	-0.0578*** (0.0030)	2.085** (0.491)
产业高级化	-1.737*** (0.415)	-20885*** (649)	0.024*** (0.007)	-0.883 (0.664)
城镇化	-6.185*** (1.729)	38345*** (1167)	0.168*** (0.009)	-6.535*** (1.638)
常数项	10.867*** (2.022)	-3621*** (646)	0.262*** (0.013)	15.361*** (2.396)
AR(1)	0.0243	0.0365	0.0001	0.0157
AR(2)	0.2697	0.1484	0.1021	0.2290
Sargan	0.7481	0.7122	0.4781	0.7056
N	510	510	510	510

本节采用系统 GMM 模型对中介效应模型进行检验，检验环境规制影响城镇相对贫困的作用机制，估计结果见表 11-6。表中第一步是环境规制对城镇相对贫困的影响进行验证，第二步分别检验环境规制对技术创新、污染性行业就业人员的影响，第三步是在环境规制对城镇相对贫困影响模型中加入了

技术创新和污染行业人员就业变量后重新回归的结果。根据表中的结果，第三步中的环境规制系数为0.020，小于第一步中的系数0.028，说明环境规制对城镇相对贫困存在部分中介效应。

具体来看，环境规制对技术创新的影响显著为正，技术创新对相对贫困的影响也显著为正，环境规制通过增加技术创新加剧城镇相对贫困，验证了假设1。原因在于随着环境规制强度的不断增加，企业迫于排污达标的压力，会进行技术升级改造，以此减少污染物的排放，而技术升级改造加大对高技能劳动者的需求，减少了对低技能劳动者的需求，增加了不同技能劳动者间的技能溢价，增加了相对贫困的风险。环境规制对污染行业人员就业的影响显著为负，污染行业人员就业对城镇相对贫困的影响显著为负，表明环境规制通过降低污染行业就业加剧相对贫困，验证了假设2。环境规制对不同行业的影响不同，对环境污染较小的清洁行业影响小，对环境污染较大的污染行业影响较大，如能源化工、加工制造业。环境规制对这些行业施加严厉的外部环境约束，造成其成本增加，由此减少对劳动力的需求，失业增加。由于这部分劳动力受学历水平、技能条件的限制，失业后很难再找到合适的工作，失去收入来源的他们很容易陷入相对贫困。

第四节　环境规制影响城镇相对贫困的门槛效应检验

上述的分析表明，环境规制与城镇相对贫困存在线性关系，即环境规制会加剧相对贫困，但是据此得出的结论会存在一定的片面性。环境规制与城镇相对贫困之间是否存在非线性关系呢？考虑到城镇居民本身存在人力资本的差异，且不同地区间的劳动力市场分割程度不同，本部分将采用门槛回归模型将从人力资本水平和劳动力市场分割程度两个角度研究环境规制与城镇相对贫困之间的关系。

一、理论分析

环境规制是政府运用行政手段约束企业生产行为、减少污染物排放的一种有效方式。企业生产行为的调整会影响企业对劳动力、资本、生产资料需求的改变，劳动力作为一种重要的生产要素，环境规制强度的变化会影响到企业的劳动力需求和劳动者的收入分配。然而劳动力又存在内部人力资本和外在城乡分割的异质性，因而环境规制对城镇居民收入可能存在人力资本和劳动力市场分割的门槛效应(穆怀中、范洪敏，2016)。

(一) 人力资本视角

由于环境污染具有负的外部性效应，政府会采取严格污染物排放、向企业征收排污费或者处以罚金等行政手段约束企业的生产行为，降低污染排放，保护环境(何兴邦，2018)。企业主要是通过以下三种方式调整生产行为：①企业通过购买清洁设备或者治污设备减少污染物排放，达到排污要求，这无疑会增加企业的生产成本，降低企业的市场竞争力。在利益的驱使下，企业会减少对劳动力的需求，增加失业，加剧居民收入不平等和相对贫困(李梦洁，2016)。②根据传统的新古典经济学理论，严格的环境规制会增加重污染企业的生产成本，致使效益受损。鉴于环境规制在不同地区的非均衡影响，企业出于利益最大化的考虑，会将污染产业从环境规制严格的地区转移到环境规制宽松的地区(“污染天堂”)，同样减少了对当地劳动力的需求，增加了失业，加剧了相对贫困(张可云、傅帅雄，2011；韩晶、陈超凡、冯科，2014)。③根据“波特假说”理论，环境规制能够增加企业的生产成本，企业为保障效应不受损失，倒逼进行技术创新，以抵消环境规制带来的成本增加，同时对收入分配也产生了显著影响。一方面，由技术创新带来的技术进步导致对劳动力的需求结构发生变化，增加了对具有一定技能劳动力的用工需求，减少了对低技能劳动者的需求。由供给需求定理可知，这种技术偏向型的技术进步加剧了不同技能劳动者之间的技能溢价，致使低技能劳动者陷入相对贫困的可能性增加。另一方面，那些基于技术进步、科技创新发展起来的新兴产业会得到快速发展，促进了产业间利润再分配，创新产业和高技术产业会攫取更多的收益，劳动者也能得到较为丰厚的劳动报酬，加剧了不同行业劳动者的收入不平等(张先锋，2015)。由此可见，环境规制可能会降低对劳动力的需求，增加失业和相对贫困，也会对不同人力资本下劳动力产生异质性影响。基于此，我们提出了以下假设：

假设3：环境规制对城镇居民相对贫困存在人力资本门槛效应。

(二) 劳动力市场分割视角

劳动力市场分割理论是由 Doeringer 和 Piore(1971)在《内部劳动力市场及

人力政策》一书中正式提出的。该理论认为受到政策和制度等因素的影响，劳动力市场被分割成不同的层级，每个层级的劳动力市场在就业环境、福利待遇方面存在显著差异，从而造成收入分配的差异。在中国，劳动力市场分割产生的原因主要是以户籍制度为代表的制度安排，这些制度造成了中国劳动力市场在城乡间、区域间、行业间的分割（徐林清，2004；范雷，2012）。在劳动力市场分割条件下，环境规制对城镇居民收入状况存在异质性效应。对城镇居民而言，其就业主要分为正规就业和非正规就业两种，正规就业是指进入法律监管系统，具有正式的雇佣关系，受法律保护的就业；非正规就业则是没有正式雇佣关系、不受法律保护，就业状况处于低层次的就业（胡凤霞、姚先国，2010）。正规部门由于具有一定的社会性和政策性功能，因而在环境规制实施时，能够与当地环保部门进行讨价还价，政府会以减税或者提高补贴的方式来减少正规部门的经济损失，正规部门较强的应对政策冲击的能力也避免了正规部门就业的损失（Jiang 等，2014）。而非正规部门资源较少，从政府以及金融机构的筹资融资能力较弱，当外部压力持续冲击内部利润时，非正规部门可能会被兼并甚至倒闭而退出市场，劳动者的收入也受到严重影响，加剧了收入不公平和相对贫困。但当劳动力市场分割界限被打破时，劳动力能够实现自由流动，正规部门和非正规部门的劳动力也能够得到合理配置，环境规制对居民收入差距的负向影响将会降低，甚至产生正向促进作用。从另一角度看，环境规制强度提高时，会加大企业的生产成本，尤其是对环境影响较大的污染行业如加工制造业、能源化工等行业，是环境规制的重点行业。规制者通过标准制定、严格督查等方式对这些污染行业施加严厉的外部环境约束，造成这些行业的收益不断下降，减少对劳动力的需求，在市场需求有限的情况下，这部分劳动力会失业，导致城镇相对贫困的增加（何兴邦，2018）。但随着劳动力市场分割程度的降低，农村地区的劳动力流向城市，增加了消费需求，激发了城市发展的活力，为失业人员创造了新的就业机会。基于此，我们提出以下假设：

假设 4：环境规制对城镇居民相对贫困存在劳动力市场分割门槛效应。

二、面板门限模型介绍

前面的理论分析表明，环境规制与城镇相对贫困存在非线性关系，即在不同的人力资本水平下和不同的劳动力市场分割条件下，环境规制对城镇相对贫困的影响是不同的。为避免传统划分方式主观性强的特点，我们采用Hansen(1999)提出的面板门槛模型对样本数据进行自动划分确定门槛值，以此探讨环境规制与城镇相对贫困的非线性关系。可先从简单的单一门槛模型设定出发，然后逐步扩展到多重门槛模型。

首先，以单一门槛模型为例，对面板门槛模型进行介绍，模型设定如下：

$$y_{it}=u_i+\theta_1 x_{it}\cdot I(thr_{it}\leqslant h)+\theta_2 x_{it}\cdot I(h<thr_{it})+\varepsilon_{it} \tag{11.4}$$

其中，i 和 t 分别代表省区市和年份，thr_{it} 为门槛变量，h 为门槛值，$I(\cdot)$为指示性函数，u_i 为个体固定效应，$\varepsilon_{i,t}$ 为随机扰动项，且服从独立同分布即 $\varepsilon_{it}\sim i.i.d.N(0,\ \delta^2)$。

上式还可表示为：

$$y_{it}=u_i+\theta x_{it}\cdot I(h)+\varepsilon_{it} \tag{11.5}$$

其中，$x_{it}(h)=\begin{pmatrix} x_{it}I(thr_{it}\leqslant h) \\ x_{it}I(h<thr_{it}) \end{pmatrix}$，$\theta=(\theta_1,\ \theta_2)$

为消除不随时间变化个体固定效应对参数估计值的影响，我们需要消除个体效应的影响，具体做法为：先求出各个变量的组内平均值，然后将观测值减去与之对应的组内平均值。各变量的组内平均值为：

$$\overline{y_{it}}=u_i+\theta\,\overline{x_{it}}\cdot I(h)+\overline{\varepsilon_{it}} \tag{11.6}$$

其中，$\overline{y_i}=T^{-1}\sum_{t=1}^{T}y_{it}$，$\overline{\varepsilon_i}=T^{-1}\sum_{t=1}^{T}\varepsilon_{it}$，

$$\overline{x_i}(h)=\frac{1}{T}\sum_{t=1}^{T}x_{it}(h)=\begin{pmatrix} \frac{1}{T}\sum_{t=1}^{T}x_{it}I(thr_{it}\leqslant h) \\ \frac{1}{T}\sum_{t=1}^{T}x_{it}I(h<thr_{it}) \end{pmatrix}$$

(11.5)式减去(11.6)式得：

$$y_{it}^{*}=u_i+\theta x_{it}^{*}\cdot I(h)+\varepsilon_{it}^{*} \tag{11.7}$$

其中，$y_{it}^{*}=y_{it}-\overline{y_i}$，$x_{it}^{*}(h)=x_{it}(h)-\overline{x_i}(h)$，$\varepsilon_{it}^{*}=\varepsilon_{it}-\overline{\varepsilon_i}$

然后将观察值有时期的数据进行累加，形式如下：

$$y_i^{*}=\begin{bmatrix} y_{i2}^{*} \\ \vdots \\ y_{iT}^{*} \end{bmatrix}\quad x_{it}^{*}(h)=\begin{bmatrix} x_{i2}^{*} \\ \vdots \\ x_{iT}^{*} \end{bmatrix}\quad \varepsilon_i^{*}=\begin{bmatrix} \varepsilon_{i2}^{*} \\ \vdots \\ \varepsilon_{iT}^{*} \end{bmatrix}$$

我们用 Y^*，X^*，ε^* 表示将所有的观察值进行叠加的情形，如下：

$$Y^*=\begin{bmatrix} y_1^* \\ \vdots \\ y_n^* \end{bmatrix} \quad X^*=\begin{bmatrix} x_1^*(h) \\ \vdots \\ x_2^*(h) \end{bmatrix} \quad \varepsilon^*=\begin{bmatrix} \varepsilon_1^* \\ \vdots \\ \varepsilon_n^* \end{bmatrix}$$

经过变换后的(11.7)式可表达为：

$$Y^*=X^*(h)\theta+\varepsilon^* \tag{11.8}$$

因此，对于任意给定门槛值 h，参数估计值 θ 都可采用 OLS 估计法进行估计，表达式为：

$$\hat{\theta}(h)=[X^*(h)'X^*(h)]^{-1}X^*(h)'Y^* \tag{11.9}$$

回归方程的残差向量为：$\hat{\varepsilon}^*(h)=Y^*-X^*(h)\hat{\theta}(h)$，残差平方和为：

$$S_1(h)=\hat{\varepsilon}^*(h)'\hat{\varepsilon}^*(h)=Y^*(I-X^*(h)'(X^*(h)'X^*(h))^{-1}X^*(h)')Y^* \tag{11.10}$$

然后利用 OLS 估计 h 值，通过最小化(11.10)式 $S_1(h)$ 值得到 h 的估计值：

$$\hat{h}=\text{argmin}S_1(h) \tag{11.11}$$

当得到 $\hat{h}$ 值时，便可进一步求得参数估计值，$\hat{\theta}=\hat{\theta}(\hat{h})$，残差向量 $\hat{\varepsilon}^*=\hat{\varepsilon}^*(\hat{h})$，残差平方和的表达式为：

$$\hat{\sigma}^2=\frac{1}{n(T-1)}\hat{\varepsilon}^{*\prime}\hat{\varepsilon}^*=\frac{1}{n(T-1)}S_1(\hat{h}) \tag{11.12}$$

在找到最优门槛值后，需要对门槛值进行两个检验：

检验 1：门槛效果在统计上是否显著。检验的原假设为：$H_0:\theta_1=\theta_2$，备择假设为：$H_1:\theta_1\neq\theta_2$。若原假设成立，表明模型不存在门槛效应，此时模型可写为：

$$y_{it}=\mu_i+\theta_1 x_{it}+\varepsilon_{it} \tag{11.13}$$

对上式消除固定效应 μ_i，得到表达式：

$$y_{it}=\theta_1 x_{it}^*+\varepsilon_{it}^* \tag{11.14}$$

再利用 OLS 估计参数 θ_1，得到估计值为 θ_1，残差 ε_{it}^* 和残差平方和 S_0，进一步得到原假设 H_0 的似然比检验统计量为：

$$F_1=\frac{(S_0-S_1(\hat{\gamma}))}{\hat{\sigma}^2} \tag{11.15}$$

其中，$S_0=\tilde{\varepsilon}^{*\prime}\tilde{\varepsilon}^{*}$，$S_1(\hat{h})=\hat{\varepsilon}^{*}(\hat{\gamma})'\hat{\varepsilon}^{*}(\hat{\gamma})$，$\hat{\sigma}^2=\frac{1}{n(T-1)}S_1(\hat{h})$

原假设条件下，门槛值 h 无法识别，因此统计量 F 不服从标准正态分布，Hansen（1999）提出采用 Bootstrap 自抽样的方法获得其渐近分布，进而获取 P 值。$P=\frac{F_j\text{ 大于 }F_0\text{ 的次数}}{\text{抽样次数}}$，其中，$F_j$ 为抽样样本计算的 F 统计量。由此可根据 P 值的大小和选定的显著性水平判断是否拒绝原假设，若 P 值小于选定的显著水平，则拒绝原假设，表明模型至少存在一个门槛值。然后假定单一门槛值已知，搜索双重门槛第二个门槛值，最后固定双重门槛第二个门槛值，搜索双重门槛第一个门槛值，检验第一个门槛值的稳定性和显著性。以此类推搜索三重门槛模型的门槛值。

当门槛效应存在时，γ 的估计值与真实值已知，但渐进分布是非标准的，因此 Hansen（1999）建议用 γ 检验的似然比统计量构造一个非拒绝域获得 γ 的置信区间。

检验 2. 门槛的估计值是否等于真实值。原假设为：H_0：$\gamma=\gamma_0$，对应的似然比统计量为：

$$LR_1(\gamma)=\frac{S_1(\gamma)-S_1(\hat{\gamma})}{\hat{\sigma}^2} \tag{11.16}$$

根据 Hansen（1999）提供的公式计算出临界值：

$$c(\partial)=-2\log(1-\sqrt{1-\partial}) \tag{11.17}$$

如果 $LR_1(\gamma_0)>c(\partial)$，则表明拒绝原假设。置信水平 $1-\partial$ 的非拒绝域是一组满足 $LR_1(\gamma_0)\leqslant c(\partial)$ 的 γ 值，其中 $LR_1(\gamma)$ 的值由（11.16）式计算出，$c(\partial)$ 值由（11.17）式计算得出，这一组 γ 值的集合便形成了 γ 的置信区间。

上述描述了单一门槛的设定，但在现实中，模型可能会存在两个或两个以上门槛值，需要对多个门槛值进行检验，多个门槛值的求解思路与单一门槛值的方法是一致的。具体的可见 Hansen（1999）的阐述，这里不再多作叙述。

三、模型设定与门槛变量选取

（一）门槛模型设定

借鉴 Caner 和 Hansen(2004)采用门槛回归方法，选择人力资本、劳动力市场分割为门槛变量，检验环境规制对相对贫困的门槛效应，假定存在双重门槛，设定模型如下：

$$poverty_{it}=\theta_0+\theta_1 regulation\cdot I(thr_{it}\leqslant h1)+\theta_2 regulation\cdot I(h1<thr_{it}\leqslant h2)+\theta_3 regulation\cdot I(h2<thr_{it})+\theta_4 X_{it}+\varepsilon_{it}$$

其中，$poverty_{i,t}$为被解释变量，thr_{it}为门槛变量，$h1$ 和 $h2$ 为门槛值，$I(thr_{it}\leqslant h1)$、$I(h1<thr_{it}\leqslant h2)$、$I(h2<thr_{it})$为指示性函数，$X_{i,t}$为控制变量，$\varepsilon_{i,t}$为随机扰动项。

（二）门槛变量说明

人力资本(human)：人力资本反映了一个人知识储备、技能水平和工作素养。环境规制的实施会影响企业进行生产的决策行为，从而对劳动力的需求结构发生改变，因此，环境规制对城镇相对贫困的影响可能会存在人力资本的门槛效应。目前中国并没有关于人力资本的官方统计，为此，可借鉴柳光强、杨芷晴(2019)的做法，采用人均受教育年限衡量人力资本水平。计算方法为：人均受教育年限=未上学人口比重×0+上小学人口比重×6+上初中人口比重×9+上高中人口比重×12+大专及以上人口比重×16。

劳动力市场分割(segmentation)：劳动力市场分割主要有城乡分割、行业分割、单位性质分割和地区分割四种形式(徐紫晨，2014)。劳动力的城乡分割反映了城乡之间劳动要素的自由流动状况，而劳动要素的城乡流动能够直接影响到城镇地区的就业状况。因此，环境规制对城镇居民相对贫困的影响可能会存在城乡劳动力市场分割的门槛效应。为此，采用城乡分割系数反映城乡劳动力市场分割程度，计算方法为：城乡人口分割系数=城镇人口/农村人口，城乡就业分割系数=城镇就业/农村就业，城乡分割系数=(城乡人口分割系数+城乡就业分割系数)/2。

四、检验结果分析

根据门槛效应估计与检验结果(表 11-7)，人力资本和劳动力市场分割的单一门槛并不显著，双重门槛通过 5%水平下显著性检验，所以本文基于双重门槛分析环境规制对城镇相对贫困的影响。

表 11-7　门槛效应估计与检验结果

门槛变量	门槛类型	F 值	P 值	BS 次数	自抽样临界值		
					1%	5%	10%
人力资本	单一门槛	9.76	0.303	300	27.8562	18.9185	16.3485
	双重门槛	25.93	0.0267	300	29.4711	17.0193	12.2470
劳动力市场分割	单一门槛	16.59	0.2800	300	46.6556	29.6694	23.4959
	双重门槛	19.38	0.0427	300	26.9949	21.0124	18.2496

（一）人力资本门槛效应

根据人力资本的两个门槛值，将人力资本分为低人力资本（$human \leqslant 10.9401$）、中等人力资本（$10.9401 < human \leqslant 11.8212$）和高等人力资本（$human > 11.8212$），考察在不同人力资本水平下环境规制对城镇相对贫困的影响，估计结果见表 11-8。在低人力资本水平下，环境规制对相对贫困的影响不显著，在中等人力资本水平下，环境规制对相对贫困的影响显著为正，在高等人力资本水平下，环境规制对相对贫困的影响为负。根据人力资本水平与工作岗位的匹配来看，低技能劳动力更多集中在第二和第三产业劳动密集型行业，中等技能劳动力就业更多集中在化纤制造、金属加工等资本密集型行业（蔡昉，2016），环境规制的实施对劳动密集型行业的影响不大，所以当人力资本水平较低时，环境规制影响相对贫困的作用不明显。环境规制主要影响的是高污染、高能耗的资本密集型行业或部门，会造成这些部门生产自动化或者进行部门合并，从而减少对中等技能劳动力的需求，造成这部分劳动力的失业，增加了相对贫困。当人力资本水平较高时，环境规制会倒逼企业进行技术创新，提高企业的生产效率，从而增加对高技能劳动者的需求（肖兴志、李少林，2013；张先锋等，2015），增加了社会的就业，进而减缓了相对贫困。

表 11-8　面板门槛模型回归结果

变量	人力资本	劳动力市场分割
经济发展水平	0.0001*** （0.00001）	0.0001*** （0.00001）
城镇登记失业率	1.2408*** （0.3565）	1.3651*** （0.3498）

续表

变量	人力资本	劳动力市场分割
产业高级化	-2.6652*** (0.6075)	-3.6096*** (0.6370)
城镇化	4.6483** (2.2389)	4.8222*** (2.2609)
环境规制	0.0131	-0.0059*
(thr≤h1)	(0.0197)	(0.0031)
环境规制	0.6461***	-0.5321***
(h1<thr≤h2)	(0.2136)	(0.1102)
环境规制	-0.4374**	0.1490***
(h2<thr)	(0.2013)	(0.0828)
常数项	19.6529***	20.026***
	(1.6088)	(1.5835)
样本量	540	540

（二）劳动力市场分割门槛效应

根据劳动力市场分割的两个门槛值将劳动力市场分割分为低度分割（segmentation≤2.0976）、中度分割（2.0976<segmentation≤3.4999）和高度分割（segmentation>3.4999），重点关注在不同劳动力市场分割水平下环境规制对相对贫困的影响，估计结果见表11-8。从参数估计结果看，在低度和中度劳动力市场分割水平下，环境规制对城镇相对贫困的影响显著为负，在高度劳动力市场分割水平下，环境规制会加剧城镇相对贫困。户籍制度壁垒的存在导致中国城乡之间的要素不能够自由流动，呈现出割裂的状态。较高劳动力市场分割水平限制了农村劳动力向城镇地区的流动，环境规制强度的提高会严重影响到资本密集型、污染性行业企业的用工需求，而这些行业企业的劳动者多为学历水平和技能水平较低的劳动者，在就业岗位有限的情况下，低技能劳动者失业的概率增大，相对贫困加剧。但是随着劳动力市场分割程度的下降，城乡间要素资源的流动性增强，转移到城镇地区的农村居民的生产生活方式发生了改变，增加了对住宿、餐饮、交通、旅游等方面需求，为城市经济发展提供了活力。因环境规制政策的实施，企业减少的部分劳动力需求可以通过行业的转换如生活性服务业避免陷入失业中。此外，城乡间要素的流动还可以促使城镇地区的劳动力向农村地区的流动，通过就业的城乡转移减缓相对贫困。

第五节　环境规制影响城镇相对贫困的空间效应分析

根据“地理学第一定律”，任何事物都不是孤立存在的，必然与其他事物产生一定的联系，存在一定的空间关联性。因本文研究的是环境规制对城镇相对贫困的影响，不能忽视执行环境政策时对企业布局产生的空间相关性。“污染避难所假说”表明污染密集型企业会偏向于将企业建立在环境管制比较宽松的地区，因此，当实施环境规制时，污染严重企业会根据环境规制的强度选择企业的生产布局，从而改变本地或周边地区的用工需求，影响着本地和周边地区劳动者的收入水平和相对贫困。基于此，本章节将基于空间视角，对环境规制影响城镇相对贫困的空间溢出效应进行分析。

一、研究方法及模型设定

（一）空间权重矩阵选择

不同的空间权重能够体现出不同的空间关联关系。本章将采用邻接权重矩阵、地理距离权重矩阵、经济权重矩阵作为空间权重矩阵。

1. 邻接权重矩阵

邻接权重矩阵有一阶邻接权重矩阵和高阶邻接权重矩阵之分，本章采用一阶邻接权重矩阵，即区域 i 和区域 j 有共同的边界时，$W_{ij}=1$，否则 $W_{ij}=0$。

$$W_{ij}=\begin{cases}1，当区域\ i\ 与区域\ j\ 相邻时\\0，当区域\ i\ 与区域\ j\ 不相邻时\end{cases}$$

2. 地理距离权重矩阵

两区域间距离的远近也会影响到城镇相对贫困的空间效应，产生影响，使得利用地理距离权重考察空间相关性成为可能。本文使用的地理距离权重矩阵形式如下：

$$W_{ij}=\begin{cases}1/d_{ij},\ i\neq j\\0,\ i=j\end{cases}$$

3. 经济权重矩阵

受到空间区域的经济状况、生活水平、文化习惯等方面的影响，城镇相对贫困在经济方面产生一定的空间相关性。本文采用的经济权重矩阵形式如下：

$$W_{ij}=\begin{cases}1/|GDP_i-GDP_j|,\ i\neq j\\0,\ i=j\end{cases}$$

（二）空间相关指数

空间相关指数是空间相关性的反映，通常采用 Moran's I 指数衡量。Moran's I 指数的取值范围在−1～1 范围内，值为正，表明存在空间正相关性，值为负，则表明存在空间负相关性。Moran's I 指数定义如下：

$$\text{Moran'sI}=\frac{\sum_{i=1}^{n}\sum_{j=1}^{n}W_{ij}(Y_i-\bar{Y})(Y_j-\bar{Y})}{S^2\sum_{i=1}^{n}\sum_{j=1}^{n}W_{ij}}$$

其中，$S^2=\frac{1}{n}\sum_{i=1}^{n}(Y_i-\bar{Y})^2$，$\bar{Y}=\frac{1}{n}\sum_{i=1}^{n}Y_i$，$W_{ij}$ 为空间权重矩阵。

（三）空间回归分析

传统的计量模型并未考虑到空间的相互依赖关系，会导致估计结果的精度下降，因此本文选择空间计量模型分析环境规制对城镇相对贫困的影响。在常用的空间计量模型中，空间误差模型（SEM）主要考察误差项对被解释变量的空间影响，空间滞后模型（SLM）侧重考察被解释变量的空间相关性，而空间杜宾模型（Durbin）不仅考察误差项对被解释变量的空间影响，也考察了被解释变量的空间相关性，更具全面性，为此，本文采用空间杜宾模型（Durbin）分析环境规制对城镇相对贫困的影响。模型设定如下：

$$poverty_{it}=\alpha+\rho Wpoverty_{it}+\beta X_{it}+\theta WX_{it}+\varepsilon_{it} \tag{11.18}$$

其中，$poverty_{it}$为被解释变量，表示城镇相对贫困，X_{it}为影响城镇相对贫困的解释变量，$Wpoverty_{it}$和 WX_{it}分别表示被解释变量和解释变量的空间滞后项。W

为空间权重矩阵，α 为常数项，ε_{it}为随机扰动项。

（四）空间溢出效应

在含有空间滞后项的情况下，回归系数变得比较复杂，同时反映了解释变量对被解释变量总效应、直接效应与间接效应。其中，总效应刻画了解释变量对所有地区产生的平均影响程度，直接效应反映的是解释变量对本地区产生的影响，间接效应反映解释变量对周边地区产生的影响。具体可用如下公式进行表示：

将一般形式的空间杜宾模型 $y=\alpha+\rho Wy+X\beta+WX\theta+\varepsilon$ 改写为：

$$(I_n-\rho W)y=X\beta+WX\theta+\alpha+\varepsilon$$

$$y=\sum_{r=1}^{k}S_r(W)x_r+V(W)\alpha+V(W)\varepsilon$$

其中，$S_r(W)=V(W)(I_n\beta_r+W\theta_r)$

$$V(W)=(I_n-\rho W)^{-1}=I_n+\rho W+\rho^2W^2+\rho^3W^3+\cdots+P^nW^n$$

将上式展开得：

$$\begin{vmatrix} y_1 \\ y_2 \\ \vdots \\ y_n \end{vmatrix}=\sum_{r=1}^{k}\begin{bmatrix} S_r(W)_{11} & S_r(W)_{12} & \cdots & S_r(W)_{1n} \\ S_r(W)_{21} & S_r(W)_{22} & \cdots & S_r(W)_{2n} \\ \cdots & \cdots & \cdots & \cdots \\ S_r(W)_{n1} & S_r(W)_{n2} & \cdots & S_r(W)_{nn} \end{bmatrix}\begin{bmatrix} x_{1r} \\ x_{2r} \\ \vdots \\ x_{nr} \end{bmatrix}+V(W)\alpha+V(W)\varepsilon$$

$\frac{\partial y_i}{\partial x_{ir}}=S_r(W)_{ii}$为直接效应，数值为矩阵 $S_r(W)$ 中对角线上的元素值。

$\frac{\partial y_i}{\partial x_{jr}}=S_r(W)_{ij}$为间接效应，是一种溢出效应，数值为矩阵 $S_r(W)$ 中非对角线上的元素值。

总效应为矩阵 $S_r(W)$ 中所有元素的平均值。

二、变量选取与数据说明

（一）变量选取

1. 被解释变量

城镇相对贫困（poverty）：蔡兴冉、梁彦庆（2019）选取人均 GDP、人均地方公共财政预算收入和农村人均居民纯收入三个指标综合成一个指标衡量地区的相对贫困程度。杨帆、庄天慧(2018)利用中国劳动力动态调查数据(CLDS)测度了农民工多维相对贫困。李永友、沈坤荣(2007)用相对贫困发生率和相对贫困深度的乘积构建了相对贫困指数，反映农村的相对贫困水平。杨舸(2017)利用流动人口调查数据和统计年鉴中城镇居民数据分析城镇流动人口相对贫困。汪晨、万广华和吴万宗(2020)采用分组数据还原的方法和设定的相对贫困标准计算相对贫困发生率。

基于本研究的目的，采用各省区市统计年鉴中的收入分组数据，借鉴Garroway(2012)的研究，利用Datt(1998)开发的计算工具和世界银行提供的PovcalNet软件计算相对贫困。具体做法是，给定平均可支配收入，并将平均可支配收入的某一比例设定为相对贫困线，利用收入分组数据，使用PovcalNet软件进行估计，就得到相对贫困发生率。本文用以城镇居民人均可支配收入的50%作为相对贫困标准计算出的相对贫困作基本回归，用人均可支配收入40%作为贫困线计算出的相对贫困作稳健性检验。

2. 主要解释变量

环境规制(regulation)：学术界关于环境规制的度量并不统一，整体来看主要是从以下三个角度进行度量：①环境规制强度。环境规制强度越大，意味着企业的治污成本就越高。范洪敏、穆怀中(2017)和Morgenstern(2002)分别采用工业污染治理投资总额占工业增加值比重和行业污染减排投资作为环境规制的衡量标准。娄昌龙(2016)则从企业规模角度出发，采用单位产值企业的治污成本来衡量环境规制强度。此外，排污费征收额也是衡量环境规制的重要指标。②环境规制效果。环境规制可以实现减污减排，为此有学者采用工业废水排放达标率等单项指标衡量环境规制效果。③综合指数法。将多个指标综合成一个指标衡量环境规制水平。考虑到本文中环境规制是通过调节企业行为影响相对贫困，环境规制强度是调节企业行为的重要因素，因此，本文从环境规制强度方面设定环境规制指标，采用工业污染治理投资完成额衡量环境规制。

3. 控制变量

人均可支配收入(disposable)：人均可支配收入反映了居民的生活状况，较高的人均可支配收入水平能够改善居民的生活条件，但同时也比较容易造成贫富的两极分化，加剧相对贫困。本文采用消除物价指数的城镇居民人均可支配收入衡量人均可支配收入水平。

老龄化(old)：老龄化会通过改变资源的跨期配置影响居民的收入分配状况(蓝嘉俊、魏下海、吴超林，2014)。劳动人口比重提高，能减少收入不平等，而老年人口比重提高会加大收入不平等(Von Weizsacker，1995)。中国老龄化问题日益严重，对城镇相对贫困也产生重要的影响。本文以城镇地区老年抚养比衡量老龄化程度。

农村劳动力转移人口(migrant)：机械化的农业生产解放了农村大量劳动力，这部分剩余劳动力转移到城镇地区，增加了城镇地区的消费需求，促进城镇经济的发展，同时也影响着城镇地区的相对贫困。本文采用城镇单位就业人员与城镇单位在岗职工差值衡量农村劳动力转移人口。

4. 机制变量

技术创新(technology)：环境规制能够促进企业的技术创新，增加了对高技能劳动者的需求，影响着不同技能劳动者的收入水平。本文采用专利申请授权量进行衡量。

污染行业人员就业(pollute)：污染性行业就业受环境规制的影响较大，本文采用污染性行业就业人员占第二产业就业人员比重衡量污染行业人员就业，其中污染性行业主要包括制造业、电力、燃气及水的生产和供应业。

数据来源于《中国统计年鉴》《中国环境统计年鉴》等，个别缺失的数据采用趋势法进行补充。

(二) 主要变量的相关性

为进一步全面系统考察环境规制与相对贫困的统计相关性，我们绘制了环境规制与城镇相对贫困的散点图和线性拟合曲线，如图 11-2 所示。图 11-2 分别展示了以人均可支配收入的 40%和人均可支配收入的 50%为相对贫困线时环境规制与城镇相对贫困的关系拟合图。从图中不难看出，环境规制与城镇相对贫困呈现出正相关关系，即环境规制强度越大，城镇相对贫困程度就越高。

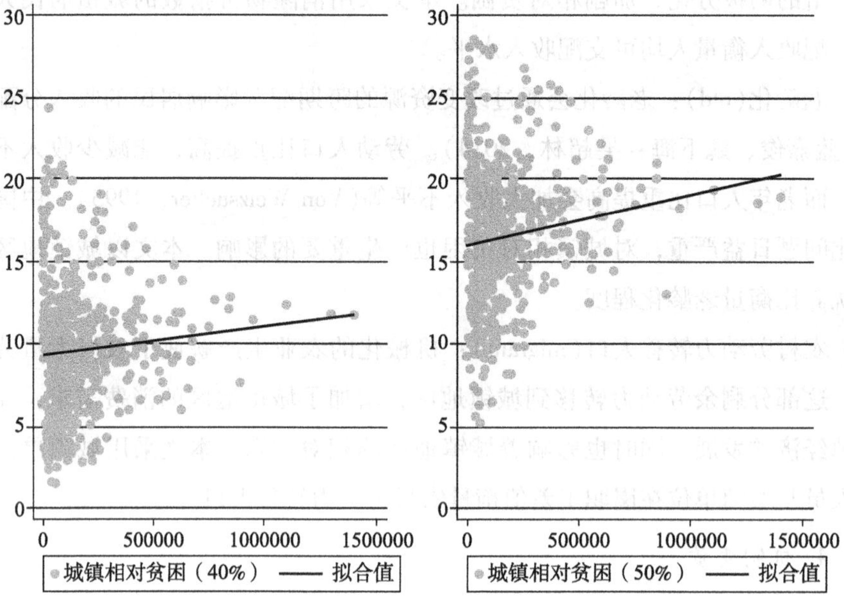

图 11-2 环境规制与相对贫困的散点图和线性拟合

三、回归结果分析

（一）空间相关性检验

为深入探究我国城镇相对贫困的时空格局，本文利用 STATA15.0 软件计算出三种不同权重矩阵下 2001—2018 年中国省域城镇相对贫困的全局 Moran'I 指数，见表 11-9。表 11-9 中可以看出，采用邻接权重时，城镇相对贫困呈现出较强的正相关性，18 年间的 Moran's I 指数均值为 0.1502，整体相关性有上升态势。采用地理距离权重和经济权重时，Moran's I 指数相对较低，说明城镇相对贫困在地理距离方面和经济方面的空间依赖性较弱，而且在早期，城镇相对贫困主要以空间负相关为主，到 2006 年以后，才表现出明显的空间正相关。

表 11-9 2001—2018 年中国相对贫困的 Moran's I 指数

权重/年份	2001 年	2002 年	2003 年	2004 年	2005 年	2006 年	2007 年	2008 年	2009 年
邻接权重	0.12	0.151	0.161	0.182	0.099	0.268	0.255	0.081	0.118
地理距离权重	-0.311	-0.001	0.032	-0.05	-0.132	0.002	0.073	0.082	0.154
经济权重	0.028	-0.054	-0.081	0.011	-0.003	0.087	0.132	0.159	0.222

续表

权重/年份	2010 年	2011 年	2012 年	2013 年	2014 年	2015 年	2016 年	2017 年	2018 年
邻接权重	0. 024	0. 255	0. 106	0. 092	0. 115	0. 196	0. 214	0. 189	0. 184
地理距离权重	0. 065	0. 234	0. 067	0. 109	0. 183	0. 112	0. 165	0. 237	0. 213
经济权重	0. 176	0. 174	0. 167	0. 134	0. 132	0. 097	0. 084	0. 119	0. 112

（二）基本回归分析

进行估计前，要进行模型的选择，根据 Hausman 的检验结果，随机效应模型更为合理，为此，本文选取随机效应模型进行估计。同时考虑到变量之间的相关性问题，使 OLS 估计方法将导致估计结果有效性降低，本文采用极大似然估计法（MLE）进行估计，具体回归结果见表 11-10。

表 11-10　空间杜宾模型回归检验结果

解释变量	邻接权重矩阵		地理距离权重矩阵		经济权重矩阵	
	基本方程	扩展方程	基本方程	扩展方程	基本方程	扩展方程
环境规制	0. 088*** （0. 015）	0. 069*** （0. 015）	0. 075*** （0. 016）	0. 045*** （0. 012）	0. 066*** （0. 016）	0. 055*** （0. 013）
人均可支配收入		0. 001 （0. 001）		0. 001*** （0. 000）		0. 001*** （0. 000）
老龄化		0. 003*** （0. 001）		0. 003*** （0. 001）		0. 004*** （0. 001）
农村劳动力转移人口		-0. 003*** （0. 001）		-0. 005*** （0. 001）		-0. 005*** （0. 001）
空间权重*环境规制	-0. 016*** （0. 003）	-0. 077*** （0. 024）	93. 44 （124. 22）	-343. 22 （312. 34）	0. 955 （1. 034）	-1. 432 （1. 342）
空间权重*人均可支配收入		-0. 001 （0. 001）		-1. 673*** （0. 432）		-0. 004** （0. 002）
空间权重*人口老龄化		0. 009*** （0. 002）		90. 483*** （25. 322）		0. 133* （0. 076）
空间权重*农村劳动力转移人口		-0. 003 （0. 002）		-34. 322 （29. 432）		0. 077 （0. 056）
常数项	8. 876*** （0. 866）	9. 432*** （0. 987）	15. 342*** （1. 987）	11. 345*** （1. 055）	14. 532*** （0. 765）	12. 453*** （0. 876）

续表

解释变量	邻接权重矩阵		地理距离权重矩阵		经济权重矩阵	
	基本方程	扩展方程	基本方程	扩展方程	基本方程	扩展方程
ρ	0.427*** (0.043)	0.344*** (0.048)	2342.22*** (604.32)	1087.34*** (244.22)	7.432*** (2.018)	4.643** (2.130)
θ	-1.342*** (0.166)	-1.455*** (0.166)	-1.899*** (0.214)	-1.489*** (0.191)	-1.643*** (0.177)	-1.378*** (0.181)
R^2	0.021	0.014	0.063	0.019	0.025	0.015

注：括号中为标准差，其中* $p<0.1$，** $p<0.05$，*** $p<0.01$。下同。

表 11-10 中列出了在三种空间权重矩阵下环境规制影响城镇相对贫困的基本方程和扩展方程，从回归结果可以看出，无论在哪种空间权重矩阵下，空间相关系数 ρ 都显著为正，表明城镇相对贫困具有正的空间溢出效应，当地的城镇相对贫困能够加剧周边地区的城镇相对贫困，此外，环境规制的系数值为正，且通过了 5%水平的显著性检验，表明环境规制能够加剧城镇相对贫困。环境规制加剧城镇相对贫困，可以从以下角度来解释：一方面，环境规制政策约束了企业的生产行为，企业为满足环保要求，需进行清洁排污设备的购买，增加了生产成本，企业收益也相应受损，进一步降低了劳动者的收入，加大了相对贫困的风险。另一方面，根据“波特假说”理论，环境规制会倒逼企业进行技术创新，增加了对高技能劳动力的用工需求，减少了对低技能劳动者的需求，加剧了不同技能劳动者之间的技能溢价，致使低技能劳动者陷入相对贫困中。

从各控制变量的结果看，农村转移劳动力的系数显著为负，表明农村转移劳动力有利于城镇相对贫困的减缓，原因在于较多的农村劳动力转移到城镇地区，不仅能够增加城镇地区的消费需求，也更有利于形成规模集聚效应，从而产生更多的就业岗位，减缓城镇相对贫困。人口老龄化的系数显著为正，表明人口老龄化能够加剧城镇相对贫困。老龄化程度增加时，社会中青壮年劳动力资源相应减少，人力资本变得匮乏，导致人力资本劳动报酬率会增加，进而加剧了城镇相对贫困。在地理距离权重和经济权重下，人均可支配收入的系数也显著为正，表明居民生活水平的提高并未改善社会收入不均等状况，城镇相对贫困问题依然严重。

从空间滞后项的回归结果看，在邻接权重矩阵下，环境规制的系数显著，而在地理距离权重矩阵和经济权重下，环境规制的系数不显著，表明省域相邻是环境规制影响城镇相对贫困空间溢出效应的重要因素。在三种空间权重矩阵下，老龄化变量均存在显著空间相关性，意味着临近省区市的老龄化能够加剧本省的城镇相对贫困。在地理距离权重矩阵和经济权重矩阵下，人均可支配收入水平系数显著为负，表明临近省区市的人均可支配收入能够减缓本省的城镇相对贫困。

（三）稳健性检验

在分析环境规制对城镇相对贫困影响的同时，还应该注意由于贫困标准的不同而导致的检验结果的差异。为此，本文分别采用城镇居民人均可支配收入的40%作为相对贫困标准，对模型进行重新进行回归。估计结果见表11-11。在三种空间权重矩阵下，所有方程中环境规制的系数均显著为正，表明环境规制加剧城镇相对贫困的结论依然成立。同时可以看出，在使用不同的贫困标准时，环境规制影响城镇相对贫困的溢出效应是存在差异的，使用人均可支配收入的50%作为相对贫困标准时，环境规制对城镇相对贫困的影响要大于使用人均可支配收入40%作为相对贫困标准的影响。由此可见，较高的相对贫困标准设定会增加环境规制对城镇相对贫困的影响。

表11-11　稳健性检验结果

解释变量	邻接权重矩阵		地理距离权重矩阵		经济权重矩阵	
	基本方程	扩展方程	基本方程	扩展方程	基本方程	扩展方程
环境规制	0.048*** (0.013)	0.033** (0.015)	0.058*** (0.014)	0.027* (0.015)	0.064*** (0.013)	0.025* (0.015)
人均可支配收入		0.001 (0.001)		0.002*** (0.0001)		0.001*** (0.0001)
老龄化		0.003*** (0.001)		0.004*** (0.001)		0.005*** (0.001)
农村劳动力转移人口		-0.004*** (0.001)		-0.003*** (0.001)		-0.004*** (0.001)
空间权重*环境规制	0.005 (0.029)	-0.049** (0.021)	157.342 (283.325)	-356.44 (343.32)	1.766* (0.981)	-1.132 (1.122)

续表

解释变量	邻接权重矩阵		地理距离权重矩阵		经济权重矩阵	
	基本方程	扩展方程	基本方程	扩展方程	基本方程	扩展方程
空间权重*人均可支配收入		-0.001 (0.001)		-1.878*** (0.345)		-0.001 (0.004)
空间权重*老龄化		0.006*** (0.002)		59.587** (22.324)		0.055 (0.054)
空间权重*农村劳动力转移人口		-0.001 (0.001)		-3.774 (24.324)		0.046 (0.066)
常数项	4.898*** (0.783)	4.378*** (0.826)	7.493*** (0.888)	5.872*** (1.005)	7.433*** (0.866)	5.893*** (0.877)
ρ	0.564*** (0.033)	0.366*** (0.045)	2543.432*** (554.323)	1543.334* (766.073)	7.712*** (2.080)	3.453 (2.649)
θ	-1.170*** (0.188)	-1.564*** (0.164)	-1.588*** (0.143)	-1.544*** (0.181)	-1.322*** (0.154)	-1.535*** (0.554)
R^2	0.001	0.014	0.081	0.003	0.019	0.005

四、机制检验

进一步考察环境规制影响相对贫困的作用机制，在(11.1)式中分别加入环境规制与技术创新的交互项、环境规制与污染行业就业的交互项，然后对模型重新进行回归，得到的结果见表11-12。根据表11-12的结果，环境规制与技术创新交互项的系数显著为正，表明环境规制通过增加技术创新加剧相对贫困，验证了假设1。原因在于随着环境规制强度的不断增加，企业迫于排污达标的压力会进行技术升级改造，以此减少污染物的排放，而技术升级改造加大对高技能劳动者的需求，减少了对低技能劳动者的需求，增加了不同技能劳动者间的技能溢价，加剧了城镇相对贫困。环境规制与污染行业就业交互项的系数显著为负，表明环境规制通过降低污染行业就业加剧城镇相对贫困，验证了假设2。环境规制对不同行业的影响不同，对环境污染较小的清洁行业影响小，对环境污染较大的污染行业影响较大，如能源化工、加工制造业。环境规制对这些行业施加严厉的外部环境约束，造成其成本增加，由此减少对劳动力的需求，失业增加。由于这部分劳动力受学历水平、技能条件的限制，失业后很难再找到合适的工作，失去收入来源的他们很容易陷入相对贫困中。

表 11-12　环境规制影响城镇相对贫困的机制检验结果

解释变量	邻接权重矩阵	地理距离权重矩阵	经济权重矩阵
环境规制	0.145*** (0.021)	0.146*** (0.020)	0.143*** (0.019)
人均可支配收入	0.001*** (0.000)	0.001*** (0.000)	0.001*** (0.000)
老龄化	0.004** (0.002)	0.004*** (0.001)	0.006*** (0.001)
农村劳动力转移人口	-0.003*** (0.001)	-0.003*** (0.001)	-0.004*** (0.001)
环境规制*技术创新	-0.001*** (0.000)	-0.001*** (0.000)	-0.002** (0.001)
环境规制*污染行业人员就业	-0.386*** (0.076)	-0.454*** (0.081)	-0.475*** (0.064)
空间权重*环境规制	-0.073** (0.032)	-104.343 (520.245)	0.798 (2.221)
空间权重*人均可支配收入	-0.001 (0.001)	-2.142*** (0.454)	-0.004** (0.002)
空间权重*老龄化	0.007*** (0.002)	69.653*** (24.543)	0.054 (0.045)
空间权重*农村劳动力转移人口	-0.001 (0.003)	-12.436 (30.432)	0.134* (0.068)
空间权重*环境规制*技术创新	0.002*** (0.0001)	0.004*** (0.001)	0.001 (0.001)
空间权重*环境规制*污染行业人员就业	0.015 (0.104)	-2593.32 (1643.32)	-6.483 (8.123)
常数项	9.622*** (1.004)	15.432*** (0.583)	12.839*** (1.432)
ρ	0.354*** (0.043)	790.432*** (67.322)	4.563** (2.188)
θ	-1.483*** (0.165)	-1.549*** (0.176)	-1.679*** (0.372)
R^2	0.029	0.056	0.039

五、空间溢出效应检验

当存在空间溢出效应时，解释变量的变化不仅能够引起本地城镇相对贫困的变化，也会对周边地区的城镇相对贫困产生影响。根据 Lesage(2010)的研究，解释变量的回归系数并不能够反映空间溢出效应，而需要将其进一步分解为直接效应、间接效应来解释。利用 STATA 15.0 软件，根据上文提出的空间效应方法，以城镇相对贫困为被解释变量，得到表 11-13 所示的空间溢出效应回归结果。

由表 11-13 可知，环境规制对城镇相对贫困有显著的正向直接作用，即环境规制强度提升能够显著加剧本地区的城镇相对贫困，一方面是因为环境规制规制强度提升促进了企业的技术创新，改变了对不同技能劳动力的需求，增加了技能溢价，进而加剧城镇相对贫困；另一方面，环境规制强度提升减少了污染行业劳动力就业，失业增加，城镇相对贫困加剧。但环境规制强度提升对周边地区的城镇相对贫困却有减缓作用，产生这一现象的原因可能是根据污染避难所假说，本地环境规制强度的提升会导致污染企业的跨地区转移，转移到环境规制相对宽松的地区，会增加该地区的劳动力就业，进而减缓城镇相对贫困。

在控制变量方面，人均可支配收入对本地城镇相对贫困具有正向加剧作用。在地理距离权重距阵下，人均可支配收入能够减缓周边地区的城镇相对贫困，在邻接权重距阵和经济权重距阵下，人均可支配收入对周边地区城镇相对贫困的作用不显著。人口老龄化对本地和周边地区的城镇相对贫困影响均为正，人口老龄化程度的提高意味着社会中有效的劳动力供给减少，增加了劳动者与非劳动者的收入差距，恶化了收入分配。农村劳动力转移能够有效减缓本地城镇相对贫困，在邻接权重距阵下，农村转移劳动力对周边地区城镇相对贫困也具有减缓作用，但在地理距离权重距阵和经济权重距阵下，这种作用不显著。

表 11-13　空间溢出效应估计结果

变量名称	邻接权重矩阵		地理距离权重矩阵		经济权重矩阵	
	直接效应	间接效应	直接效应	间接效应	直接效应	间接效应
环境规制	0.050*** (0.015)	-0.059** (0.021)	0.045*** (0.016)	-0.023* (0.012)	0.043** (0.016)	-0.019*** (0.006)
人均可支配收入	0.0001*** (0.000)	0.0001 (0.0001)	0.0002*** (0.000)	-0.0001** (0.000)	0.0001*** (0.000)	-0.0001 (0.0001)
人口老龄化	0.003* (0.001)	0.012*** (0.002)	0.004*** (0.001)	0.007*** (0.002)	0.006*** (0.001)	0.004*** (0.001)
农村劳动力转移	-0.003*** (0.001)	-0.006* (0.003)	-0.004*** (0.001)	-0.003 (0.002)	-0.003*** (0.001)	0.001 (0.001)

第十二章

结论与启示

环境规制是政府治理环境的有效政策工具，也是实现经济高质量发展的重要路径，深入研究环境规制与城镇相对贫困的关系具有重要的理论和现实意义。本部分通过梳理环境规制与相对贫困的理论基础，深入剖析了环境规制影响城镇相对贫困的作用机制，并运用中国2001—2018年30个省区市的面板数据测算了中国城镇相对贫困水平，从环境规制对城镇相对贫困的影响、作用路径等方面实证检验环境规制与城镇相对贫困的关系，得出以下主要结论：①环境规制能够加剧城镇相对贫困，通过替换变量的稳健性检验也证实了这一结论的稳健性。中介效应的检验表明，环境规制加剧城镇相对贫困，是通过促进科技创新和减少污染行业劳动力就业实现的。②环境规制对城镇相对贫困存在人力资本和劳动力市场分割的双重门槛效应，随着人力资本水平的不断提高，环境规制对城镇相对贫困的影响由加剧变为减缓，随着劳动力市场分割程度的不断提高，环境规制对城镇相对贫困的影响由减缓变为加剧。③环境规制对城镇相对贫困存在空间溢出效应，在邻接权重距阵、地理距离权重距阵和经济权重距阵下，环境规制城镇能够加剧本地区的城镇相对贫困，但对周边地区的城镇相对贫困却有减缓作用（陈永昌，2018）。

在经济进入高质量发展阶段，实现保护环境和城镇相对贫困减缓的双赢局面是当前经济社会工作的重点，但环境规制的实施会加剧城镇相对贫困，为解决这个现实难题，本文根据经济发展的现实状况，并结合研究结论，从以下三方面提出对策建议。

第一节 加强环境规制建设

目前中国经济正在向高质量发展阶段转变，行政型的政府政策对经济发展起着重要引导作用，环境规制作为一项行政型政策命令，是实现经济高质量发展的重要手段。本部分的研究结论表明，在较高的人力资本水平或者较低的劳动力市场分割条件下，环境规制的实施能够实现环境质量改善与城镇相对贫困减少的双赢局面，因此，中国目前应加强对环境规制的实施力度，不能走之前的“先污染后治理”或“边污染边治理”的老路。

第一，完善环境规制体系。①政府要进一步完善环境治理相关法律，明确政府、企业、居民在治理环境中的责任和义务，加强环境保护的执法力度，严格环境考评体系，向污染企业征收高额税金或促进企业的技术创新，减少污染物的排放，并适当降低环保企业的市场准入门槛，同时将环境保护作为重要内容纳入地方政府绩效考核范围，以此加快环境改善的步伐。②因地制宜地实施环境规制政策。由于不同区域、不同产业间存在较大差异，差异化的环境规制政策更能够有效治理和改善环境。根据当地经济和产业的发展状况，采取“命令强制性”与“市场激励性”相结合的环境规制形式，防止环境规制带来的就业负面效应。此外还要注意，发达地区污染产业向欠发达地区转移时，除了配套相应的环境规制政策，还要配合劳动力就业政策，在发展经济的同时，减少环境规制的就业损失效应。

第二，强化环境规制参与者多元化。国家实施环境规制的主要目的是减少环境污染，实现经济社会的可持续发展，因而环境规制的决策主体应该更为广泛，特别要提高公众的参与度，确立公众参与听证、参与惩处投票、参与政策提议等制度。虽然目前我国的环境规制也考虑到参与者多元化的问题，但公众参与的范围十分有限，严重抑制了公众参与环境保护的积极性。环境问题直接影响到民众的生活，他们对环境污染的状况更为了解，而且有环保专利的部门产业，以及相关的公益环保组织等部门，对环保问题和环保技术也更为熟悉，更能针对性地解决环境污染问题。但是我国目前的环境决策者主要还是政府部门，密切利益相关者的参与较少，导致环境治理效果欠佳，因而要更加强化环境规制参与者的多元化。

在选择民众决策主体时，可根据其年龄、家庭、工作、收入等因素进行选择，使他们运用对环境保护的客观认知，为治理环境提出合理性的参考建议，而且环保机构也可为环境规制政策提供专业化的指导。多元化的主体参与提高了民众与社会团体在环境规制决策中的积极性，削弱了政府在政策制定中的主体地位，更有利于政策制定的实用性和有效性。而且参与主体多元化除了约束政府规划外，还有利于制约各方的权力，防止各方的利己行为，能够集各方的智慧，确保环境规制的科学性和民主性，进一步促进社会的公平与公正。

第二节　提升人力资本水平

虽然环境规制对低技能劳动力就业的影响较小，但长期过程中，在产业不断升级情况下，低级能劳动力会因自身知识和能力的局限遭到淘汰，加剧了相对贫困。因此，只有在较高的人力资本水平条件下，才能够实现环境规制减缓相对贫困的局面。

第一，大力发展教育。教育人力资本作为人力资本的重要组成部分，约占人力资本存量的45%（焦斌龙，2011），因此要促进教育人力资本的提升。①加大教育方面的投资。和发达国家相比，我国目前的教育投资占比还相对较低，为此我国还需要加大对教育、科研等方面的投入，提高教育支出在财政支出中的比重，为教育的发展提供资金支持。同时还要提高教育资金的利用率。将资金全部使用于教学条件改善、教师水平提高等教育建设上，并加强对教育资金使用的监管，做到专款专用，防止教育经费被挪用。②促进教育公平。促进不同类型的教育公平。长期以来，我国一直重视学历教育的发展，忽视职业技术教育的发展，造成了各类教育发展的不均衡。职业技术教育能够为社会提供专业性的技术人才，具有较强的社会实践能力，为此政府要加大对职业技术教育的资金和人才支持，并通过政府和企业联合办学针对性地培养企业发展所需的人才，提高技术教育的吸引力。同时还要促进不同收入群体的教育公平。低收入群体由于经济因素或获取社会资源的能力有限，导致受教育机会相对少，因此要加强对低收入群体的受教育支持，可以采用对低收入群体提供助学贷款、减免学费或者提供实习岗位等办法使其接受更多的教育，通过自身知识和技能水平的提升改变收入状况，减缓相对贫困。

第二，加强对劳动者的技能培训。现阶段，我国城镇地区出现了劳动力供需结构不平衡的局面，即存在"用工荒"和劳动力剩余的两难局面。导致这种结果的重要原因就是劳动力技能素养的缺乏。伴随着经济的快速发展和产业结构的升级调整，原来那种依靠简单劳动进行生产的行业已经逐步被淘汰，取而代之的是机器的生产，对劳动者的要求也相应提高。但我国城镇中低收入群体文化素养和技能水平都相对较低，很难适应现代劳动力市场需求。因此，有必要对他们进行针对性的技能培训，提升他们在劳动力市场中的竞争力。①要根据地区企业的用工需求对劳动力进行技能培训，采用急用先学的方式解决劳动力的供需不匹配问题。②对于年轻的劳动力，可以鼓励其进入职业学校进行技能培训学习，并颁发培训合格证书，劳动者可凭证书到相关企业进行求职应聘。

第三，完善医疗卫生服务体系，提升健康人力资本水平。健康的身体素质是劳动者参与劳动的前提，也是国家经济持续发展的先决条件。健康人力资本水平的提升离不开完善的医疗服务体系，然而目前我国的医疗卫生服务体系存在资源总量不足、结构不合理等问题，因此，要构建完善的医疗服务体系，优化医疗资源的合理配置，增加医疗公共卫生的支出，同时要进一步深化医疗改革制度，健全全民医疗保障体系，确保城乡居民参保率达95%以上，切实解决贫困居民看病难、看病贵的问题(刘爱华，2015)。

第三节 建立统一劳动力就业市场

随着科学技术的进步，农业生产率有了很大的提高，解放了相当大部分农村劳动力，这部分劳动力在转移城镇的过程中，受到城乡二元户籍制度的障碍，不能完全实现自由流动。尽管中国也在不同程度地进行户籍制度改革，但是户口仍然是阻碍城乡劳动要素流动的重要因素，中国的城乡分割问题依然存在(吴贾等，2015)[51]。2020年国家发展改革委印发《2020年新型城镇化建设和城乡融合发展重点任务》(以下简称《重点任务》)。《重点任务》提出，以深化改革户籍制度和基本公共服务提供机制为路径，打破阻碍劳动力自由流动的不合理壁垒，实现人力资本的优化配置。这意味着中国户籍制度改革进入一个崭新的时期。户籍分割的消除有助于实现城乡资源要素的自由流动，实现劳动力市场的统一和城乡劳动力的平等就业，激发城乡经济的发展活力。

第一，打破城乡分割的就业二元体制。我国劳动力市场改革的目标是建立一个城乡统一、公平公正的就业市场。虽然我国也出台了一系列政策措施不断完善城乡劳动力就业市场，一定程度上改善了农村转移劳动力的就业环境。但和城镇劳动力相比，农村劳动力的合法权益得不到保障、就业歧视等问题仍然存在。因此，我们要从城乡统筹发展的角度出发，将建立统一的城乡劳动力市场纳入经济社会发展的总体规划，实现劳动力市场的自由流动和公平竞争。逐步降低农村劳动力落户城镇的门槛和成本，消除对农村劳动力的就业限制和就业歧视，实现农村劳动力和城镇劳动力的平等就业机会和就业报酬。

第二，健全劳动力市场运行服务体系。良好的劳动力市场就业环境是实现统一的劳动力市场的基础保障，因此，要完善劳动力市场运行体系，建立一个信息充分、公平公正、规范有序的劳动力市场。①建立完善劳动力的供求网络。加大对农村劳动力信息搜集整理的资金支持，建立健全市、县、镇、村四级就业服务市场体系，实现城乡就业信息的资源共享和信息互通，促进城乡统一的劳动力市场的建立。②建立城乡统一的劳动力调查机制。通过调查城乡劳动力资源，实时了解城乡劳动力市场的动态变化，更新完善城乡劳动力资源数据库，同时对城乡就业岗位需求进行分析，为劳动力提供真实有效的就业信息，减少就业搜寻成本。③提高农村劳务输出的组织化程度。各级部门组建劳务输出组织，通过劳务输出组织确定劳务人员的数量和规模，并对其进行管理培训和提供法律咨询服务，同时加强不同地区的劳务协作，规范劳务中介组织。

第三，提高市场监管水平。劳动市场健康有序地发展离不开法律的规范，各单位要严格遵守《劳动合同法》的规定，监督企业的合法用工。推进企业劳动保障的信用建设，将企业的用工情况、劳动报酬、社会保障等情况纳入企业诚信考评体系，公布于众。建立劳动力工资指导价位，切实有效保障企业按时按质支付劳动者报酬，维护劳动者的合法权益。完善司法救济制度，简化农民工申诉程序及申诉成本，并逐渐扩大农村转移劳动力的法律援助范围，同时将农民工的失业也纳入失业统计中，并与城镇失业劳动者享有同等的政府扶持权利。

参考文献

[1] 阿玛蒂亚森．贫困与饥荒[M]．北京：商务印书馆，2001.

[2] 安超．教育影响收入分配的理论与实证研究——以天津为例[D]．天津：天津师范大学，2014.

[3] 蔡昉，都阳．转型中的中国城市发展——城市级层结构、融资能力与迁移政策[J]．经济研究，2003(6)：64-71.

[4] 蔡昉．新常态下人力资本需求与教育改革[J]．中国改革，2016(4)：3-8.

[5] 蔡兴冉，梁彦庆，黄志英等．河北省县域相对贫困度空间分异及影响因素分析[J]．西南大学学报：自然科学版，2019(10)：62-71.

[6] 曹诗颂，赵文吉，段福洲．秦巴特困连片区生态资产与经济贫困耦合关系研究[J]．地理研究，2015，34(7)：1295-1309.

[7] 曹瑞芬，张安录．中部地区农地流转经济效益分析——基于湖北省27个村313户农户的调查[J]．中国土地科学，2015(9)：66-7.

[8] 陈斌开，林毅夫．发展战略，城镇化与中国城乡收入差距[J]．中国社会科学，2013(4)：81-102.

[9] 陈宗胜，沈扬扬，周云波．中国农村贫困状况的绝对与相对变动——兼论相对贫困线的设定[J]．管理世界，2013(1)：67-77.

[10] 陈伯庚，陈承明．新型城镇化与城乡一体化疑难问题探析[J]．社会科学，2013(9)：34-43.

[11] 陈飞，卢建词．收入增长与分配结构扭曲的农村减贫效应研究[J]．经济研究，2014(2)：101-114.

[12] 陈飞，翟伟娟．农户行为视角下农地流转诱因及其福利效应研究[J]．经济研究，2015，50(10)：163-177.

［13］陈永昌．环境规制对居民幸福感的影响［D］．杭州：浙江财经大学，2019.

［14］陈媛媛．行业环境管制对就业影响的经验研究：基于25个工业行业的实证分析［J］．当代经济科学，2011，33(3)：67-73.

［15］陈海霞．山西省农村剩余劳动力转移与脱贫实证分析［J］．经济问题，2013(5)：117-121.

［16］陈勇，柏喆．技能偏向型技术进步、劳动者集聚效应与地区工资差距扩大［J］．中国工业经济，2018(9)：79-97.

［17］程蹊，陈全功．较高标准贫困线的确定：世界银行和美英澳的实践及启示．贵州社会科学，2019(6)：141-148.

［18］成卓．中国农村贫困人口发展问题研究［D］．成都：西南财经大学，2009.

［19］崔艳娟．我国金融发展对贫困减缓的影响：理论与实证［D］．大连：东北财经大学，2012.

［20］崔湛钜．中国产业发展对贫困和收入不平等的影响［D］．北京：中国地质大学，2017.

［21］崔万田，何春．城镇化的农村减贫效应：理论机制与实证检验［J］．经济科学，2018(4)：89-102.

［22］戴军．环境规制、绿色技术进步与人力资本［D］．杭州：浙江工商大学，2020.

［23］丁建军．中国11个集中连片特困区贫困程度比较研究——基于综合发展指数计算的视角［J］．地理科学，2014(12)：13-22.

［24］董辅礽．《中国经济纵横谈》［M］．北京：经济科学出版社，1996.

［25］都阳，朴之水．迁移与减贫——来自农户调查的经验证据［J］．中国人口科学，2003(4)：56-62.

［26］樊纲．城镇化：下阶段经济增长的一大关键［J］．管理与财富，2002(3)：6-7.

［27］范庆泉．环境规制、收入分配失衡与政府补偿机制［J］．经济研究，2018(5)：16-29.

［28］范洪敏．环境规制对绿色全要素生产率影响研究——基于“两控区”

政策考察[D]．沈阳：辽宁大学，2018.

[29] 范洪敏，穆怀中．环境规制对城镇二元劳动力就业的影响[J]．经济理论与经济管理，2017(2)：34-47.

[30] 范洪敏．环境规制会抑制农民工城镇就业吗[J]．人口与经济，2017(5)：45-56.

[31] 冯文荣，杨银海．我国城镇化进程对贫困贡献度的实证研究[J]．上海经济研究，2005(10)：15-20.

[32] 付光辉，刘友兆．土地整理生态风险评价的概念模型构建[J]．安徽农业科学，2009，37(20)：9586-9588.

[33] 傅京燕．环境规制、要素禀赋与我国贸易模式的实证分析[J]．中国人口·资源与环境，2008，18(6)：51-55.

[34] 高鹏．浅析我国农村贫困地区开发式扶贫模式[D]．成都：西南财经大学，2009.

[35] 龚华．从单维到多维视角下我国农村相对贫困测度与比较研究[D]．南京：南京财经大学，2019.

[36] 辜胜阻，李华，易善策．均衡城镇化：大都市与中小城市协调共进[J]．人口研究，2010，34(5)：3-11.

[37] 顾朝林，李阿琳．从解决"三农问题"入手推进城乡发展一体化[J]．经济地理，2013，33(1)：138-141.

[38] 郭晓萱．城镇贫困问题及其治理——以甘肃省为例[D]．兰州：兰州大学，2017.

[39] 郭君平，曲颂，夏英，等．农村土地流转的收入分配效应[J]．中国人口资源与环境，2018，28(5)：160-169.

[40] 关信平．中国城市贫困问题研究[M]．长沙：湖南人民出版社，1999.

[41] 国家统计局.《中国城镇居民贫困问题研究》课题组和《中国农村贫困标准》课题组的研究报告[R]．北京：国家统计局，1990.

[42] 晶，陈超凡，冯科．环境规制促进产业升级了吗？——基于产业技术复杂度的视角[J]．北京师范大学学报：社会科学版，2014(1)：148-160.

[43] 韩丹．我国城镇贫困问题研究[D]．首都师范大学，2014.

[44] 何兴邦．环境规制与城镇居民收入不平等——基于异质型规制工具的视角[J]．财经论丛，2019(6)：104-112.

[45] 何晓琦．长期贫困的定义与特征[J]．贵州财经大学学报，2004(6)：53-57.

[46] 何春，崔万田．城镇化的减贫机制与效应——基于发展中经济体视角的经验研究[J]．财经科学，2017(4)：52-64.

[47] 何春，崔万田．城镇化的减贫效应——基于发展中国家的实证检验[J]．城市问题，2017(7)：9-17.

[48] 何春，刘荣增．中国环境规制与城镇减贫效应研究[J]．西南民族大学学报：人文社科版，2020(4)：111-119.

[49] 洪银兴，陈雯．城镇化模式的新发展——以江苏为例的分析[J]．经济研究，2000(12)：66-71.

[50] 胡兆量．大城市发展规律探讨[J]．城市问题，1984(3)：18-22.

[51] 胡建辉．环境规制对产业结构调整的倒逼效应研究[D]．北京：中央财经大学，2017.

[52] 胡凤霞，姚先国．城镇居民非正规就业选择与劳动力市场分割——一个面板数据的实证分析[J]．浙江大学学报：人文社会科学版，2011，41(2)：191-199.

[53] 胡俊生．我国乡村工业化城镇化发展模式辨析——兼论西部地区工业化城镇化道路选择[J]．延安大学学报：社会科学版，2000(4)：44-50.

[54] 少维．小城镇大战略——加快我国小城镇发展建设的思考[J]．城市开发，1999(7)：38-40.

[55] 黄国华．农村劳动力转移与城乡收入差距的因应——来自全国 29 个省市的经验数据[J]．北京理工大学学报：社会科学版，2010，12(2)：71-77.

[56] 黄毅，韩琳玉．新型城镇化视角下民族地区反贫困问题研究[J]．农村经济，2015(6)：67-71.

[57] 贾朋，都阳，王美艳．中国农村劳动力转移与减贫[J]．劳动经济研究，2016(6)：69-91.

[58] 贾庆英．我国农地流转与非农收入关系研究[D]．济南：山东财经大学，2012.

[59] 勇，杨巧．分权视角下环境规制竞争对就业的影响——基于省际空间面板模型的分析[J]．大连理工大学学报：社会科学版，2019(6)：57-65.

[60] 焦晓云．新型城镇化进程中农村就地城镇化的困境、重点与对策探析——“城市病”治理的另一种思路[J]．城市发展研究，2015，22(1)：108-115.

[61] 焦斌龙．人力资本对居民收入差距影响的存量效应[J]．中国人口科学，2011(5)：16-25.

[62] 姜松，王钊．土地流转、适度规模经营与农民增收——基于重庆市数据实证[J]．软科学，2012(9)：79-83.

[63] 晋伟．中国特色农村土地流转问题研究[D]．长春：吉林大学，2017.

[64] 金松青，Klaus Deininger. 中国农村土地租赁市场的发展及其在土地使用公平性和效率性上的含义[J]．经济学(季刊)，2004(3)：223-248.

[65] 蓝嘉俊，魏下海，吴超林．人口老龄化对收入不平等的影响：拉大还是缩小？[J]．人口研究，2014，38(5)：87-106.

[66] 雷明，虞晓雯．地方财政支出、环境规制与中国低碳经济转型[J]．经济科学，2013(5)：49-63.

[67] 李犁．我国农村土地流转对农民收入的增长效应研究[D]．海口：海南大学，2015.

[68] 李刚．民族地区城镇化进程中的城市贫困问题研究[D]．北京：中央财经大学，2010.

[69] 李文洁．中国新型城镇化对农民收入结构的影响研究[D]．长沙：湖南大学，2016.

[70] 李尚蒲，罗必良．城乡收入差距与城镇化战略选择[J]．农业经济问题，2012(8)：37-42.

[71] 李迎生．关于现阶段我国城镇化模式的探讨[J]．社会学研究，1988(2)：36-44.

[72] 李盛基．中国农村财政支出的减贫作用机制及效果研究[D]．长春：东北师范大学，2014.

[73] 李琳，刘一良．西部贫困地区可持续发展的障碍与对策研究[J]．西安财经学院学报，2003，16(2)：23-27.

[74] 李建新．西部大开发中的人口与环境问题[J]．人口与经济，2002(1)：11-17.

[75] 李静怡，王艳慧．吕梁地区生态环境质量与经济贫困的空间耦合特征[J]．应用生态学报，2014，25(6)：1715-1724.

[76] 李仙娥，李倩．秦巴集中连片特困地区的贫困特征和生态保护与减贫互动模式探析[J]．农业现代化研究，2013，34(4)：408-411.

[77] 李梦洁，杜威剑．环境规制与就业的双重红利适用于中国现阶段吗？——基于省际面板数据的经验分析[J]．经济科学，2014，36(4)：14-26.

[78] 李梦洁．环境规制、行业异质性与就业效应——基于工业行业面板数据的经验分析[J]．人口与经济，2016，214(1)：70-81.

[79] 李志平．论发展中国家的贫困与环境循环问题[J]．经济评论，2007(6)：83-87.

[80] 李小云，苑军军，于乐荣．论2020后农村减贫战略与政策：从“扶贫”向“防贫”的转变[J]．农业经济问题，2020(2)：15-22.

[81] 李永友，沈坤荣．财政支出结构、相对贫困与经济增长[J]．管理世界，2007(11)：14-26.

[82] 李中．农村土地流转与农民收入——基于湖南邵阳市跟踪调研数据的研究[J]．经济地理，2013，33(5)：144-149.

[83] 李成明，孙博文，董志勇．农户异质性、农地经营权流转与农村收入分配——基于中国家庭追踪调查数据(CFPS)的实证研究[J]．农村经济，2019，(8)：26-33.

[84] 梁书民．基于耕地保护的中国城镇化发展战略[J]．城市问题，2009(7)：13-18.

[85] 梁树广，黄继忠．基于贫困含义及测定的演进视角看我国的贫困[J]．云南财经大学学报，2011，27(1)：55-61.

[86] 林毅夫．解决农村贫困问题需要有新的战略思路——评世界银行新的“惠及贫困人口的农村发展战略”[J]．北京大学学报：哲学社会科学版，2002(5)：5-8.

[87] 刘奥龙．环境规制政策对行业就业和工资水平的差异性研究[J]．价格理论与实践，2019(2)：129-132.

[88] 刘爱华．中国农村劳动力转移问题研究[D]．北京：中共中央党校，2015.

[89] 刘鸿渊，陈怡男．农地流转与农民土地收入可持续增长探索[J]．农村经济，2014(12)：10-14.

[90] 刘芸芸．技术创新对收入不平等的影响研究[D]．南京：南京审计大学，2019.

[91] 刘一．贫困的定义与我国反贫困问题思考[J]．安徽农业大学学报：社会科学版，2016，113(1)：71-74.

[92] 刘彦随，陈聪，李玉恒．中国新型城镇化村镇建设格局研究[J]．地域研究与开发，2014，33(6)：1-6.

[93] 刘彦随．中国乡村发展研究报告：农村空心化及其整治策略[M]．北京：科学出版社，2011.

[94] 刘岱宁．传统农区人口流动与城镇化模式研究[D]．郑州：河南大学，2014.

[95] 刘祖云，陈明．从"土地冲突"到"土地风险"——中国农村土地问题研究的理论进路[J]．中国土地科学，2012，26(8)：23-28.

[96] 刘魏，王小华．农地流转的多维减贫效应及其异质性研究[J]．宏观质量研究，2019，7(3)：51-65.

[97] 刘茗．有关中国土地流转的文献综述[J]．农村经济与科技，2018，29(21)：23-28.

[98] 刘兆征．农村土地承包经营权流转调研[J]．国家行政学院学报，2015(2)：63-67.

[99] 柳光强，杨芷晴．基础教育差异对农村地区收入分配的影响——异质性教育收益视角的解释[J]．教育研究，2019(2)：69-84.

[100] 冷智花，付畅俭，许先普．家庭收入结构、收入差距与土地流转——基于中国家庭追踪调查(CFPS)数据的微观分析[J]．经济评论，2015(5)：113-130.

[101] 娄昌龙．环境规制、技术创新与劳动就业[D]．重庆：重庆大学，2016.

[102] 龙花楼，屠爽爽，戈大专．新型城镇化对扶贫开发的影响与应对

研究[J]. 中国科学院院刊，2016(3)：309-319.

[103] 龙花楼. 论土地整治与乡村空间重构[J]. 地理学报，2013，68(8)：1019-1028.

[104] 吕悦风，陈会广. 农业补贴政策及其对土地流转的影响研究[J]. 农业现代化研究，2015，36(3)：362-367.

[105] 冒佩华，徐骥. 农地制度、土地经营权流转与农民收入增长[J]. 管理世界，2015(5)：63-74+88.

[106] 孟祥林. 城镇化进程研究[D]. 北京：北京师范大学，2006.

[107] 穆怀中，范洪敏. 环境规制对农民工就业的门槛效应研究[J]. 经济学动态，2016(10)：4-14.

[108] "农民流动与乡村发展"课题组. 农民工回流与乡村发展——对山东省桓台县10村737名回乡农民工的调查[J]. 中国农村经济，1999(10)：63-67.

[109] 秦明，齐晔. 环境规制的收入分配效应研究[J]. 经济与管理研究，2019(11)：70-81.

[110] 秦建军，戎爱萍. 财政支出结构对农村相对贫困的影响分析[J]. 经济问题，2012(11)：97-100.

[111] 饶会林，曲炳全. 集中型与集约化：中国城镇化道路的最佳选择[J]. 财经问题研究，1990(4)：1-6.

[112] 阮荣平，刘力，郑风田. 人口流动对输出地人力资本影响研究[J]. 中国人口科学，2011(1)：83-91.

[113] 申明锐，张京祥. 新型城镇化背景下的中国乡村转型与复兴[J]. 城市规划，2015，39(1)：30-34.

[114] 沈坤荣，蒋锐. 中国城镇化对经济增长影响机制的实证研究[J]. 统计研究，2007，24(6)：9-15.

[115] 单德朋，郑长德. 经济发展方式贫困减缓效应的微观机制与影响因素述评[J]. 经济问题探索，2012(11)：161-166.

[116] 石忆邵. 中国新型城镇化与小城镇发展[J]. 经济地理，2013，33(7)：47-52.

[117] 时乐乐. 环境规制对中国产业结构升级的影响研究[D]. 乌鲁木

齐：新疆大学，2017.

［118］史常亮．土地流转对农户资源配置及收入的影响研究［D］．北京：中国农业大学，2018.

［119］史常亮．农户土地流转收入效应的异质性分析［J］．学习与实践，2019(3)：37-46.

［120］史常亮，栾江，朱俊峰，等．土地流转对农户收入增长及收入差距的影响——基于8省农户调查数据的实证分析［J］．经济评论，2017(5)：152-166.

［121］史常亮，栾江，朱俊峰．土地经营权流转、耕地配置与农民收入增长［J］．南方经济，2017(10)：36-58.

［122］盛斌，吕越．外国直接投资对中国环境的影响——来自工业行业面板数据的实证研究［J］．中国社会科学，2012(5)：54-75.

［123］孙久文，夏添．中国扶贫战略与2020年后相对贫困线划定——基于理论、政策和数据的分析［J］．中国农村经济，2019(10)：98-113.

［124］孙文远，杨琴．环境规制对就业的影响——基于中国"两控区"政策的实证研究［J］．审计与经济研究，2017(5)：96-107.

［125］宋元梁，肖卫东．中国城镇化发展与农民收入增长关系的动态计量经济分析［J］．数量经济技术经济研究，2005，22(9)：30-39.

［126］唐均．中国城市居民贫困线研究［M］．上海：上海社会科学院出版社，2000.

［127］田飞．贫困指标体系问题研究［J］．学术界，2010(11)：211-219.

［128］田先红，陈玲．"阶层地权"：农村地权配置的一个分析框架［J］．管理世界，2013，(9)：69-88.

［129］田传浩，贾生华．农地市场发育、耕地配置与反贫困——基于苏浙鲁村庄的经验［C］．中国土地学会学术年会．2008年中国土地学会学术年会论文集．2008.

［130］童星，林闽钢．我国农村贫困标准线研究［J］．中国社会科学，1994(3)：86-98.

［131］滕宇汯．安徽省城镇贫困人口研究：测定、现状和影响因素［D］．贵阳：贵州财经大学，2019.

[132] 万晓萌．农村劳动力转移对城乡收入差距影响的空间计量研究[J]．山西财经大学学报，2016，38(3)：22-31.

[133] 王春超．农村土地流转、劳动力资源配置与农民收入增长：基于中国17省份农户调查的实证研究[J]．农业技术经济，2011(1)：93-101.

[134] 王振洪．乡镇政府在缩小农村贫富差距中的作用研究[D]．贵阳：贵州大学，2009.

[135] 王碧玉．中国农村反贫困问题研究[D]．东北林业大学，2006.

[136] 王沣，张京祥，罗震东．西部欠发达地区城镇化困局的特征与机制——基于宁夏南部山区调研的探讨[J]．经济地理，2014，34(9)：40-47.

[137] 王鹏飞，彭虎锋．城镇化发展影响农民收入的传导路径及区域性差异分析——基于协整的面板模型[J]．农业技术经济，2013(10)：73-79.

[138] 王小鲁，夏小林．优化城市规模　推动经济增长[J]．经济研究，1999(9)：22-29.

[139] 王小鲁．中国城镇化路径与城市规模的经济学分析[J]．经济研究，2010(10)：20-32.

[140] 王大超．转型期中国城乡反贫困问题研究[D]．长春：东北师范大学，2003.

[141] 王勇，施美程，李建民．环境规制对就业的影响——基于中国工业行业面板数据的分析[J]．中国人口科学，2013(3)：54-64.

[142] 王艳飞，刘彦随，李裕瑞．环渤海地区城镇化与农村协调发展的时空特征[J]．地理研究，2015，34(1)：122-130.

[143] 王郁昭．关于农民跨区域流动问题[J]．管理世界，1994(6)：16-20.

[144] 王荣党．反贫困视角下效率与公平的历史归结和中国情结[J]．江淮论坛，2014(1)：10-14.

[145] 汪晨，万广华，吴万宗．中国减贫战略转型及其面临的挑战[J]．中国工业经济，2020(1)：5-23.

[146] 温铁军．在现代化进程中城市的反思[J]．中国城市经济，2007(10)：26-27.

[147] 文秋良．新时期中国农村反贫困问题研究[D]．武汉：华中农业大学，2006.

[148] 吴贾，姚先国，张俊森．城乡户籍歧视是否趋于止步——来自改革进程中的经验证据：1989-2011[J]．经济研究，2015(11)：148-160.

[149] 吴振磊，王莉．我国相对贫困的内涵特点、现状研判与治理重点[J]．西北大学学报：哲学社会科学版，2020，50(4)：16-25.

[150] 吴理财．“贫困”的经济学分析及其分析的贫困[J]．经济评论，2004，(4)：3-9.

[151] 夏庆杰，王大树，张延．城镇化与贫困[J]．学习与探索，2017(11)：127-137.

[152] 夏小林，王小鲁．中国的城镇化进程分析——兼评“城镇化方针”[J]．改革，2000(2)：33-38.

[153] 谢聪．人口老龄化对我国收入不平等的影响探究[D]．武汉：武汉大学，2017.

[154] 邢成举，李小云．相对贫困与新时代贫困治理机制的构建[J]．改革，2019，(12)：16-25.

[155] 向德平，向凯．多元与发展：相对贫困的内涵及治理[J]．华中科技大学学报，2020，34(2)：31-38.

[156] 向玲．新农村背景下农地产权结构变化及其对农户收入影响研究[D]．武汉：华中科技大学，2013.

[157] 肖兴志，李少林．环境规制对产业升级路径的动态影响研究[J]．经济理论与经济管理，2016(3)：102-112.

[158] 肖龙铎，张兵．土地流转与农户内部收入差距扩大——基于江苏39个村725户农户的调查分析[J]．财经论丛：浙江财经大学学报，2017(9)：10-18.

[159] 徐充．治理我国城镇贫困的问题探讨[J]．生产力研究，2009(1)：102-103.

[160] 徐紫晨．劳动力市场分割对农民工就业影响的研究[D]．上海：复旦大学，2014.

[161] 徐林清．中国劳动力市场分割问题研究[M]．北京：经济科学出版社，2006.

[162] 徐舒．技术进步、教育收益与收入不平等[J]．经济研究，2010，

45(9)：79-92，108.

［163］薛美霞，钟甫宁．农业发展、劳动力转移与农村贫困状态的变化——分地区研究[J]．农业经济问题，2010(3)：37-45.

［164］颜银根．FDI、劳动力流动与非农产业集聚[J]．世界经济研究，2014(2)：67-74.

［165］闫文娟，郭树龙，史亚东．环境规制、产业结构升级与就业效应：线性还是非线性？[J]．经济科学，2012(6)：25-34.

［166］闫文娟，郭树龙．环境规制政策的就业及工资效应———项基于准自然实验的经验研究[J]．软科学，2018(3)：84-88.

［167］杨波，朱道才，景治中．城镇化的阶段特征与我国城镇化道路的选择[J]．上海经济研究，2006(2)：34-39.

［168］杨振兵，张诚．中国工业部门工资扭曲的影响因素研究——基于环境规制的视角[J]．财经研究，2015，41(9)：133-144.

［169］杨舸．流动人口与城市相对贫困：现状、风险与政策[J]．经济与管理评论，2017(1)：13-22.

［170］杨立雄，谢丹丹．"绝对的相对"抑或"相对的绝对"-汤森和森的贫困理论比较[J]．财经科学，2007(1)：59-66.

［171］杨国安，徐勇．中国西部城乡收入差距与城镇化的关系检验——以青海省为例[J]．地理科学进展，2010，29(8)：961-967.

［172］杨飞．市场化，技能偏向性技术进步与技能溢价[J]．世界经济，2017，40(2)：78-100.

［173］杨立雄，谢丹丹．"绝对的相对"抑或"相对的绝对"——汤森和森的贫困理论比较[J]．财经科学，2007(1)：59-66.

［174］杨帆，庄天慧．父辈禀赋对新生代农民工相对贫困的影响及其异质性[J]．农村经济，2018(12)：115-122.

［175］姚士谋，张平宇，余成等．中国新型城镇化理论与实践问题[J]．地理科学，2014，6(6)：641-647.

［176］叶兴庆，殷浩栋．从消除绝对贫困到缓解相对贫困：中国减贫历程与2020年后的减贫战略[J]．改革，2019(12)：5-15.

［177］叶琴，曾刚，戴劭勍，等．不同环境规制工具对中国节能减排技

术创新的影响——基于285个地级市面板数据[J]. 中国人口·资源与环境，2018，28(2)：115-122.

[178] 尹飞霄. 人力资本与农村贫困研究：理论与实证[D]. 南昌：江西财经大学，2013.

[179] 尹晓红，田传浩. 土地流转对农民收入的影响——基于CHARLS的经验[J]. 中国房地产，2016(15)：29-41.

[180] 游和远，吴次芳. 农地流转、禀赋依赖与农村劳动力转移[J]. 管理世界，2010(3)：65-75.

[181] 于晓明. 对中国城镇化道路几个问题的思索[J]. 城市问题，1999(5)：12-16.

[182] 余东华，孙婷. 环境规制、技能溢价与制造业国际竞争力[J]. 中国工业经济，2017(5)：35-53.

[183] 余伟，陈强，陈华. 环境规制、技术创新与经营绩效——基于37个工业行业的实证分析[J]. 科研管理，2017，38(2)：18-25.

[184] 原芮. 环境规制与就业：就业创造还是就业损失[D]. 西安：西北大学，2018.

[185] 岳明阳. 经济增长、相对贫困与财富分配——基于中国省级面板数据的门槛效应分析[D]. 武汉：华中师范大学，2018.

[186] 张萃. 中国经济增长与贫困减少——基于产业构成视角的分析[J]. 数量经济技术经济研究，2011(5)：51-63.

[187] 张梦缘，宋坤，谌希等. 农村非正规金融发展的多维减贫效应研究—基于门槛面板数据的实证分析[J]. 金融发展研究，2017(4)：80-85.

[188] 张琦. 减贫战略方向与新型扶贫治理体系建构[J]. 改革，2016(8)：77-80.

[189] 张凤华，叶初升. 经济增长、产业结构与农村减贫——基于省际面板数据的实证分析[J]. 当代财经，2011(12)：14-21.

[190] 张伟宾，王瑜. 城乡协调发展背景下的新贫困问题[J]. 贵州社会科学，2013(9)：59-63.

[191] 张正河，谭向勇. 小城镇难当城镇化主角[J]. 中国软科学，1998(8)：14-19.

[192] 张欢欢．环境规制的就业效应[D]．济南：山东财经大学，2018.

[193] 张义丰，王又丰，程志刚．西部开发的生态背景与农村脱贫的关系[J]．地理科学进展，2000，19(4)：327-334.

[194] 张先锋，王瑞，张庆彩．环境规制、产业变动的双重效应与就业[J]．经济经纬，2015(4)：67-72.

[195] 张可云，傅帅雄．环境规制对产业布局的影响——“污染天堂”的研究现状及前景[J]．现代经济探讨，2011(2)：67-70.

[196] 张伟佳．环境规制、技术创新与制造业产业升级[D]．合肥：安徽财经大学，2018.

[197] 张丽新．基于社会公平的农村贫困治理[J]．中国井冈山干部学院学报，2015(2)：136-140.

[198] 张华，魏晓平．绿色悖论抑或倒逼减排——环境规制对碳排放影响的双重效应[J]．中国人口·资源与环境，2014，24(9)：21-29.

[199] 张倩．环境规制对企业技术创新的影响机理及实证研究[D]．哈尔滨：哈尔滨工业大学，2016.

[200] 张红凤，张细松．环境规制理论研究[M]．北京：北京大学出版社，2012.

[201] 张笑寒，岳启凡．土地规模化经营促进农业生产性投资了吗？--基于全国三十一个省(市)的面板数据[J]．审计与经济研究，2019，34(4)：87-93.

[202] 赵建军．关于发展不同要素密集型产业的理论争论及其启示[J]．当代财经，2005(1)：85-90.

[203] 赵跃龙，刘燕华．中国脆弱生态环境分布及其与贫困的关系[J]．地球科学进展，1996，11(3)：245-251.

[204] 赵连阁，钟搏，王学渊．工业污染治理投资的地区就业效应研究[J]．中国工业经济，2014(5)：70-82.

[205] 赵永平．中国新型城镇化的经济效应：理论、实证与对策[D]．南京：东南大学，2015.

[206] 赵曼，程翔宇．劳动力外流对农村家庭贫困的影响研究——基于湖北省四大片区的调查[J]．中国人口科学，2016(3)：104-113.

［207］赵君．环境规制对中国就业结构的影响研究［D］．合肥：安徽财经大学，2018.

［208］赵玉民，朱方明，贺立龙．环境规制的界定、分类与演进研究［J］．中国人口·资源与环境，2009，19（6）：85-90.

［209］周一星，曹广忠．中国城市人口可比增长速度的空间差异（1949—1995）［J］．经济地理，1998（1）：27-34.

［210］周黎安，陶婧．政府规模，市场化与地区腐败问题研究［J］．经济研究，2009，44（1）：57-69.

［211］仲伟周，陈玉洁．环境规制对异质性就业的影响机制及政策涵义——基于中国地级市动态面板数据的分析［J］．软科学，2019（3）：5-8.

［212］朱孔来，李静静，乐菲菲．中国城镇化进程与经济增长关系的实证研究［J］．统计研究，2011，28（9）：80-87.

［213］朱选功．城镇化与小城镇建设的利弊分析［J］．理论导刊，2000（4）：29-32.

［214］朱登兴，安树伟．中国农村贫困问题与城镇贫困问题比较研究［J］．当代财经，2001（9）：20-23.

［215］朱建军，胡继连．农地流转对我国农民收入分配的影响研究——基于中国健康与养老追踪调查数据［J］．南京农业大学学报：社会科学版，2015，15（3）：75-83.

［216］祝伟．经济增长、收入分配与农村贫困——以甘肃为例［D］．兰州：兰州大学，2010.

［217］左停，李世雄．2020 年后中国农村贫困的类型、表现与应对路径［J］．南京农业大学学报：社会科学版，2020，20（4）：58-67.